中国公益法研究丛书

ForNGO
复恩法律

自闭症人士法律手册

陆 璇 应南琴 主编

上海复恩社会组织法律研究与服务中心 出品

法律出版社 LAW PRESS · CHINA

图书在版编目(CIP)数据

自闭症人士法律手册 / 陆璇，应南琴主编. -- 北京：法律出版社，2020
ISBN 978-7-5197-3320-9

Ⅰ. ①自… Ⅱ. ①陆… ②应… Ⅲ. ①法律-中国-手册 Ⅳ. ①D92-62

中国版本图书馆CIP数据核字(2019)第054453号

自闭症人士法律手册
ZIBIZHENG RENSHI FALÜ SHOUCE

陆 璇 应南琴 主编

策划编辑 张发靖
责任编辑 董 昱
装帧设计 贾丹丹

出版 法律出版社
总发行 中国法律图书有限公司
经销 新华书店
印刷 中煤(北京)印务有限公司
责任印制 吕亚莉

编辑统筹 法规出版分社
开本 710毫米×1000毫米 1/16
印张 17.5
字数 300千
版本 2020年4月第1版
印次 2020年4月第1次印刷

法律出版社/北京市丰台区莲花池西里7号(100073)
网址/www.lawpress.com.cn
投稿邮箱/info@lawpress.com.cn
举报维权邮箱/jbwq@lawpress.com.cn
销售热线/010-83938336
咨询电话/010-63939796

中国法律图书有限公司/北京市丰台区莲花池西里7号(100073)
全国各地中法图分、子公司销售电话：
统一销售客服/400-660-6393
第一法律书店/010-83938334/8335
西安分公司/029-85330678
重庆分公司/023-67453036
上海分公司/021-62071010/1636
深圳分公司/0755-83072995

书号:ISBN 978-7-5197-3320-9 **定价**:58.00元

编　委　会

序

让“星星的孩子”不再孤独

《自闭症人士法律手册》是上海复恩社会组织法律研究与服务中心(以下简称复恩法律)历时一年,在对国内自闭症家庭(主要是华东地区的自闭症家庭)的实证调研的基础上,为自闭症人士编写的一本法律手册。

该手册既包括了自闭症人士关注的“康复”“就业”“教育”“社会保障”等与残障人权益保障相关的政策法规,又包括了“监护”“托养”“婚姻”“继承”等自闭症人士成年后尤为关注的内容。该手册在为自闭症人士及其家庭成员提供法律政策指导与权益维护知识的同时,兼顾了境内外相关前沿理论及实践案例的探讨。该手册的面世,对于提升社会公众对自闭症群体的接纳和理解,具有重要意义。

目前,根据美国疾病控制与预防中心的统计资料,亚洲自闭症的整体发生率在1% ~2%,照此推断,也就意味着在中国有近2000万自闭症人士。与影视作品中自闭症人士拥有的天赋光环相比,现实中多数自闭症人士及家长要面对的往往是一种更为残酷的困境:从提升自闭症人士的生活基本自理能力,到接受医疗康复、接受教育、就业、参与社会生活等人生各阶段都面临着难以想象的障碍。

如何与自闭症共存,不仅仅是自闭症家庭需要面对的问题,更是社会公众共同的责任。作为被国际法和国内法明确承认与保护的特殊群体,自闭症人士有权与社会其他群体交流融合，在基本生存之上获得平等的社会参与机会，从而探索自我价值的实现。而该种社会融合，也是该手册在法律信息整理和实务指导之外，希望通过理论引入和域外经验探讨所带来的某种价值期待——自闭症人士从来都不是社会福利的负担，其特殊性可以且应当被社会所包容与接纳。

2013年7月，上海宋庆龄基金会涵公益专项基金正式成立。涵公益专项基金长期致力于妇女儿童福利事业，尤其关注自闭症群体的现实诉求。我们很荣幸与复恩法律合作，共同开展对于自闭症人士的权益保障法律机制的研究。相信这本《自闭症人士法律手册》可以有效填补同类书籍的空白，也期待未来有更多专业切实的公益法律研究成果出台，让“星星的孩子”不再孤独。

汪 雨

上海宋庆龄基金会涵公益专项基金发起人

二〇一九年三月

法律法规缩略语表

全　　称	简　　称
《联合国残疾人权利公约》	《残疾人权利公约》
《关于残疾人的世界行动纲领》	《残疾人行动纲领》
《中华人民共和国宪法》	《宪法》
《中华人民共和国民法总则》	《民法总则》
《中华人民共和国残疾人保障法》	《残疾人保障法》
《中华人民共和国精神卫生法》	《精神卫生法》
《中华人民共和国未成年人保护法》	《未成年人保护法》
《中华人民共和国教育法》	《教育法》
《中华人民共和国保险法》	《保险法》
《中华人民共和国义务教育法》	《义务教育法》
《中华人民共和国就业促进法》	《就业促进法》
《中华人民共和国慈善法》	《慈善法》
《残疾预防和残疾人康复条例》	《预防和康复条例》
《中华人民共和国残疾人证管理办法》	《残疾人证管理办法》
《“十三五”加快残疾人小康进程规划纲要》	《“十三五”残疾人纲要》

目　　录

第一章　自闭症综述

第一节　自闭症概述

本节导读

本节分为自闭症概述、自闭症人士的权益保障以及自闭症人士相关的政策法规。

在自闭症的概念方面，因为诊断标准的不同，导致自闭症存在不同的范围界定，自闭症的概念也难以统一，本书主要借鉴 DSM－5 中的标准，将自闭症定位在谱系障碍。同时，本部分较为框架性地介绍了目前已有的诊断标准、发生率、病因研究以及治疗方法。在自闭症人士的权益保障方面，主要从纵向的角度梳理了近些年对其权益保障观念的发展变化。在政策法规的梳理中，主要从《残疾人权利公约》等国际公约的国际化视角以及中国目前法律制度体系的本土化视角两个方面，综合性地整理目前自闭症人士权益保障的法律依据。

一、自闭症概述

（一）什么是自闭症

自闭症（Autism Spectrum Disorder，ASD），又称孤独症、孤独症谱系障碍。国内医学界普遍使用"孤独症"这一译法，教育界与其他学科多使用"自闭症"，后一种译法也是我国港台澳地区的常用表述，鉴于目前国内"自闭症"的使用频率较高，本书在写作中选择使用后一名称。[1] 自闭症具有

---

〔1〕 参见李敬、程为敏主编：《透视自闭症：本土家庭实证研究与海外经验》，研究出版社 2011 年版。

交流和情感障碍等特征,与人交流的距离似乎相隔如遥远的星球,所以俗称自闭症儿童为“星儿”。

自闭症是指有社交障碍,有以重复行为与言语和非语言交流障碍为特征的健康问题。同时,自闭症的主要症状为社交障碍和受限的、重复的行为。[1]

自闭症谱系障碍,谱系在这里的意思是指按顺序排列形成的“范围”,指不同的自闭症人士的表现由轻到重呈连续分布,而不是单一的表现。比如,自闭症人士无论是社会交往障碍、交流能力异常、狭隘兴趣和刻板行为、感觉敏感性还是智力高低等特征都是轻重不一的,即呈现为从轻到重、从低到高的连续谱系分布。此外,自闭症不仅在症状严重程度上有不同,而且还不是一个单一的疾病,而是由很多疾病共同组成的一类疾病的总称,不同人士的病因也可能不同。

2007 年 12 月 18 日,联合国大会一致通过每年的 4 月 2 日为世界提高自闭症意识日(World Autism Awareness Day),又称自闭症关注日;意在鼓励会员国采取措施,提高全社会对自闭症的认识。[2]

(二)自闭症的诊断

1. 医学自闭症诊断的历史

随着时间的推移,自闭症的诊断标准不断发生变化和更新,如 1952 年自闭症曾被诊断为“早发性精神分裂症”(early - onset schizophrenia);从最

---

〔1〕 Autism spesk,“Autism, or autism spectrum disorder (ASD), refers to a broad range of conditions characterized by challenges with social skills, repetitive behaviors, speech and nonverbal communication.”https://www.autismspeaks.org/what - autism,2009 年 3 月 20 日最后访问。

〔2〕 https://www.un.org/press/en/2007/gashc3899.doc.htm,“A draft resolution on World Autism Awareness Day (document A/C.3/62/L.22) would have the Assembly designate 2 April as World Autism Awareness Day, to be observed every year beginning in 2008. It would also encourage Member States to take measures to raise awareness about children with autism throughout society”.

早的《国际疾病分类》(第九版)(*International Classification of Diseases and Injuries*,ICD-9,1977),到DSM-III(1980),ICD-10(1992),DSM-IV(1994),DSM-5(2013),《国际疾病分类》(第十一版)(ICD-11,2018),各国对于自闭症诊断标准的使用也并不完全统一。

(1)《精神障碍诊断与统计手册》(第四版)(DSM-IV)。

DSM为Diagnostic and Statistical Manual of Mental Disorders的简写。DSM-IV,即《精神障碍诊断与统计手册》(第四版),2000年发行的修订版被临床工作者和研究者们称为DSM-IV-TR。其中的分类方式,是由美国精神病学会制定的最广为接受的分类模式。自闭症在精神疾病分类下,属于广泛性发育障碍的一个类型。在广泛性发育障碍的名称下,除了自闭症,还有阿斯伯格综合征、儿童瓦解性精神障碍、雷特(Rett)综合征以及未分类的广泛性发育障碍(PDD-NOS,也称不典型自闭症)。

(2)《精神障碍诊断与统计手册》(第五版)(DSM-5)。

在2013版的美国DSM-5《精神障碍诊断与统计手册》(第五版)中,自闭症被称为自闭症谱系障碍,亦称自闭症谱系障碍。该手册将自闭症、阿斯伯格综合征、儿童瓦解性精神障碍以及广泛性发育障碍统称为自闭症谱系障碍,不再做细分。

(3)《国际疾病分类》(第十版)。

国际疾病分类(ICD)是International Classification of Diseases的缩写,它是由世界卫生组织主持编写并发布的一种疾病分类方法。ICD是确定全球卫生趋势和统计数字的基础,是疾病和健康状况报告的国际标准,也是所有临床和研究目的的诊断分类标准。据世界卫生组织统计,全球70%的医疗记录采用了ICD编码。

1994年在日内瓦的第10次修改版本在世界上得到了广泛的应用,这就是全球通用的ICD-10。2010年世界卫生组织(WHO)发布了ICD-10更新版本。其中认为儿童自闭症,是一类起病于3岁前,以社会交往障碍、沟通障碍和局限性、刻板性、重复性行为为主要特征的心理发育障碍,是广泛性发育障碍中最有代表性的疾病。

(4)《国际疾病分类》(第十一版)(ICD-11)。[1]

2018年6月18日,世界卫生组织发布了《国际疾病分类》(第十一版)。其中,自闭症谱系障碍属于精神发育障碍的一种,并细分为自闭症谱系障碍不伴智力发育障碍,伴轻度或不伴功能性语言受损;自闭症谱系障碍伴智力发育障碍,伴轻度或不伴功能性语言损害;自闭症谱系障碍不伴智力发育障碍,伴功能性语言损害;自闭症谱系障碍伴智力发育障碍,伴功能性语言损害;自闭症谱系障碍不伴智力发育障碍,伴功能性语言缺失;自闭症谱系障碍伴智力发育障碍,伴功能性语言缺失;其他特指的自闭症谱系障碍;自闭症谱系障碍,未特指的。

(5)我国的诊断标准。

2010年卫生部办公厅《关于印发〈儿童自闭症诊疗康复指南〉的通知》中推荐使用ICD-10的自闭症诊断标准。

2018年12月14日,国家卫生健康委员会《关于印发〈国际疾病分类第十一次修订本(ICD-11)中文版〉的通知》中提到,积极推进ICD-11中文版全面使用:各级各类医疗机构要认真组织做好培训,结合新版疾病分类与代码特点,修订完善病案首页填写等相关管理制度,更新电子病历系统,做好ICD-11中文版和原有疾病分类与代码之间的衔接。自2019年3月1日起,各级各类医疗机构应当全面使用ICD-11中文版进行疾病分类和编码。实践中,各家医院在遵循国家推荐标准的前提下,根据实际情况采取了个性化的诊断标准。

2.《精神障碍诊断与统计手册》(第五版)(DSM-5)的诊断

《精神障碍诊断与统计手册》(第五版)将自闭症的核心症状合并为两

---

[1] https://icd.who.int/browse11/l-m/en#/http%3a%2f%2fid.who.int%2ficd%2fentity%2f437815624,ICD-11;《关于印发国际疾病分类第十一次修订本(ICD-11)中文版的通知》,载http://www.nhc.gov.cn/cms-search/xxgk/getManuscriptXxgk.htm?id=14caf755107c43d2881905a8d4f44ed2,2019年3月20日最后访问。

类基本特征：交互性社交交流和社交互动的持续性损害（诊断标准 A）；受限的、重复的行为、兴趣或活动模式（诊断标准 B）。[1] 这些症状从儿童早期出现，并限制或损害了日常功能（诊断标准 C 和诊断标准 D）。

根据《精神障碍诊断与统计手册》（第五版），自闭症的诊断标准[2]如下：

（1）交互性社交交流和社交互动的持续性损害（诊断标准 A）。

在多种场所下，社交交流和社交互动方面存在持续性的缺陷，表现为目前或历史上的下列 3 项情况（以下为示范性举例，而非全部情况）：

A. 社交情感互动中的缺陷，例如，从异常的社交接触和不能正常地来回对话到分享兴趣、情绪或情感的减少，到不能启动或对社交互动作出回应；

B. 在社交互动中使用非语言交流行为的缺陷，例如，从语言和非语言交流的整合困难到异常的眼神接触和身体语言，或在理解和使用手势方面的缺陷到面部表情和非语言交流的完全缺乏；

C. 发展、维持和理解人际关系的缺陷，例如，从难以调整自己的行为以适应各种社交情景的困难到难以分享想象的游戏或交友的困难，到对同伴缺乏兴趣。

（2）受限的、重复的行为、兴趣或活动模式（诊断标准 B）。

受限的、重复的行为模式、兴趣或活动，表现为目前的或历史上的下列 4 项情况（以下为示范性举例，而非全部情况）：

A. 刻板或重复的躯体运动，使用物体或言语（例如，简单的躯体刻板运动、摆放玩具或翻转物体、模仿言语、特殊短语）；

B. 坚持相同性，缺乏弹性地坚持常规或仪式后的语言或非语言的行为（例如，对微小的改变极端痛苦，难以转变、僵化的思维模式、仪式化的问候、需要走相同的路线或每天吃同样的食物）；

---

[1] 美国精神医学学会编著：《精神障碍诊断与统计手册》（第五版），[美]张道龙译，北京大学出版社 2015 年版，第 49 页。

[2] 同上书，第 46 ~ 48 页。

C. 高度受限的、固定的兴趣，其强度和专注度方面是异常的（例如，对不寻常物体的强烈依恋或先占观念、过度的局限或持续的兴趣）；

D. 对感觉输入的过度反应或反应不足，或在对环境的感受方面不同寻常的兴趣（例如，对疼痛/温度的感觉麻木，对特定的声音或质地的不良反应，对物体过度地嗅或触摸，对光线或运动的凝视）。

（3）这些症状从儿童早期出现（诊断标准 C）。

症状必须存在于发育早期（但是，直到社交需求超过有限的能力时，缺陷可能才会完全表现出来，或可能被后天学会的策略所掩盖）。

（4）限制或损害了日常功能（诊断标准 D）。

这些症状导致社交、职业或目前其他重要功能方面的有临床意义的损害。

（5）这些症状不能用智力障碍（智力发展障碍）或全面发育迟缓来更好地解释。

智力障碍和谱系障碍经常共同出现，作出自闭症谱系障碍和智力障碍的合并诊断时，其社交交流应低于预期的总体发育水平。

其中诊断标准 A 和诊断标准 B 是主要诊断标准。

3.《国际疾病分类》（第十一版）（ICD－11）的诊断

自闭症的特征在于发起和维持相互的社交互动和社交交流的能力的持续缺陷，以及一系列受限制的、重复的和不灵活的行为和兴趣模式。自闭症的发病主要发生在发育期，通常发生在儿童早期，但是在社会需求没有超过有限的能力之前，症状可能不会完全显现。该障碍足以导致个人、家庭、社会、教育、就业或其他重要功能区域受损，并且通常是个人在所处环境中可观察到的功能的普遍特征，尽管它们可能由于生活环境、教育或其他方面而有所不同。有自闭症的个人往往会表现出不同的智力功能和语言能力。[1]

---

[1] https://icd.who.int/browse11/l－m/en #/http://id.who.int/icd/entity/437815624 ICD－11 for Mortality and Morbidity Statistics，2019 年 3 月 20 日最后访问。

4. 早期筛查量表

自闭症的诊断流程应包含早期筛查、病史采集、精神检查、心理评估、体格检查、辅助检查以及诊断标准。除早期筛查外，更多的是专科医生介入后加以诊断。早期筛查主要依赖儿童的父母和社区初级儿童保健医生。[1]早期筛查工具有：

（1）改良版婴幼儿自闭症筛查量表。

改良版婴幼儿自闭症筛查量表（附"后续问题"的修改版）（M－CHAT－R/F；Robins，Fein，& Barton，2009）是一个包含两个步骤的家长筛查工具，用于评估自闭症谱系障碍（ASD）风险。该筛查量表可作为儿童健康检查的一部分来使用和计分，也可由专业人士用于评估自闭症谱系障碍的风险。该筛查量表的主要目标是使敏感度最大化，这可以检测出尽可能多的自闭症谱系障碍病例。因此假阳性率较高，这意味着不是所有得分处于风险范围的儿童都会被诊断为自闭症谱系障碍。为了解决这一问题，开发了后续问题（M－CHAT－R/F）。家长应该注意，即使使用后续问题，仍有相当一部分 M－CHAT－R 筛查结果为阳性的儿童不会被诊断为自闭症谱系障碍，但是，这些儿童具有其他发育障碍或发育迟缓的高风险。因此，任何筛查结果为阳性的儿童都应该接受评估。

改良版婴幼儿自闭症筛查量表是一种简单又可靠的筛查工具，家长可以自己填写打分。M－CHAT－R/F 可免费下载，用于临床、研究或教育目的。可从 www. mchatscreen. com 网站下载 M－CHAT－R/F 量表和相关资料。

（2）克氏自闭症行为量表。

克氏自闭症行为量表（Clancy Autism Behavior Scale，CABS）由克兰西于 1969 年编制，共由 14 个项目组成。克氏认为以总分 7 分为划分点，可有

---

〔1〕 参见五彩鹿儿童行为矫正中心、五彩鹿（北京）技术培训有限责任公司编著：《中国自闭症教育康复行业发展状况报告》，北京师范大学出版社 2015 年版。

效区分自闭症儿童和对照组儿童(包括正常儿童,脑性瘫痪、听力障碍和精神发育迟滞的儿童)。

我国普遍使用克氏自闭症行为量表(Clancy Autism Behavior Scale,CABS,1969)、儿童自闭症行为量表(Autism Behavior Scale,ABS,1978)、儿童自闭症评定量表(Childhood Autism Rating Scale,CARS,1980)等工具进行自闭症的筛查与诊断工作。虽然这些量表在国内应用较多,但是量表较为陈旧,已落后于新版的筛查衡量标准。

(三)自闭症的发生率

《精神障碍诊断与统计手册》(第五版)写道:近些年自闭症谱系障碍的发生率已经接近1%;自闭症谱系障碍在男性中的诊断比女性多出4倍,在临床样本中,女性倾向于更多地伴有智力发展障碍,这表明因为轻度的社交和交流障碍的表现,所以不伴有智力障碍或语言迟缓的女性可能未被识别。[1]

根据美国疾病控制与预防中心(Centers for Disease Control and Prevention,CDC)于2018年4月27日发布的最新数据,在美国,2014年,自闭症的总发生率为每1000人中有16.8人(59人中有1人)。[2] 同时,各个国家和地区对于自闭症发生率都有研究,日本于1994年间1.5~4岁儿童的发生率为2.1%,我国香港特别行政区1986~2005年0~14岁儿童的发生率为1.6%,亚洲整体的发生率在1%~2%。

(四)自闭症的病因研究

20世纪70年代以前,自闭症被认为是心理疾病,"冰箱母亲"理论盛行,即认为自闭症是由于父母在情感方面的冷漠和教养过分形式化所造成

---

〔1〕 美国精神医学学会编著:《精神障碍诊断与统计手册》(第五版),[美]张道龙译,北京大学出版社2015年版,第51页。

〔2〕 美国疾病控制与预防中心,载https://www.cdc.gov/mmwr/volumes/67/ss/ss6706a1.htm,2019年3月4日最后访问。

的。现已证实自闭症是先天性的神经发育障碍，与父母教养方式无直接关系。[1]

从20世纪70年代开始，自闭症病因研究多围绕遗传基因方面，研究发现，约15%的自闭症个体存在基因异常。2013年7月，"自闭症之声"发表了"万人自闭症基因组研究计划"的首个结果，通过使用全基因组测序，可以为自闭症及相关症状的诊断和个性化治疗提供前所未有的指导，但病因方面的研究还没有实质性的突破。[2]

自闭症是由不同病因（病因异质性）而非单一病因引起的、有着不同表现（临床异质性）的一组障碍。近10年来，通过研究，一部分自闭症的病因已经明确，就是由于基因突变或变异造成；而更多的自闭症的病因仍不完全明了，可能是由基因和环境相互作用引起的，即基因的异常造成了特定个体的遗传易感性。受孕前、妊娠中或分娩时的不良环境因素可能是自闭症发生的触发因子。[3]

（五）自闭症的治疗

自闭症的病因尚未明确，目前没有能治愈自闭症的特殊药物。

但是当自闭症个体还有其他共病时，药物治疗可以起到辅助性的作用，帮助自闭症个体的共病（如精神发育迟滞、多动症、焦虑障碍、抽动障碍、癫痫等）的治疗。但是并不是所有自闭症都需要配合药物治疗。药物对自闭症儿童的影响机理可能和普通儿童不同，所以一定要在专业人士的指导下使用。[4]

目前针对自闭症的治疗方法主要采取行为治疗。几十年的研究表明行

---

〔1〕 五彩鹿自闭症研究院编著：《中国自闭症教育康复行业发展状况报告（Ⅱ）》，华夏出版社2017年版，第18页。

〔2〕 参见五彩鹿儿童行为矫正中心、五彩鹿（北京）技术培训有限责任公司编著：《中国自闭症教育康复行业发展状况报告》，北京师范大学出版社2015年版。

〔3〕 五彩鹿自闭症研究院编著：《中国自闭症教育康复行业发展状况报告（Ⅱ）》，华夏出版社2017年版，第18页。

〔4〕 参见邹小兵主编：《与你同行——自闭症儿童家长必读》，人民卫生出版社2013年版。

为疗法可以改善自闭症人士的认知能力和语言表达能力。行为干预常见方法有：基于应用行为分析原理的行为法、前提法、离散单元教学法；关键反应训练；图片交换沟通系统；口语行为等基于实证研究的干预方法。

二、自闭症人士的权益保障

（一）自闭症人士的权益保障模式的演变

1. 医学模式

自闭症在国际和国内残障人士认定标准下，被视为一种精神残障。因此，自闭症人士权益保障模式是残障人士权益保障的有机组成部分，其演变也与社会残障认知模式的更迭进程一致。自 19 世纪末 20 世纪初开始，医学模式取代之前人类社会长期以来对于残障人士的排除和隔离，开始占据残障认知的主导地位。[1]

医学模式认为，残障是一种个人的缺陷，它将使个体在参与社会生活时面临巨大障碍，因此有必要通过医疗及康复手段尽可能弥补这种缺陷，并给予他们必要的救济和帮助。依据这种模式，残障人士在社会福利层面获得救助和常态保障的权利得到肯定，但残障人士仍然被视为一个偏离“正常人”标准、需要被矫正修改的群体，其所面临的障碍也被完全归责于其病理原因而忽略了社会因素。在此视角之下，从基础设施到文化教育再到劳动力市场，社会领域的各个方面仍然被“健全人”的话语体系支配，制度设计时并未考虑到残障人士的特性和需求。

在医学模式下，对于包括自闭症在内的身心障碍者的权益保障模式也常常仅局限于医疗制度、社会保障、社会福利制度、监护立法层面，间接阻碍了这一群体平等参与社会发展的渠道。自闭症人士近年来面临的融合教育、平等就业的困境，事实上也正是这种医学模式的缩影。因此，立法和政

---

〔1〕 王磊、张一舟：《残疾模式：残疾研究的理论、政策与福利框架》，载《残疾人研究》2018 年第 2 期。

策若仅仅从安置和康复的层面来给予残障人士权益的保护，从根本上来说，仍然是对残障人士主体地位的否定，无益于其边缘化地位的根本改变。

2. 社会模式

随着社会经济模式的更新和残障者追求自立的社会运动的推动，人们逐渐意识到，相比生理功能的局限，残障更应被视为外部制度因素和社会环境对特定人群施加限制的结果。例如，道路没有盲道和声音提示使视障人士无法出行，字幕和无障碍设施的缺位使听障和身体障碍人士无法前往影院享受文化生活，对于自闭症等精神障碍人士劳动能力的刻板印象剥夺了这一群体的就业机会等。

社会模式认为，若能消除上述物理意义和思想意义的社会障碍，残障人士仍然能够参与社会发展，共享社会发展的成果。换言之，在社会模式的认知视角之下，残障“仅仅体现了人类多样性光谱中的某些差异”[1]，对于残障人士的权益保护重点也从个体片面的康复以适应社会的障碍和排斥，转移到主动消除障碍，建立更具接纳性、包容性的社会环境上。

对自闭症人士而言，在社会模式下，不应仅仅注重自闭症的治疗、医疗康复，不应当将自闭症人士作为社会负担，而是应当注重自闭症人士的教育、就业、融入社会，让自闭症人士平等参与社会；同时社会应当消除社会障碍，创造让自闭症人士融入社会的良好氛围。

3. 权利模式

相比社会模式，权利模式进一步强调了残障人士生理意义上的损伤不应影响其对于人权的享有。从这个意义上来说，权利模式是社会模式下种种支持性政策的价值基础和道德原则的体现。它将社会模式下制度和环境自发地消除歧视，扩展至更普适的人权层面，通过立法确认并保障残障人士平等的公民政治、社会、经济、文化权利。同时，权利模式在承认残障人士对

---

〔1〕 Theresia, Degener, “A Human Rights Model of Disability”, in Blank, P., & Flynn, E. (Eds.), *Routledge Handbook of Disability Law and Human Right* (Routledge, 2006)，陈博译，载《残障权利研究》2016 年第 3 卷第 2 期。

上述固有权利的无碍享有的同时，也尊重残障人士客观存在的损伤和身体体验，消弭了损伤和残障之间的二元对立，提出应对残障人士行使权利给予适当协助，以及在权利受到侵害时候的救济措施。例如，在《残疾人权利公约》第十二条第三款中设立了缔约国为残障人士平等权利行使提供合理便利的义务，第二十九条对残障人士参与政治和公共生活进行赋权，尊重其自主参与决策和社会资源分配。在权利模式视角下的自闭症权益保障模式，不再将这一群体单纯视为福利的客体和救助对象，而从立法等层面真正肯定了其权利主体的地位。

（二）自闭症在中国

我国自闭症研究起步较晚，但近10年来，相关基础研究和康复教育机构进入了一个快速发展阶段，[1]国家层面的立法和政策制定也逐步将自闭症人士的权益保护纳入考量范畴。

1982年陶国泰教授首次报告4例自闭症，医学界开始关注自闭症。之后部分省市逐步开展了针对自闭症的流行病学调查。

1993年我国首家专门为自闭症儿童及其家庭服务的民办教育机构——北京星星雨教育研究所正式成立。同年12月，中国首个以改善自闭症儿童康复、教育、医疗环境为宗旨的社会团体——北京市自闭症儿童康复协会在北京成立。自此之后，民间力量开始积极参与针对自闭症儿童的康复教育实践。

通过2001年对全国0～6岁精神残疾儿童的抽样调查可以发现，随着社会生活环境和家庭结构的变化，患有自闭症的儿童数量也有增加的趋势，[2]自闭症已经成为我国儿童精神残疾的最大病种。

---

〔1〕 参见中国精神残疾人及亲友协会、中国公益研究院编著：《中国自闭症家长需求白皮书》，华夏出版社2014年版。

〔2〕 参见中华人民共和国卫生部、中华人民共和国公安部、中国残疾人联合会、中华人民共和国国家统计局、联合国儿童基金会：《2001中国0～6岁残疾儿童抽样调查报告》，中国统计出版社2003年版。

2006年第二次全国残疾人抽样调查时，儿童自闭症被纳入精神残疾范畴，由此所有有关残障人士的法律法规和福利政策，除特殊规定外，均可适用于儿童自闭症人士；同年6月，国务院同意并批准的《中国残疾人事业"十一五"发展纲要（2006年－2010年）》中，将自闭症康复正式纳入了国家层面的决策议程。

2008年，国务院发布了《关于促进残疾人事业发展的意见》，明确提出逐步解决自闭症等残疾儿童、残疾少年的教育问题。2009年，中国残联制定的《关于进一步加快特殊教育事业发展的意见》经国务院同意下发教育部、发展改革委、民政部、财政部、人力资源社会保障部、卫生部、中央编办贯彻执行，进一步强调要提高特殊教育质量，通过随班就读等模式创造融合教育环境，并不断完善残疾人教育体系。

2010年7月，卫生部颁发《儿童自闭症诊疗康复指南》，明确儿童自闭症的概念以及临床表现，推荐了明确的临床诊断和鉴别诊断标准以及工具等，该指南对于正确干预自闭症儿童，促进康复有重要意义。

2015年9月，中国残疾人康复协会自闭症康复专业委员会成立大会暨学术报告在北京大学医学部报告厅召开，为自闭症的研究、治疗、干预、康复领域搭建了一个联合攻关和资源共享的平台。同年，全国第25个助残日首次把自闭症作为单独一类的残障定为助残日主题——"关注自闭症儿童，走向美好未来"。

2017年，浙江大学罗建红教授团队关于自闭症小鼠模型社交行为的研究刊发于国际神经科学领域顶级期刊《神经元》，该项研究对于自闭症的治疗思路突破有重要意义。同年，国务院修订通过了《残疾人教育条例》，明确包括自闭症人士在内的残障人士，拥有平等的受教育权和充分、平等地参与社会生活的权利。

除此之外，在每年4月2日的"世界提高自闭症意识日"，我国官方和民间层面均会组织一系列公益倡导活动，例如水立方、东方明珠参与全球标志性建筑点亮蓝灯行动等，积极响应国际关注自闭症人士权益的号召。这些活动对于提升社会整体对于自闭症人士的认知、接纳和关爱，起到了重要作用。

从以上自闭症发展脉络〔1〕可以看出，自医疗领域的突破至民间公益力量的成长再到法律政策及社会网络的支持，自闭症人士的康复和权益保障越来越被国家及公众所重视。然而，我国目前对于自闭症的研究与救助主要限于医学领域的康复治疗以及特殊教育的考量。但是很少有专业研究是针对自闭症人士相关的政策法规的集中梳理，而这恰恰是这个群体不可缺少的需求，也正是本书想要努力弥补的空白。

（三）相关群体需求研究

目前在中国，有关自闭症人士的需求研究主要针对以下两类群体：自闭症人士及其家庭、自闭症服务机构。

针对自闭症人士及其家长（或监护人）的需求调研主要以社会学实证调查分析为主，意在通过明确家长的社会需求，进而推动社会政策的演变完善，创设更为融合的社会环境和更合理的社会保障制度；针对自闭症服务机构的研究，主要涉及自闭症教育康复机构等社会组织的发展现状，揭示并剖析目前存在的政府公办自闭症康复训练机构力量不足、民办儿童自闭症康复机构注册难（限于双重管理体制）、社会支持体系不健全、资金短缺、无训练场地、专业化水平有待提高等多重现实困境。

上述研究成果对学界和实务界了解自闭症人群真实诉求，探讨建立更为完善的自闭症人士社会支持网络有重要意义。作为一种在目前医疗水平无法完全治愈并将伴随自闭症人士终身的精神障碍，自闭症人士亟须来自社会层面的长期性、常态性的保障，主要诉求可概括为以下几个方面。

1. 成年自闭症人士的监护、托养问题

由于我国早年对于自闭症的知识和研究较为落后，造成自闭症人士未能及早发现、及早进行康复训练，在教育、就业方面也缺少相应的训练。因

---

〔1〕 参见五彩鹿自闭症研究院编著：《中国自闭症教育康复行业发展状况报告（Ⅱ）》，华夏出版社 2017 年版。

此这批自闭症人士在成年后，其自理能力、谋生能力等各方面能力相对较弱。在家长及监护人年迈乃至过世之后，如何解决该批自闭症人士的照护问题成为一大难题，也是许多自闭症家庭面临的困境。

目前，我国《民法总则》第二十九条至第三十九条确立了成年人监护制度，在法律上赋予了家长通过指定监护确定其身故之后监护人的权利。部分自闭症家庭也会选择以商业保险和信托等方式进行财富安排，为自闭症人士留下终身的财产保障。虽然法律上规定了这样的监护、托养、继承的安排制度，但这些制度在实践中还未完全成熟，各地也正在进行探索和实践。

另外，对于成年自闭症人士的家长而言，虽然法律规定了自闭症人士的父母可以为自闭症人士指定监护人；但是如何寻找一个合适的托养机构与监护人，才是自闭症家庭最大的挑战。缺乏专业的托养机构以及专业的监护人组织，已成为成年自闭症人士监护问题的主要困境与难题。

此外，更多的家长对于成年自闭症人士的监护、托养的程序和法律法规并不了解，缺乏相应的法律常识和保障意识。

家长对这一群体的另一层更深的担忧，来自对自己孩子尊严生活的期望。自闭症人士囿于客观认知能力有限，在表达真实意愿和维护自身权益方面存在一定障碍，现实中许多家长及监护人对于被监护人生活质量的保证、合理自主决策权利的尊重、监护监督等问题，仍然存在较大担忧，呼吁有更完善的机制设计来保障被监护人权益。

2. 自闭症人士入学难与缺乏中高等教育、职业训练保障的问题

目前，我国在法律层面为自闭症人士在义务教育阶段的受教育权提供了强制性保护。然而，在义务教育阶段结束之后，政府和社会缺乏针对自闭症人士进一步的康复，支持中高等教育、职业训练等；在教育康复的衔接上存在的这种断层，不利于自闭症人士社会功能的持续性恢复和社会融入。

同时，自闭症儿童学龄期入学难也并非个例。普通学校相应师资力量和设施环境的缺位、课程和评价体系的单一化使得“随班就读“模式在现实的推行中遇到了重重障碍。

现实中自闭症人士持续性的教育支持仍存在较大的需求缺口。而在自闭症儿童受教育权因上述原因遭受损害时，监护人也需要更为明确的指引，帮助其选择合理的维权渠道反映诉求。

3. 康复、托养服务质量问题

自闭症人士需要专业、长期的诊断、干预和康复治疗。这既对自闭症康复服务领域的专业水准有较高要求，同时也考验了家庭的经济承受能力。目前，自闭症康复和安置的专业人才严重缺乏，相关康复机构的专业水平不足，家长迫切希望能了解如何审查康复工作人员资质，以及因康复机构遭受损害后如何进行维权。

上述诉求的满足和实现与自闭症人士的切身利益息息相关，其中既涉及条文规范的理解和政策内容的解读，又需经过特定的法律程序和技术性的机制设计。面对这样一个复杂的权益保障课题，自闭症人士最主要的保护者——家长（监护人）需要对于相关法律法规、福利政策、维权渠道有所认知，积极主动地行使权利。这也正是本书编纂的原初目的。

本书希望，通过对于自闭症人士相关的政策法规梳理和常见法律问题的总结，有效改变自闭症家庭长期存在的信息不对称情况，提供其必备的基本法律常识和维权攻略。如果说医学的突破带来的是消除障碍的远大愿景，那么法律制度的保护，在愿景到来之前，至少在当下能够帮助“星星的孩子”及其家庭真正实现自我价值，使他们不再孤独。

三、自闭症人士相关的政策法规

（一）重要的国际公约

1.《残疾人权利公约》[1]

《残疾人权利公约》于2006年12月13日由联合国大会通过，并于2007年3月30日开放供签字。这是有史以来在开放供签字之日获得签字数量

[1] 《残疾人权利公约》的具体内容见本书附件。

最多的联合国公约。《残疾人权利公约》是第一部专门保障残障人士权利的国际公约，它标志着人们对待残障人士的态度和方法发生了“示范性转变”。

《残疾人权利公约》旨在促进、保护和确保所有残障人士充分和平等地享有一切人权和基本自由，并促进对残障人士固有尊严的尊重。《残疾人权利公约》阐明并描述了各种权利应如何适用于残障人士，查明了在哪些领域作出了便于残障人士有效行使其权利的调整；残障人士的权利在哪些领域受到侵犯以及必须在哪些领域加强对残障人士权利的保护。

《残疾人权利公约》的原则是：尊重固有尊严和个人自主，包括自由作出自己的选择，以及个人的自立；不歧视；充分和切实地参与和融入社会；尊重差异，接受残障人士是人的多样性的一部分和人类的一分子；机会均等；无障碍；男女平等以及尊重残障儿童逐渐发展的能力并尊重残障儿童保持其身份特性的权利。

本公约第五条至第三十条是实质性残疾人权利保障条款，共保障了 26 项权利，其保障的权利具有前所未有的广泛性，包括平等及不歧视、妇女特别保障、儿童特别保障、提高认识、无障碍环境等、生命权、武装冲突之特别保护、法律面前获得平等承认、获得司法保护、人身自由及安全、受教育权、健康权、康复权、工作及就业权等。

2007 年 3 月 30 日，中国常驻联合国代表、特命全权大使王光亚代表中国在纽约联合国总部签署了《残疾人权利公约》。2008 年 6 月 26 日第十一届全国人民代表大会常务委员会第三次会议决定：批准 2006 年 12 月 13 日由第 61 届联合国大会通过的《残疾人权利公约》，同时声明：《残疾人权利公约》条文中关于“迁徙自由”和“国籍”的规定对于中华人民共和国香港特别行政区的适用，不改变中华人民共和国香港特别行政区关于出入境管制和国籍申请的法律的效力。

2.《残疾人行动纲领》[1]

《残疾人行动纲领》是联合国大会于1982年以第37/52号决议通过的文件。《残疾人行动纲领》重申各国应积极努力帮助残障人士在他们居住的社会里充分参加社会生活和社会发展并享有与其他公民相同的生活条件的权利,公平分享社会和经济发展所带来的成果。

《残疾人行动纲领》(WPA)是一项增进伤残预防、康复和机会均等的全球战略,适合残障人士充分参与社会生活和国家发展。《残疾人行动纲领》还强调必须从人权观点出发处理伤残问题。

《残疾人行动纲领》共有3章,其中分析了与伤残问题有关的各项原则、概念和定义;概括了残障人士在全世界的情况;对国家、区域和国际各级的行动提出了建议。

"机会均等"是《残疾人行动纲领》的中心主题,也是该纲领的指导理论,用于实现残障人士对社会和经济生活方方面面的充分参与。该主题的一项重要基本原则是:不应孤立地处理涉及残障人士的问题,应当在正常的社区服务的背景下加以解决。

3.《残疾人机会均等标准规则》[2]

《残疾人机会均等标准规则》是联合国大会1994年2月3日第48/196号决议通过的文件。该准则根据联合国残疾人10年(1983~1992年)取得的经验拟订,宗旨是确保残障男女和儿童,作为所在社会的公民,可行使与其他人同样的权利与义务。

《残疾人机会均等标准规则》意味着各国承担坚定的道义和政治责任,在残障人士机会均等方面采取行动;提示了责任、行动与合作方面的重要原则,并且指明了对于生活质量和实现充分参与及平等具有决定性重要意义

---

[1] 《残疾人行动纲领》,载 http://www.cdpf.org.cn/zcwj1/gjwx/200711/t20071130_25339.shtml,2019年5月15日最后访问。

[2] 《残疾人机会均等标准规则》,载 https://www.un.org/zh/documents/treaty/files/A-RES-48-196.shtml,2019年5月15日最后访问。

的领域；为残障人士及其组织提供了决策和行动的手段；为各国、联合国及其他国际组织之间开展技术和经济合作提供了基础。

《残疾人机会均等标准规则》共 22 条规则，分为“平等参与的先决条件”、“平等参与的目标领域”、“执行措施”和“监测机制”4 个方面，其中对于康复、教育、就业、无障碍环境都提供了具体的指导性建议。

4.《儿童权利公约》

《儿童权利公约》（Convention on the Rights of the Child），1989 年 11 月 20 日第 44 届联合国大会第 25 号决议通过，是第一部有关保障儿童权利且具有法律约束力的国际性约定，于 1990 年 9 月 2 日生效。该公约旨为世界各国儿童创建良好的成长环境。

《儿童权利公约》在 54 项条款和 2 个《任择议定书》中阐述了儿童都拥有的基本人权：生存权；充分发展权；免受有害影响、虐待和剥削权；充分参与家庭、文化和社会生活权。《儿童权利公约》的 4 项核心原则是：不歧视；致力于实现儿童的最大利益；生命、生存和发展权利；尊重儿童观点。《儿童权利公约》中阐述的每项权利都是每个儿童的人性尊严与和谐发展所固有的。《儿童权利公约》通过制定保健、教育及法律、公民及社会服务方面的标准来保护儿童权利。

《儿童权利公约》第二十三条明确指出，残障儿童有接受特别照顾的权利，在可能时应免费提供相关援助，确保残障儿童能有效地获得和接受教育、培训、保健、康复服务、就业准备和娱乐机会，其方式应有助于该儿童尽可能充分地参与社会，实现个人包括其文化和精神方面的发展。

我国于 1992 年加入联合国《儿童权利公约》。1991 年 12 月 29 日第七届全国人民代表大会常务委员会第二十三次会议决定：批准 1989 年 11 月 20 日由联合国大会通过的《儿童权利公约》；同时声明：中华人民共和国将在符合其宪法第二十五条关于计划生育的规定的前提下，并根据《中华人民共和国未成年人保护法》第二条的规定，履行《儿童权利公约》第六条所规定的义务。

5.《消除对妇女一切形式歧视公约》

《消除对妇女一切形式歧视公约》(the Convention on the Elimination of All Forms of Discrimination Against Women,CEDAW)于1979年12月18日由联合国大会通过,并在第20个国家批准之后,于1981年9月3日起正式生效。《消除对妇女一切形式歧视公约》为联合国妇女地位委员会协助促成的最重要及最全面的一项文件,该公约使得占人类半数的妇女成为人权问题核心的一部分。

《消除对妇女一切形式歧视公约》明确承认"歧视妇女的现象仍然普遍存在",重申了保证"妇女在与男子平等的基础上,行使和享有人权和基本自由"的原则与信念。该公约第二条至第十六条确立了实现平等的步骤,分别从妇女的民权及法律地位方面进行探讨。此外,该公约也涉及文化因素与繁衍问题对妇女权利的影响,抨击并指出必须努力改变男女责任不平等的社会和传统文化模式,以消除"基于性别而分尊卑观念或基于男女定型任务的偏见、习俗和一切其他做法"。

1980年7月,中国在联合国第二次世界妇女大会上参与了《消除对妇女一切形式歧视公约》的签署,并于当年9月26日至29日举行的第五届全国人民代表大会常务委员会第十六次会议中批准该条约,决心执行《消除对妇女歧视宣言》内载的各项原则,将为此目的,采取一切必要措施,消除一切形式和表现的这种歧视。同时声明:中华人民共和国不接受《消除对妇女一切形式歧视公约》第二十九条第一款的约束。

(二)我国目前的相关政策法规

我国目前没有针对自闭症人士的专门立法,2006年出台的"十一五"残疾人规划正式将自闭症明确为精神障碍,自此,针对残障人士建立的法律保障体系和政策开始适用于自闭症人士的权益保障。

1. 宪法

《宪法》作为国家的根本大法,赋予残障人享有作为人的一切基本权利,《宪法》亦针对残障人士设置了专门的权利保障条款。

《宪法》第三十三条第二款规定“中华人民共和国公民在法律面前一律平等”，意味着残障人士享有和非残障人士一样的宪法法律赋予的权利。

同时，《宪法》第四十五条明确规定残障人士有从国家和社会获得物质帮助的权利。国家有义务为公民享受这些权利而积极发展完善社会保险、社会救济和医疗卫生事业。

2. 法律

目前，我国将自闭症人士纳入了残障人士的保护范畴内。在法律层面的规定中，形成了以《残疾人保障法》为基础，总体保障自闭症人士的社会权益，《教育法》《义务教育法》保障自闭症人士的受教育权，《就业促进法》保障自闭症人士的平等就业权等其他专门性法律保障自闭症人士的专项权利的格局。

2012 年 10 月颁布、2018 年 4 月修正的《精神卫生法》，旨在发展精神卫生事业，规范精神卫生服务，维护精神障碍人士的合法权益。由于自闭症症状的多样性，一般而言自闭症人士被划分为属于智力障碍，但是也有将其划分为属于精神障碍的情况，因此《精神卫生法》对于自闭症人士而言也非常重要。

3. 行政法规与相关部委规定

国务院及其部委发布的相关文件，大多为法律内容的具体化规定，因此在此部分将分领域介绍目前国务院及其部委的相关规定。

(1)康复领域。

2017 年生效实施的《残疾预防和残疾人康复条例》(国务院令第 675 号)旨在预防残疾的发生、减轻残疾程度，帮助残疾人恢复或者补偿功能，促进残疾人平等、充分地参与社会生活，发展残疾预防和残疾人康复事业。

《残疾预防和残疾人康复条例》明确了残疾人康复服务时应当合理评估、充分尊重残障人士及其家属意见、尊重隐私等基本要求。明确康复机构及其工作人员的法定条件及要求。《残疾预防和残疾人康复条例》规定，康复机构应当具有符合无障碍环境建设要求的服务场所、专业技术人员、设施设备及康复服务管理制度；从事残障人士康复服务的人员应当遵守职业道德，学习掌握必要的专业知识和技能并能够熟练运用；专业性强的康复岗位从业人员，还应当依照有关法律、行政法规的规定取得相应资格。

2018年6月，国务院发布《关于建立残疾儿童康复救助制度的意见》，提出残障儿童康复救助制度自2018年10月1日起全面实施。各省级人民政府要在2018年9月底前制定出台本地残障儿童康复救助制度和配套政策措施。

至此我国残障儿童康复救助工作实现了从项目式到制度化保障的转变。明确了康复救助的残障儿童的范围以及救助流程。同时改变了结算方式，实行合规康复费用由县级财政与定点康复服务机构直接结算，无须救助对象垫付康复资金，从而大大减轻残障儿童家庭的经济负担。目前，全国已有北京、上海、江苏、浙江、广东、山东、福建、宁夏、云南9个省（区、市）建立了不同形式的残障儿童康复救助制度，在全省（区、市）范围内开展了制度化、常态化的残障儿童康复救助工作。[1]

（2）教育领域。

在《国务院办公厅转发教育部等部门关于进一步加快特殊教育事业发展意见的通知》（国办发〔2009〕41号）中，第一次明确提出，“积极创造条件，以多种形式对重度肢体残疾、重度智力残疾、自闭症、脑瘫和多重残疾儿童少年等实施义务教育，保障儿童福利机构适龄残疾儿童少年接受义务教育”，使自闭症儿童的义务教育被提到了一个新的认识高度。

2011年，教育部发布了《残疾人随班就读工作管理办法》，指出随班就读是我国对残障人士实施教育的一种形式。实施义务教育的普通中小学必须招收能适应其学习生活的适龄残障儿童少年入学。非义务教育阶段的普通幼儿教育机构、普通高级中学、中等职业学校和高等院校应当积极创造条件，招收符合入学条件的残障学生就读。

---

〔1〕 国务院政策例行吹风会中贾勇答记者问，载 http://www.gov.cn/xinwen/2018zccfh/15/wzsl.htm，2019年3月12日最后访问。

国务院在《残疾人保障法》和《义务教育法》指导下，于 2017 年 1 月修订的《残疾人教育条例》对特殊教育在教学方式、教学内容、教师待遇等各个方面进行了细化规定。提出应当对经济困难的残障学生酌情减免杂费和其他费用。

(3)就业领域。

2007 年 5 月 1 日起施行的《残疾人就业条例》旨在促进残障人士就业，保障残障人士的劳动权利。一方面，确定了岗位预留制度，要求用人单位为残障人士就业提供相应比例的岗位，对残障人士参与劳动力市场竞争提供保护性措施，扩大残障人士就业机会。另一方面，通过税收优惠、资金扶持、就业服务和就业援助以及开发公益性岗位和发展社区服务业等支持性措施，帮助残障人士实现就业。

(三)重要的指南性文件——《以社区为基础的康复指南》

《以社区为基础的康复指南》[1]是世界卫生组织、联合国教科文组织、国际劳工组织、国际残疾和发展联盟出版的指南，其中包括导论篇、健康篇、教育篇、谋生篇、社会篇、赋能篇、增补篇。

社区康复是世界卫生组织于 1978 年发表阿拉木图宣言之后开始推广的残障人士支持策略。通过充分利用社区资源这一策略，提升了低收入和中等收入国家残障人士获得康复服务的机会。

在过去的 30 年里，通过与其他联合国组织、非政府组织及残疾人组织的协作，社区康复已经发展成多层面的策略以满足残障人士的广泛需求，确保他们的参与及融入社会，并提高其生活质量。

《以社区为基础的康复指南》促使社区康复作为一种策略，有助于《残疾人权利公约》及有关残障人士的国家立法的落实，并支持以社区为基础的包融性发展。

---

[1] 《以社区为基础的康复指南》，载 https://www.who.int/disabilities/cbr/guidelines/zh/，2019 年 3 月 20 日最后访问。

指南为社区康复管理者提供了如何建立或如何加强社区康复计划，并确保残障人士及其家庭成员能够得到卫生、教育、就业及社会层面的服务的实际建议。指南的一个重点在于促进残障人士、残障人士家庭成员及社区在所有发展与决策过程中能融入与参与。指南还鼓励对社区康复计划进行评估，对社区康复的效果及效率作不同方面的进一步研究。

第二节 自闭症人士的法律需求调研

本节导读

为详细探究自闭症人士的法律需求，笔者采取问卷与访谈的社会调查方法，调查对象涉及自闭症人士的监护人、残联、自闭症服务机构等相关主体，从各方面反映自闭症人士的现状与法律需求。

针对自闭症监护人的问卷，涉及调查维度包括基本信息；残疾证办理、低保、民事行为能力等社会保障制度；监护、托养、保险、遗嘱等长期照顾制度；教育、就业、康复等权益保障制度；社会救助、法律援助等社会资源。

调查针对残联、自闭症人士相关的机构和自闭症人士的家长，主要采取访谈的方式。针对残联，详细介绍了其作为残障人士发言人的职责；针对社会服务机构，主要介绍为自闭症提供服务的专业机构的组织运作现状、业务过程中涉及的法律纠纷、对于法律政策的需求和建议，以期了解专业机构当前具备的行业资质、优惠政策、主要资金来源和日常运作中遇到的法律问题等；针对自闭症人士的家长，了解自闭症人士在康复、教育、就业、监护与托养等各个方面的问题。

一、调查结果分析

(一)问卷结果

我们通过向自闭症监护人发放调查问卷，较为详细地了解了自闭症人士对于法律的需求。本次调研共收回有效问卷 296 份，调研问卷见本书附件三。

1. 基本信息

（1）自闭症人士与监护人的男女比例构成。

在接受调研的296位自闭症人士的监护人中，54位为男性、242位为女性；但监护对象的性别比例恰恰相反，其中230位监护对象为男性，仅有66位监护对象为女性，可见自闭症人士中男性占比较高，但尽管如此，女性作为自闭症人士的亲属或近亲属仍然较多得承担了自闭症人士的监护义务。

大多数监护人与监护对象是亲子关系（超过93%），仅有一对监护人与监护对象的关系为夫妻，其他监护人与监护对象的关系大多是其他近亲属关系，例如祖父母/外祖父母与孙子女/外孙子女及兄弟姐妹。可见近亲属担任自闭症人士的监护人仍然是主流。

（2）自闭症人士与监护人的学历构成。

监护人中大部分学历为大学本科（151位监护人），其次为高中学历（99位监护人）、研究生学历（22位监护人）、初中学历（16位监护人）、博士研究生及以上（6位监护人）、小学及以下（2位监护人）。监护人的受教育程度与监护人的年龄有关，相对年轻的监护人群体普遍受教育程度较高。问卷回答显示，大部分监护人的年龄介于40～60岁，也不乏40岁以下的监护人群体（图1－1）；但与其形成对比的是自闭症人士（以下简称监护对象）的年龄分布（图1－2），仅有25%的监护对象已经成年，大部分的监护对象尚未成年，尚且年幼的监护对象与年纪较长的监护人之间存在较大年龄差，对于监护对象的持续监护形成不利因素。

自闭症人士的家庭年收入相差较大，接受问卷调查的自闭症家庭中，34%的自闭症家庭年收入在人民币36,000元以下，30%的自闭症家庭年收入为36,000～60,000元，但也有31%的自闭症家庭年收入在60,000元以上。

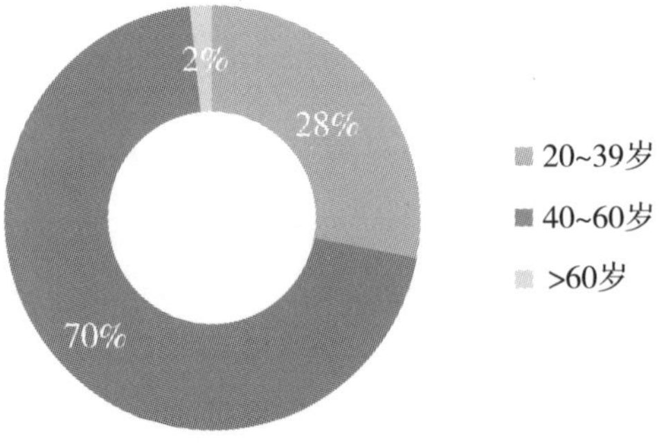

图1－1　监护人年龄分布

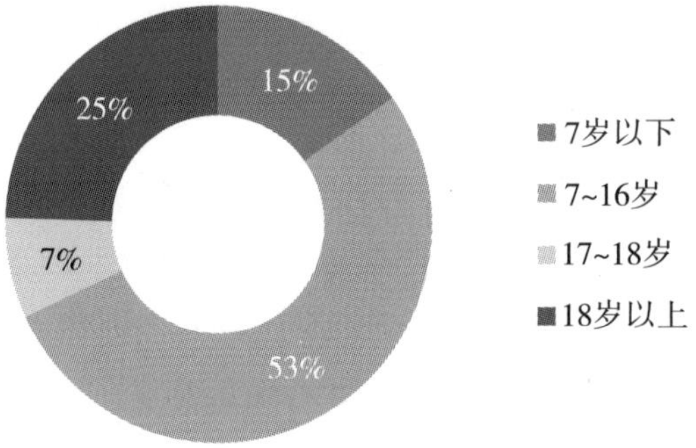

图1－2　被监护人年龄分布

根据2018年世界银行出具的报告，全球中上收入阶层贫困线（Upper middle income class poverty line）的界定标准为5.5美元每人每日，折算后大约为人民币21.2元每人每日。[1]以核心家庭由三人组成计算，每一中上收入阶层家庭贫困线在每年人民币23,214元左右。在接受调查的自闭症人士家庭中，有超过60%的家庭收入在这一标准之上，但仍有部分家庭的收入在这一标准之下。

---

〔1〕 http://databank.worldbank.org/data/download/poverty/33EF03BB－9722－4AE2－ABC7－AA2972D68AFE/Global_POVEQ_CHN.pdf，Poverty & Equity Brief.

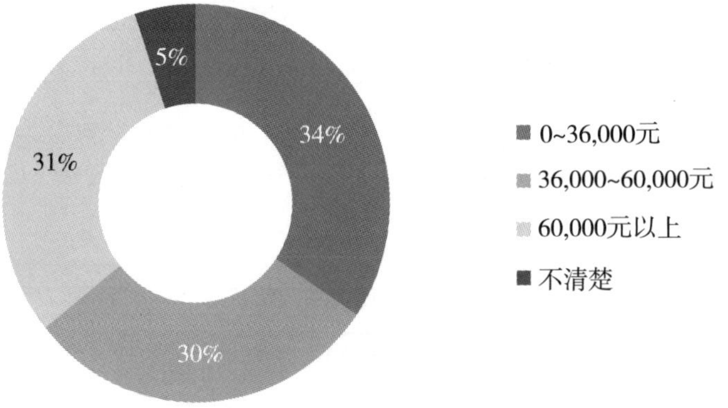

图 1-3 自闭症家庭年收入

2. 社会保障政策享受情况

(1)残疾人证。

超过70%的监护对象已经申请获得了残疾人证,接受问卷调查的监护人中,尚未为监护对象申请残疾人证的原因包括"不知道可以申请""不能申请或申请未通过""不想申请"等。其中主观不想申请残疾人证的监护人中,部分监护人主观认为监护对象不属于残障人士,部分监护人认为残疾人证不能够给监护对象带来优惠政策,也有部分监护人认为自己有能力供养监护对象因此无须申请残疾人证,但更多的监护人表示"担心残疾人证给孩子造成不必要的伤害""怕以后受到歧视""怕入学后留下档案"等社会歧视性因素使得他们决定不申请残疾人证。

客观不能申请或申请残疾人证未通过的监护人和监护对象有7组,理由包括:无法提交有效的医院鉴定、无法提供其他程序性材料、确诊不到一年无法申请残疾人证[1],"社区指定医院智力测评结果高于其他儿科专科医院5次测评的结果,与自闭症人士实际能力不符,准备将来再去测评后再申办残疾证"。

---

〔1〕 自闭症被归类为精神残疾,精神残疾是指精神病人患病持续1年以上未痊愈,同时导致其对家庭、社会应尽职能出现一定程度的障碍。

问卷调查的结果显示，在已经申请并取得残疾人证的自闭症人士中，超过80%的监护人认为监护对象已经享受到了残疾人证的相关优惠政策。

问卷调查结果显示监护对象所享受的优惠政策较为多样，包括出行优惠、就业优惠、旅游优惠、税收优惠等。自闭症人群申请残疾人证后所享受政策优惠的情况见表1－1。

表1－1 自闭症的政策优惠

政策优惠	人次
出行优惠	95
就业优惠	8
旅游优惠	91
税收优惠	1
各项直接经济补贴（重残无业补贴等）	23
康复训练	4
阳光宝宝卡	2
就学优惠	1

许多接受问卷调查的监护人表示其收到政府针对残障人士发放的直接经济补贴，包括重残无业补贴、重残生活补贴，每月共计人民币150元。也有部分受访者表示其因申请残疾人证得到接受免费康复训练的机会，或接受康复训练的费用可以得到直接报销。

（2）最低生活保障。

在接受问卷调查的监护人中，认为家庭需要最低生活保障福利的有221位，但有225位监护人表示其并未获得最低生活保障。以0～10为计数标准，计算对申请最低生活保障程序的了解程度，有188位接受调查的监护人选择了0～2；仅有15位监护对象选择了9～10（图1－4）。

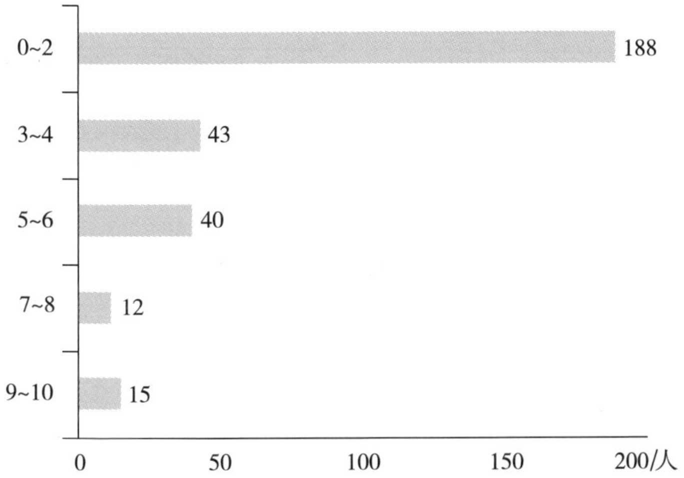

图1－4　自闭症家庭认为需要最低生活保障的人数

(3)民事行为能力。

在接受问卷调查的监护人中,21 位监护人表示其监护对象已经被法院宣告为无(或限制)民事行为能力人,其中 9 位监护对象由其近亲属,即配偶、父母、子女、祖父母、外祖父母、孙子女、外孙子女及同胞兄弟姐妹向法院申请认定为无(或限制)民事行为能力人,其他 12 位由有关组织,即居委会、村委会、学校、医疗机构、妇联、残联、依法设立的老年人组织、民政部门,向法院申请认定。

以 0～10 为计数标准,计算对无(或限制)民事行为能力人的意义的了解,118 位监护人认为其对无(或限制)民事行为能力人的了解为 0～2;仅 44 位监护人认为其对该制度的了解为 9～10(图 1－5),总体平均值为 4.17。

监护人也对监护对象的民事行为能力作出判断,在作出判断的 72 位监护人中,38 位认为监护对象为无行为能力人(不能辨认自己的行为);34 位监护人认为监护对象为限制行为能力人(不能完全辨认自己的行为);2 位监护人认为监护对象为完全行为能力人(能完全辨认自己的行为)。

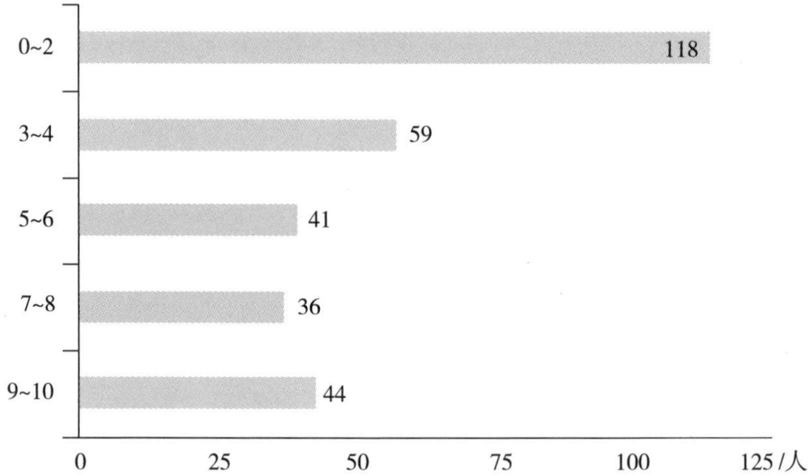

图1-5 自闭症家庭认为对无(或限制)民事行为能力人的意义的了解程度

(二)监护对象的长期照看

就监护对象的长期照看问题,大部分监护人希望通过遗嘱方式保障监护对象将来的财产权益和其他权益(101位监护人);但在接受问卷调查的监护人中,也不乏希望通过信托(97位)、保险(61位)方式保障监护对象的长期生存权益。除却上述三种方式,许多监护人希望政府力量能够介入,希望其他社会力量能够介入,建立自闭症托养机构、社区养老体系、社会服务机构等,为自闭症人士提供长期、周到、全方位的照看。

1. 监护与托养

(1)监护。

就监护对象不同人生阶段监护人的安排,接受问卷调查的监护人回答见表1-2。

表 1-2　自闭症家庭对监护人的安排

监　护　人	未成年/人	成年后/人	目前的监护人去世后/人
父母	285	282	9
祖父母,外祖父母	14	41	0
兄弟姐妹	0	4	11
其他组织	0	0	9
自己	0	1	1

大多数接受问卷调查的自闭症人士监护人表示,就监护对象的监护问题从未发生争议,仅有 9 位监护人表示存在有监护义务的监护人互相推诿,不愿意承担监护责任的情况,也有 6 位监护人表示存在有监护义务的监护人争当监护人的情况。在发生监护争议时,大多数监护人知晓解决监护争议的途径,并认为可以通过法院(3 位)、民政部门(5 位)和街道(5 位)等途径解决监护争议。

69 位接受问卷调查的监护人表示其对自己过世后,监护对象应当由谁照看、监护这一问题作出考虑,其余 129 位监护人表示对此从未考虑。然而,即便已经考虑了上述问题,仍有 265 位接受问卷调查的监护人表示对此未作任何安排,仅有 33 位监护人表示已对自己过世后监护对象的监护问题作出相应安排,监护人的安排方式如表 1-2"目前的监护人去世后/人"一列所示。

(2)托养。

在监护对象的义务教育结束后,监护人主要选择自己继续照顾监护对象或自己照顾和机构托养相结合的方式照顾监护对象,只有 5 位监护对象表示主要依靠机构托养照顾监护对象,也有一部分监护人希望监护对象能够自力更生,自己照顾自己。

在选择照顾监护对象的方式时,大多数监护人表示监护对象的身心发展是主要考虑因素,也会辅助考虑自己的时间安排和监护对象的个人意愿。许多接受问卷调查的自闭症监护人对自闭症人士托养机构颇为了解,大部分了解来自自闭症人士监护人互相之间的推荐，也有部分监护人通过自行搜索或其他亲友或街道、学校的推荐得知托养机构。虽然了解自闭症人士托养机构，但仍有接近半数的监护人表示不选择或不将选择自闭症人士托养机构。大部分监护人认为没有合适的托养机构，也有部分监护人表示不信任托养机构，或难以负担托养机构的费用。

曾经接受自闭症人士托养机构服务的自闭症监护人群体对当前托养机构的服务和收费的反馈如图 1－6 所示。大多数监护人对当前托养机构的服务和收费评价一般。

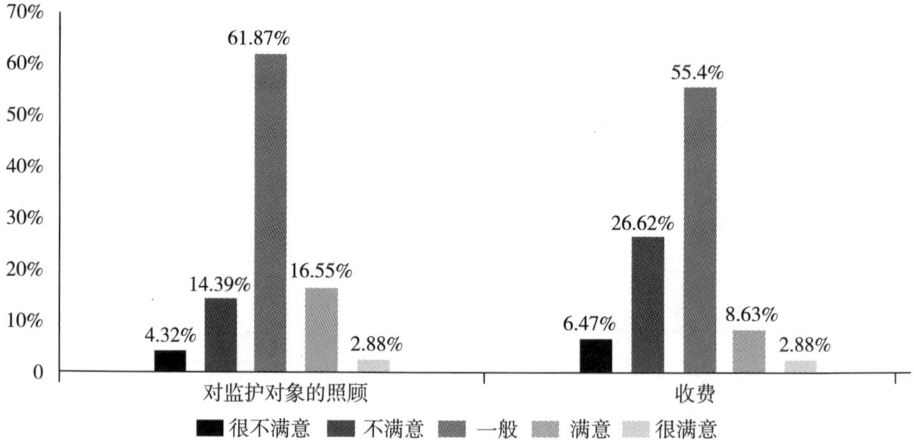

图 1－6　闭症监护人群体对当前托养机构的服务和收费的反馈

2. 婚姻

在接受问卷调查的 296 位自闭症人士的监护人中，仅有 3 位监护人表示监护对象处于已婚状态，其中一名监护人表示结婚的主要考虑因素是“给监护对象找个伴”，其余 2 人表示结婚的主要考虑因素是监护对象的个人意愿。295 位表示监护对象尚未结婚的监护人中，168 人表示监护对象尚未达到法定婚龄；20 位监护人表示目前考虑暂缓结婚，以治疗为主；16 人表示尚未找到合适的结婚对象，60 人表示担忧婚姻带来的不稳定性。

在接受调查的自闭症人士的监护人中，大部分监护人对监护对象的婚姻表示“从来没想过”“根本不敢考虑”,认为监护对象“不适合结婚”、“生活无法自理,不能结婚”或是“没有行为能力,不能结婚”。也有部分监护人表示,其并非监护对象本人,无法代替他/她考虑婚姻问题。

3. 保险

172 位监护人为监护对象申请了社会保险;126 位监护人尚未为监护对象申请。未申请社会保险的可能和监护对象的年龄有关。

商业保险的申请率远远低于普通社会保险。在接受调查的自闭症人士监护人中,99 位自闭症人士的监护人表示购买了以监护对象为受益人的商业保险;113 位监护人表示为监护对象直接购买了商业保险。就为监护对象购买的保险种类,根据监护人的反馈,其中包括人寿保险;疾病保险、医疗保险等健康保险;意外伤害保险;责任保险;商业养老保险;少儿保险等。但也有监护人表示许多保险的承保对象排除了自闭症,因此无法为监护对象购买商业保险见表 1-3。

表 1-3 自闭症家庭为自闭症人士购买保险情况

保险种类	人次
社会保险	172
人寿保险	50
疾病保险、医疗保险等健康保险	62
意外伤害保险	51
责任保险	1

4. 遗嘱

在接受问卷调查的 296 位自闭症人士的监护人中,95 位监护人表示想过设立遗嘱,但不知如何着手;111 位监护人表示想过立遗嘱但认为时间尚早;67 位监护人从未想过立遗嘱;其他监护人表示虽然想过设立遗嘱,但认为“如果有其他监护人健在,写了也没用”;“没有想好遗嘱内容”;“不知道委托给何人”,等等。

鉴于上述种种原因,280 位监护人表示未写遗嘱;仅有 16 位监护人表示已经写好遗嘱,仅占接受调查监护人的 5.41%;在 16 位已经书写遗嘱的监护人中,6 位监护人表示遗嘱已经公证。

无论是遗嘱还是保险,监护人的目的都是通过财产的传承保障监护对象的长期利益。接受问卷调查的监护人表示,他们选择财富传承手段的主要关注对象是财产的设计方案,即如何给监护对象提供保障(199 位监护人);其次是财产的安全性(65 位监护人),最后才是财产的增值性(11 位监护人)。

(三)自闭症人士的权益保障

1. 康复

超过 75% 的监护对象参加过自闭症康复机构,机构性质见表 1 – 4。

表 1 – 4　自闭症家庭的康复机构选择

机构性质	人次
商业机构	57
官方社会组织	27
民办社会组织	145

监护人对自闭症康复机构的效果评价较为一般(4.1/10);对类似机构的康复信心也普遍不强(4.5/10)。

大多数自闭症人士的监护人从未参与过与自闭症人士有关的社会组织运营,但多数监护人曾经参与自闭症相关社会组织组织的活动,或作过自闭症社会组织的志愿者。

2. 教育

根据问卷调查,自闭症人士申请入学接受义务教育时,有 149 人曾受到拒绝,有 133 人未遭到拒绝。受监护对象的年龄限制,监护对象的学历大多为小学及以下,但也有 3 位监护对象的学历达到了大学本科,14 位监护对象的学历达到了高中水平。监护对象接受教育的途径较为多样,但其中以特殊学校为主(183 位监护对象),也不乏在康复训练机构接受教育的监护对象(50 位)。随班就读的监护对象有 60 位,在义务教育普通学校的特殊班级就读的监护对象有 48 位。

3. 就业

根据接受调查的监护人反馈,已经就业的监护对象仅有 4 人,其中有一名监护对象在企业任职、一名在股份有限公司任职、一名作为劳务工就业、一名作为超市后窗理货员就业。获取就业途径的机会包括经他人、父母介绍或经社会组织帮助。

(四)社会援助

1. 法律援助

仅有 10 位监护对象请求过法律援助,大多数接受问卷调查的监护人和监护对象未遇到任何需要法律援助的事项。在申请法律援助的监护对象中,仅有 2 位申请过但未通过。自闭症人士监护人主观认为自闭症人士最需要的法律援助见表 1 - 5。

表 1 - 5　自闭症人士监护人主观认为自闭症人士最需要的法律援助

类　型	人次
社会保障类:如何申请社会保障、基金会救助、监护对象接受康复训练能否纳入	192
医疗保障类:医疗、康复费用进保	173
保险类:商业保险、人寿保险等保险	67
教育类:监护对象的受教育权、康复机构的资质以及相关权益受损的维权	134
就业类:监护对象的就业权、与用人单位的劳动关系问题、工资标准、待遇、就业环境问题	138
托养类:监护对象如何申请托养机构以及机构应当符合何种资质等问题	217
继承类:如何设计财产继承方案,保障财产传承问题	152
婚姻类:婚姻问题	27

2. 社会救助

根据接受问卷调查的自闭症人士监护人反馈，超过40%的监护对象接受过政府资助或政府援助组织的支持（图1－7）；但只有不到20%的监护对象接受过基金会等社会组织的援助（图1－8）。

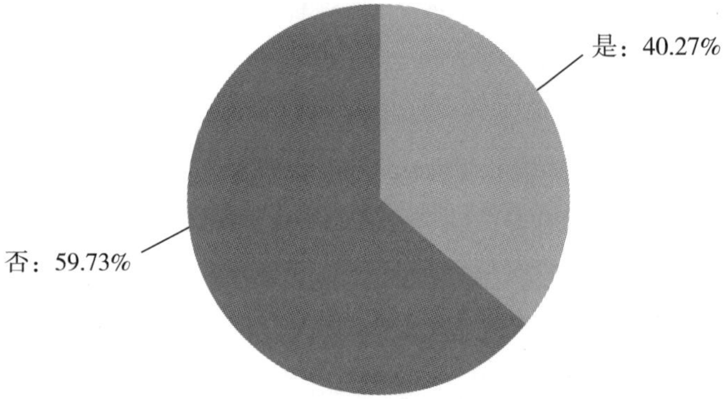

图1－7　自闭症人士接受政府资助情况

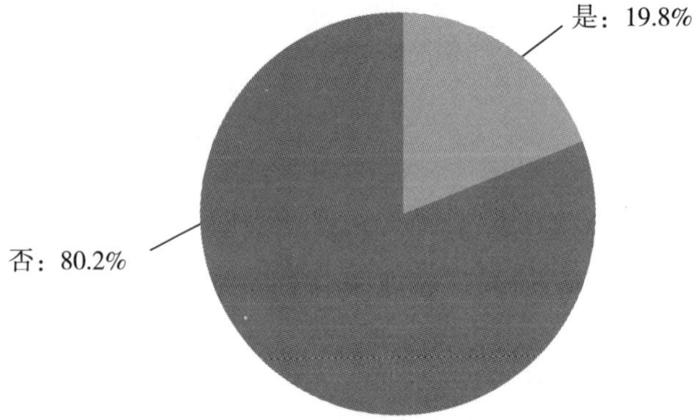

图1－8　自闭症人士接受基金会资助情况

二、访谈结果

除了对自闭症人士监护人发放问卷进行问卷调查外，我们还访谈了残疾人联合会（以下简称残联）工作人员、为自闭症人士提供治疗和服务的社会组织，以及自闭症人士的家长/监护人，邀请他们针对上述问题进行补充。

(一)残联访谈结果

社会各界对于残联的性质和职能不甚了解,我们采访了浦东新区残疾人联合会副理事长——傅志军先生,傅先生对残联的性质、职能、能力作了解释。

残联在创始之初属于民间组织,中国残联是在中国盲人聋人协会(1953年成立)和中国残疾人福利基金会(1984年成立)的基础上组建而成的,于1988年3月11日在北京正式成立。目前,残联的职能主要包括"听取辖区残疾人意见,反馈辖区残疾人需求,维护残疾人合法权益,为辖区残疾人服务。残联具有政府背景,代表政府来履行一部分对残疾人群体的管理职能"三大部分,即"代表、服务、管理",代表残障人士维权,为残障人士提供服务,并管理残障人士相关事项。

自闭症人士可向残联申请残疾人证。残疾人证对自闭症人士的意义,在于一旦自闭症人士申请到残疾人证,即成为残联的服务对象,并享受民政局、残联的福利,同时自动加入精神残疾人及亲友协会(以下简称精协)。精协是残联的组成部分,残联与精协无法律上的管理与被管理职能,但是残联给精协提供活动经费。

残联对残疾人证持有者提供的服务主要分为以下两类,一类是残联提供促进残疾人证持有者康复、就业的服务;另一类是附属于街道的日间托管服务。

残联下属有残疾人康复职业培训中心,是隶属于残联的全额拨款事业单位。残疾人康复职业培训中心受残联领导、受残联监督、对残联负责。职能包括:康复训练、指导、研究,宏观上履行残联就业功能,属于职能部门法人化。残联另有"阳光基地"日间托管服务,关注残障人士的职业康复问题。自闭症人士如果需要申请工作,可以去基层(街道)残联申请,可询问街道残联就业工作联络员。持有残疾人证的自闭症人士就业可使就业单位享受税收优惠,单位雇用自闭症人士超过一定比例还有超比例奖励,可向劳动就业服务中心申领。

残联也提供附属于街道的日间托管服务，除上述提及的“阳光基地”外，还有“阳光之家”和“阳光心园”。其中“阳光之家”适用人群是智力障碍群体，“阳光心园”适用人群是精神障碍群体。只要是没有严重危害的精神障碍人士包括自闭症人士都可以申请“阳光心园”服务。傅志军先生指出：理论上托养机构的工作人员应有教育康复资质、康复专业技术。

尽管残联能够为残障人士提供一部分服务，但并不能在所有领域提供直接的服务，比如在自闭症人士的教育问题方面，残联可以提出相关建议，发挥推动、牵头的作用，但不能代替教育部、教育机构的作用。

根据《中国残疾人联合会章程》《残疾人保障法》，残联对机构没有执法职能，只能对其进行业务指导，将其约谈、进行调查。如果涉及商业机构，建议当事人向工商管理部门反映，由工商管理部门对其进行资质审查。

（二）机构访谈结果

为了解为自闭症人士提供服务的专业机构的组织运作现状、业务过程中涉及的法律纠纷、对于法律政策的需求和建议，我们采访了从事艺术疗愈工作的某公益机构（以下简称机构 A）以及从事托养服务的某社会组织（以下简称机构 B），以期了解专业机构当前具备的行业资质、优惠政策、主要资金来源和日常运作中遇到的法律问题等。

机构 A 提供的艺术疗愈服务有几种形式，如通过社区与学校合作，开设社区课堂；在公益新天地中心开设课程，等等。课程的参与时间不限时长，有自闭症人士从机构成立时就开始参与疗愈课程。而在报名课程时，并不要求自闭症人士一定得持有残疾人证才可报名，但因场地、资金有限，会对参与疗愈课程的自闭症人士提出一些其他标准，例如要求家长能够陪同等。目前，课程场地最多容纳 40 人，且机构 A 暂时没有资金再设立其他班级。

在机构运营方面，机构 A 面临的问题是希望能进一步拓展资金来源。目前，机构 A 资金来源途径主要有政府购买、企业合作、基金会拨款和个人捐赠，其比例为政府购买 20%、企业 20%、社会捐赠 50% 和其他 10%。

在参与机构A课程的学员签署书面协议转让美术作品著作权和所有权的情况下,机构A会将服务对象的画作用于筹款、企业版权购买与拍卖。画作筹款所得用于机构A的项目经费,投入机构A帮助精智障碍特殊人群的项目中,在机构预算中体现这笔经费的去向。

而机构A希望在两方面获得更多的资金:政府增加投入以及放宽对机构公开募捐的限制。一方面,机构A提出希望政府能加大对自闭症服务机构的资金支持,如进一步增加政府购买服务等,目前国家更关注留守儿童和扶贫领域,而自闭症以及其他精神和智力障碍群体可能并不是国家首要关注的对象,因此领域内机构之间对资源的竞争较为激烈。

另一方面,机构A在访谈中表示当前政策对没有公开募捐资质的机构要求苛刻,由于没有公开募捐的资质,机构A等专业机构需要和有公开募捐资质的机构合作,但在申请项目的过程中,对细节有诸多规定,对机构的项目运营有很大限制。基于这些死板的规定,机构A的项目可能无法达到预期的成果。最直观的就是资金限制和资金使用的限制。如果给到一线人员的费用实在太少,有谁愿意长期参与帮助精智障碍特殊人群这项辛苦、风险大的公益活动呢?而且现在慈善法对于人员费用的规定太死、只能占总支出的10%,机构A指出,国外同类机构的人员费用可能会占支出的30%~50%。

在行业规定方面,机构A指出目前国家没有统一、具体的规定,只有在申请政府项目时会有专门针对项目申请的规则。机构A认为未来趋势有两点,一个是对公益组织注册的要求越来越高,而机构A认为这是好事,可以筛选出更专业的公益组织;另一个是人员和/或组织的专业化,比如进一步引入专业的人员、深入社区与社工合作,减少当前许多公益人员身兼数职的情况,此外也需要培养更多拥有专业技能的人士、建立更有针对性的课程服务体系,因为目前在艺术疗愈领域,中国没有统一的标准和课程,机构们各成体系,引入国外的课程或是在理论知识上自行设计。

机构B主要是针对16岁以上心智障碍者提供托养服务,关注大龄障碍者生活技能的重建以及工作能力的提升，致力于以社区化的模式，提高心智障碍人士的生活品质。机构 B 是一个全国性的机构，各地组织遵循统一的使命愿景与价值观，但在实际运营中，相对独立且有地方特色。

在就业方面，机构 B 表示使得大龄障碍者走上工作岗位较为困难，之前帮助阳光之家的轻障人士进行支持性就业，主要从事酒店、后厨等岗位。

机构 B 还有社区家庭服务，社区家庭如同大家在生活社区里面一样，每个家庭安排一个家庭妈妈，作为家庭辅导，与孩子一起生活。一个家庭妈妈带 4 ~6 名心智障碍者，融入社区里面，类似于社区养老。与社区养老一般依附于社区街道资源不同的是，机构 B 是自己租赁的地方。

机构 B 收入的主要来源有托养服务费用（50%）、企业捐赠以及机构众筹（50%）。其中基于服务领域的划分，政府补贴主要投放至阳光之家，但较少关注大龄自闭症障碍者，政府补贴所占比例较少。期待的收入结构为政府占据 50%，收取费用占据 30%，其他来自筹款占据 20%。在企业捐赠方面，因为较多的企业比较关注项目的效果，而由于自闭症对象的特殊性，很难横向地看出项目效果，所以固定的企业捐赠较少。在网络众筹方面，越发关注项目颗粒化。

在行业标准方面，机构 B 表示有 27 年的服务经验，有一整套的服务标准和专门的指导性标准。比如制定保护个人空间的规则，设立存储私人物品的带锁抽屉等。此外，尽管机构 B 的服务对象有相当部分智力水平停留在 3 ~4 岁，但机构 B 仍然根据其实际年龄对环境进行了适龄化装饰。机构 B 目前所提供的课程全部实现了可视化，明确时间段的具体安排，打造环境和服务内容的无障碍化。机构 B 表示，目前，上海市尚未出台同行业的服务标准和规范，但在从业人员资质方面，政府会有合规化的要求，在评估社会组织时也会考察。但在真实服务中，机构 B 似乎更加关注人员的实际操作能力，职员进入机构也有专门的培养方案。

（三）家长访谈结果

通过对家长/监护人的访谈，我们试图更详细地去了解自闭症人士监护人、自闭症家庭的生活现状，以及了解他们在了解和适用法律政策方面的困难。我们向欣欣妈妈与壮壮妈妈（均为化名）了解了监护对象的社会福利享受状况；监护对象的监护状况；监护对象的婚姻与继承问题；监护对象的托养、教育、就业、康复、社会保证等资源与渠道。

1. 社会福利

在社会福利享受情况方面，已经成年的欣欣与壮壮均在16岁成功申请了残疾人证，并因此在旅行时可以享受门票优惠。欣欣妈妈表示欣欣能够领取两项补贴："重残护理补贴"和"困难残疾人生活补贴"，约400元，而且因为欣欣没有就业，可以领取重残无业人员生活补助，约1400元。在托养方面，如果是住宿在托养机构，可以凭残疾人证申请补贴，但日间照料服务并不享受补贴。而壮壮妈妈在访谈中表示壮壮每个月可以享有超过2000元的交通、护理等补贴，并且在康复方面可以去指定的医院和机构作康复，先自行垫付后去残联报销。两位自闭症人士均未申请无、限制民事行为能力人。欣欣有属于自己的银行卡，是在欣欣成年后由监护人签字办理的，欣欣的护照也由监护人签字。壮壮妈妈选择不申请无、限制民事行为能力人是因为日常生活中未遇到需要认定孩子民事行为能力的情况，比如在办理护照时，办理人员没有办法从壮壮外表判断壮壮的行为能力。

2. 婚姻继承

就自闭症人士的婚姻问题而言，壮壮妈妈和欣欣妈妈均表示从未考虑过孩子的婚姻问题。壮壮妈妈表示，一方面，"害怕自闭症有遗传的可能，同时也担心财产安全问题"；另一方面，自己也没有和孩子沟通过，孩子也没有这方面的意识。欣欣妈妈也表示从未考虑过孩子的婚姻问题。

就保险问题而言，壮壮妈妈表示已经给孩子买了保险，保险包括给持有残疾人证的群体免费赠送的保险、人身意外险、医疗保险（看病可以报销）。

3. 托养

托养问题是自闭症人士面临的另一个重要问题。壮壮妈妈和欣欣妈妈表示，两位自闭症人士均有在托养机构托养过。

壮壮妈妈表示，自己对托养机构及托养老师的资质优劣的相关信息来自自闭症家长之间的信息交换，获得信息后，壮壮妈妈会通过实地考察，“自己去看”，对托养机构有具象的了解。壮壮曾在托养机构作日间托养，但由于托养机构后来涨价，再加上托养机构本身的硬件设施跟不上发展速度，日托的活动面积不够，因此综合考虑没有继续托养。

欣欣曾经参与九年制义务教育，在结束九年制义务教育之后，欣欣曾在一段时间内在社区内的阳光之家托养，阳光之家不收费，由官方建立，每天会提供一顿免费的午餐。但阳光之家的缺点也很明显，第一，阳光之家对受托养人的残障等级有要求，受托养人必须是有自理能力、无需辅助的残障人士，情况严重的不予接收。欣欣妈妈认为，一般情况，自闭症人士不符合阳光之家托养的条件。第二，阳光之家属于日间照料，阳光之家的工作时间很短，一般下午两三点就要把孩子接回家了，不是一整天，无法满足实际需求。第三，由于阳光之家老师不怎么管孩子，孩子在阳光之家的安全问题无法保障，尤其是孩子有时候会受到其他孩子的欺负，所以没有继续托养。

离开阳光之家之后，欣欣妈妈经过自闭症人士家长的推荐，将欣欣送入托养机构进行日间托养。欣欣周一至周五在托养机构日托，双休日在家，托养机构一个月的费用为人民币 2350 元。欣欣目前还在托养机构日托，欣欣妈妈与托养机构每年签署一次托养协议。问及欣欣对于托养中心是否满意，欣欣妈妈表示并不能完全了解孩子的想法，但“如果将孩子吵闹理解为不愿意去，刚开始可能有点抵触但后来还是愿意的”。而与家长的期望不同的是，欣欣似乎更喜欢阳光之家，因为“托养机构的老师会管着她，而阳光之家的（老师）不会”。

4. 教育与就业

欣欣和壮壮都完成了九年制义务教育。有所不同的是，壮壮在普通学校完成小学教育，在特殊学校完成之后的教育，而欣欣在特殊学校完成全部九年制义务教育。壮壮妈妈表示，孩子可以进普通学校随班就读，但如果孩子的自闭症症状较为明显，学校同意家长陪读。欣欣妈妈则表示，她起先想把孩子送到普通学校特殊班级随班就读,但是学校认为孩子的行为不受控制,会影响到别的同学,因此拒绝欣欣就读。壮壮妈妈表示,在小学毕业之后,因为孩子可能无法跟上学习进度,所以家长根据综合情况考虑会把自闭症孩子送去辅读学校就读。辅读学校中,家长无须陪读,老师有相关专业知识。

壮壮和欣欣目前为止都没有就业,但两位母亲都表示了解自闭症儿童的就业途径,例如去图书馆整理图书,去商店做理货员。壮壮妈妈说壮壮可以将手工作品带回家,由家长辅助工作,但欣欣妈妈表示每个自闭症孩子的表现不同,欣欣对手工和就业不感兴趣。

5. 社会资源

就自闭症人士的社会救助,两位家长表示家长之间的互助较为频繁。

欣欣妈妈表示家长之间有微信群,可以加入微信群,得到各方面的咨询。壮壮妈妈表示接触过全国心智联家长组织,是服务家长、提供专业咨询的组织。除此以外,两位家长也接触过自闭症人士社会服务机构,比如悦苗、福利院、慧灵托养等。但普遍反映上述社会服务机构有资金不足、人手不够的问题。

壮壮和欣欣都曾在康复机构学习。欣欣曾经参与一些感统训练和一个华师大的项目,但欣欣妈妈认为实际上这些项目不是很有针对性、效果并不明显。

6. 成长生活环境

壮壮和欣欣都在幼年时期就被诊断出自闭症,现在年龄渐长,壮壮妈妈和欣欣妈妈对社会环境,社会对自闭症的理解、接纳程度的变化有很深的体会。

两位母亲均感受到媒体对自闭症人士的关注,对于自闭症病症和案例宣传程度的密集,社会对自闭症的了解程度日益加深。总体来说,两位母亲认为大家对自闭症的接纳程度日益提高,也逐渐包容、接纳自闭症人士。但歧视仍然存在,壮壮妈妈曾经遭遇飞机拒载,“有些不了解的人也会认为孩子的行为是因为教养问题”,欣欣常住的托养机构也遭到投诉“遇到过几次邻居投诉,投诉孩子们吵闹、行为怪异,导致搬家”。

社会环境的宽容和包容是两位家长的普遍希望,两位家长也希望政府的重视能够带来更多人力、物力的投入,完善阳光之家的建设,最终建设成为自闭症人士兜底的托养机构,具备良好的硬件和可持续发展的可能性。

三、自闭症人士的法律需求的结论

(一)康复、教育与就业

依据问卷调查结果显示,超过75%的自闭症人士曾进入自闭症康复机构进行康复。目前康复机构统一行业标准尚未明确,可能会给自闭症人士带来潜在的意外伤害。

根据问卷调查结果,50%的自闭症人士想要参与义务教育但被学校拒绝。根据《义务教育法》的规定自闭症人士在适当年龄必须接受义务教育,学校必须招收不得拒绝。但调查结果显示,由于各方面的原因,许多学校并未根据《义务教育法》的规定接收自闭症儿童,导致半数的受访自闭症儿童无法接受九年制义务教育。

一方面,政府对此应当有所监管和支援,为公立中小学提供招收自闭症人士随班就读,或在特殊班级就读的条件,配备相应硬件设施和有资格的师资,建立适宜的系统合理调配相关软件和硬件设施。另一方面,对于自闭症家长的法治普及教育刻不容缓,自闭症人士的相关权益需要自闭症人士家长、自闭症人士监护人切实维护。

自闭症人士可以就业。根据问卷调查和访谈结果,我们得知,根据自闭症人士的病情程度、病理表现,自闭症人士能够从事商场理货员、图书管理员等相关工作。然而,自闭症人士作为无民事行为能力人或者限制民事行为能力人,在从事工作的过程中,与普通劳动者的权益保障途径有诸多不同。因此,无论是自闭症人士监护人,还是聘用自闭症人士的企业,都应当着重注意自闭症人士的劳动权益保障和工作安全维护。

(二)社会保障资源

自闭症人士、自闭症人士监护人及服务于自闭症人士的社会组织对于法律援助均有需求。

自闭症人士本身对法律援助的需求主要体现在监护人的确定,以及针对监护人侵权问题的法律维权。接受调查的大部分自闭症人士监护人中,很少出现监护人争议或监护人对被监护人的侵权行为,但这并不代表前述现象不存在。相关案例显示,自闭症人士监护人争议并不鲜见,监护人怠于履行监护人义务,对被监护人人身权益、财产权益的侵害案件也非绝无仅有。为了更好地保证自闭症人士自身的权益,尤其是来自拒不履行监护义务,或瑕疵履行、不正当履行监护义务的监护人的不法侵害,针对自闭症人士的法律援助应当加强。

在接受调查的自闭症人士监护人中,大多数监护人对自闭症人士的身心健康颇为关心,但具体到如何维权,如何通过法律手段保护自闭症人士的身心健康,确保自闭症人士的长期生活来源,自闭症人士的监护人表现得束手无策。为此,政府应当加强对自闭症人士监护人的法律援助服务,普及相关法律知识,引导自闭症人士监护人运用法律,为自己和被监护人争取权益。

许多机构、学校因认为招募自闭症人士作为员工、学生法律风险过大,因此拒绝招收自闭症人士作为员工、学生。事实上自闭症人士加入集体生活、学习,不仅对其自身病情有一定的疗愈作用,也能够发挥所长,在为社会提供服务的同时让社会各界了解自闭症和自闭症人士。许多学校和机构对招收自闭症人士的恐惧来自其对自闭症人士的陌生以及捕风捉影的传闻。

这样的偏见需要媒体的宣传来打破,需要自闭症人士参与社会、学校生活来改变,也需要法律法规的普及来纠正。通过对于企业和学校的普法教育,应当让学校认识到,接受九年制义务教育是每个公民的权益,自闭症人士不应当被拒之门外;而企业应当通过相关法律服务,切实了解自闭症人士在就业和执业过程中企业的法律风险和注意事项,从而在做好风险防控的基础上聘用自闭症人士就业。

法律援助、法律普及都离不开基础法律法规的指定,以及政府政策的支持。在当前法律框架下,自闭症人士的权益通过《民法总则》《未成年人保护法》《精神卫生法》《残疾人保障法》等相关法律法规的综合运用进行保障,但相关机构缺乏对于自闭症人士就业、就学、就医、监护等日常行为的具体指导文件,也缺乏对自闭症人士日常生活提供帮助的责任机构。

阳光之家对自闭症人士的帮助有限,民间力量缺乏资金和人手,自闭症人士监护人的监护困难和生活困难无法解决,面对自闭症人士日常生活的难题手足无措。这样的现状需要引起有关部门对自闭症人士足够的重视。目前缺乏一套完整的程序规范,也没有建立服务自闭症人士的部门和组织。即便类似规范和组织存在,其程序规范也因缺乏细节而显得难以落实,这导致了自闭症人士的生活困境。

自闭症人士需要社会力量和法律援助,但更需要的是相关社会力量推动立法程序,从而出台一套对于自闭症人士切实可行的,相对全面的"生活指南""法律指导",让社会力量在法律的框架下,为自闭症人士提供服务,也让自闭症人士、自闭症人士家庭在相关法律法规的规制下,在详细的指引和指导下,有尊严地生活。

(三)监护和托养

自闭症人士的监护和托养事实上是一体两面的问题。自闭症人士若进行民事行为能力宣告,在专业机构的鉴定下很可能被认为是无民事行为能力人或限制民事行为能力人,因此法院将为他们指定监护人。但自闭症监护人亦有自己的生活、工作,也需要劳动以供养自闭症人士和自己的生活,长期要求自闭症人士的监护人陪伴、照料自闭症人士这一要求并不可行。

但自闭症由于其病症本身的特殊性,要求其长期有人陪伴、看护,最好时刻不离左右。因此,自闭症人士照料的特殊需求与自闭症人士监护人的劳动需求、生活需求之间产生了冲突。正是这一冲突,诞生了自闭症人士的托养机构,例如阳光之家等。

自闭症人士的托养机构的目的主要是缓解自闭症人士监护人的日常监护压力。正如孩子的家长将孩子送去托儿所、幼儿园,以缓解日常监护压力一样,自闭症人士也有同样需求。然而,自闭症人士由于自闭症的特殊性,对托养机构安全性、托养机构辅导老师专业性的要求也更高。目前,自闭症人士监护人普遍反映自闭症托养机构存在如下问题:

(1)专业性不强;

(2)资金不足,活动场所不足以满足孩子的日常活动需求,孩子没有足够的生活、活动空间;

(3)人手不足,有资质的老师太少,服务人员也少。

而为自闭症人士提供托养的托养机构也反映了同样的问题。社会各界的误解有时也会阻碍自闭症托养机构的长期发展。一方面,自闭症人士需要社会各界的帮助和支持,甚至政府的帮助和支持,通过相关政策制定和财政拨款,支持自闭症托养机构的发展,让自闭症人士托养机构能够蓬勃发展,缓解托养困境。另一方面,自闭症托养机构也应当注意教师和机构的资质问题,同时留意承担作为托养机构需承担的安全保障等法律责任,让自闭症人士的监护人能够放心托养。

托养只是解决了自闭症人士当下的监护困境。长期而言,自闭症人士最大的监护困境发生在自闭症人士的监护人过世之后。监护人过世之后如何保证自闭症人士老有所养是自闭症人士的监护人最大的忧虑之一。《民法总则》出台后,自闭症人士监护人若为自闭症人士父母的,可以进行遗嘱指定监护。自闭症人士的父母在立下遗嘱时指定监护人,在其死后继续承担自闭症人士的监护责任。自闭症人士的监护人同时可以通过财产信托、商业保险等方式,为自闭症人士留下财产,满足其日常生活需求。

但遗嘱指定监护和财富传承设定均是一项复杂冗长的法律过程。根据我们问卷调查和问卷访谈的结果显示,大多数自闭症人士家长对什么是监护制度、民事行为能力宣告必须在何时进行等相关法律程序和法律规定均无清楚认知。同时,法律法规对如何指定监护、如何确立财富传承缺乏细致规定，相关规章制度也缺乏细节指导，导致许多自闭症人士监护人虽然了解法律，但在实践上无从着手。

因此，一方面，政府及相关人士应当向自闭症人士的家长、监护人普及相关知识，使自闭症人士了解相关法律法规，对自身权利义务有基本认知并增加法律援助项目，帮助自闭症人士监护人规划遗嘱和财产的继承安排；另一方面，立法机关和相关行政部门也应当完善相关法律法规，更细致地陈述自闭症人士监护制度，尤其是针对现实疑难问题如当自闭症人士的监护人并非自闭症人士父母的时候，如何通过遗嘱指定或其他方式，达成对自闭症人士的长期监护目的。

第三节　残疾人证

本节导读

残疾人证是经国家批准的、统一制发的残障人士专用证件，是认定残障人士及残疾类别、等级的合法证件，是残障人士享受国家和地方政府优惠政策的重要凭证，因此也是自闭症人士享受国家政策优惠的重要工具。目前，我国已推行更新至第三代智能化残疾人证。

在本节中，我们将明确残疾人证的 7 种类别、自闭症所属的精神残障的分级标准与残疾人证的具体申办流程，解读持有残疾人证可享有的权益，以供诸位参考。同时，我们也将探讨残疾人证的法律意义与实践中存在的问题。

一、残疾人证的申请现状

我们通过问卷调查的方式发现 296 人中，有 224 人，大约 75.67% 的人办理了残疾人证；剩下的 24.33% 的人由于“不想申请”“不知道可以申请”等原因没有申请残疾人证。在申请了残疾人证的 224 人中，有 180 人表示享受到残疾人证的优惠政策，有出行优惠、旅游优惠、就业优惠、税收优惠等。同时根据以上的问卷调查以及访谈中发现，使用最多的是旅游优惠，而对于自闭症家庭而言最有意义的优惠为残疾人证带来的补贴。

至今为止,我国现在主要推行过三代残疾人证。

1. 第一代残疾人证(图 1－9)

第一代“中华人民共和国残疾人证”于 1995 年统一制发,主要由各市、县辖区的残疾人联合会负责审核和制发,保障了残障人士合法权益,对我国残疾人事业的发展发挥了积极的作用。随着广大残障人士维权意识的不断提高和覆盖城乡社会保障制度的逐步建立、完善与落实,残疾人证的功能与作用日益突出,由于第一代残疾人证没有明确规定残疾分类和标准,在使用过程中出现印刷混乱等问题,使其很难满足现实需要,于 2009 年 12 月 31 日停止发放。

图 1－9　第一代残疾人证

2. 第二代残疾人证(图 1－10)

第二代残疾人证较第一代残疾人证有很大的改进。第二代残疾人证采取多种防伪措施,由中国残疾人联合会统一制作,坚决杜绝各地私自印制采购,并且第二代残疾人证和第二代居民身份证进行联网。第二代残疾人证于 2008 年开始颁发。其中视力残疾人证为红色封面,其他类别的残疾人证为绿色封面。与此同时创建了全国残疾人人口基础数据库,这为残疾人证网上查询提供了基础。

图 1－10　第二代残疾人证

3. 第三代残疾人证(图 1－11)

2014 年中国残联在北京市启动了第三代残疾人证的第一批发放试点工作。2017 年 3 月 3 日中国残联办公室发布了关于开展第三代残疾人证(智能化)试点的通知;2017 年 5 月 27 日中国残联、国家卫生和计划生育委员会发布《关于印发〈中华人民共和国残疾人证管理办法〉的通知》,其中指出第二代残疾人证在实际工作中,也不同程度存在残障评定不够规范、审核程序不甚严密、办证周期相对较长、信息资源共享不足等问题,因此修改了《中华人民共和国残疾人证管理办法》(以下简称《残疾人证管理办法》)(自 2018 年 1 月 1 日起施行),并明确规定了"经中国残联批准开展第三代残疾人证(智能化)试点的地方,可统一采用第三代残疾人证(智能化),并在一定时期内延续证卡并用"[1]。

2018 年 8 月 8 日中国残联发布了《关于加快推进第三代残疾人证(智能化)换发工作的通知》,要求在总结第三代残疾人证(智能化)前期试点工作基础上,加快推进第三代残疾人证(智能化)换发工作。

根据 2018 年 4 月 6 日中国残联发布的《2017 年中国残疾人事业发展统计公报》(残联发〔2018〕24 号),中国残疾人人口基础数据库持证残疾人

〔1〕《残疾人证管理办法》第二十九条。

3404.0 万人。[1] 而根据第六次全国人口普查我国总人口数及第二次全国残疾人抽样调查我国残障人士占全国总人口的比例和各类残障人士占残障人士总人数的比例，推算 2010 年年末我国残障人士总人数 8502 万人。因此持证残疾人未达到残疾人总数的一半。

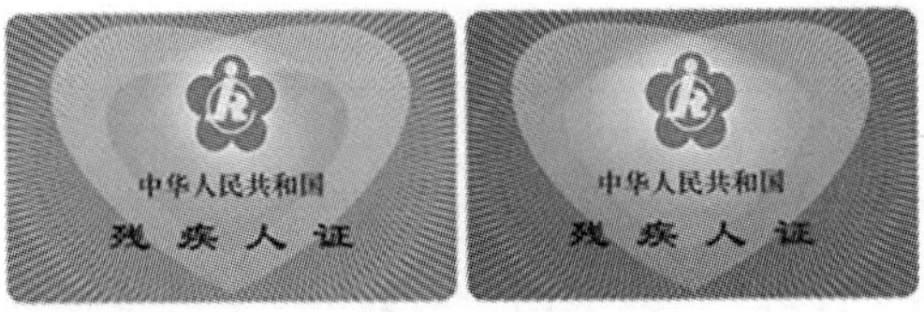

图 1－11　第三代残疾人证

二、残疾人证的申请

(一) 残疾人证申请的规定

为积极适应残障人士事业发展的客观需要，中国残联、国家卫生和计划生育委员会于 2017 年 7 月联合发出《关于印发〈中华人民共和国残疾人证管理办法〉的通知》。此次印发的《残疾人证管理办法》是经过修订的，与 2008 版《残疾人证管理办法》相比，具有审批权限下放、办证周期缩减、鉴定责任明确等特点。

《残疾人证管理办法》第三条规定：残疾人证坚持申领自愿、属地管理原则。凡符合残疾标准的视力、听力、言语、肢体、智力、精神及多重残疾人均可申领残疾人证。

《残疾人证管理办法》第七条针对残疾人证，各政府部门的职责进行了明确规定：

(1) 县级残联：负责残疾人证的申办受理、核发管理等工作；按照省级卫生计生委和残联指定的医院或专业机构作出的残疾类别和残疾等级评定结论，核发残疾人证，并负责办证原始档案管理。

---

〔1〕《2017 年中国残疾人事业发展统计公报》(残联发〔2018〕24 号)。

(2)省级残联、地市级残联:做好残疾人证核发、使用、管理等工作的指导和监督检查。

(3)省级残联和卫生计生委:共同成立残疾评定专家委员会,负责受理残疾评定争议。

(二)残疾人证种类

1. 残疾人证分类

我国的残疾人证有红色外皮的视力残疾人证和绿色外皮的其他残疾人证两种。《残疾人证管理办法》第四条规定:残疾人证由中国残疾人联合会统一印制,套印中国残疾人联合会印章。地方残联负责发放和管理。视力残疾人证采用红色外皮,其他类别残疾人证采用绿色外皮。有视力残疾的多重残疾人可采用红色外皮的视力残疾人证。

在申办残疾人证的过程中,申请人需要到指定机构进行残疾评定,划分等级。根据《残疾人残疾分类和分级》(GB/T 26341 - 2010)规定:按不同残疾分为视力残疾、听力残疾、言语残疾、肢体残疾、智力残疾、精神残疾和多重残疾(表1 - 6)。

表1 - 6　残疾种类及症状

残疾种类	症　状
视力残疾	各种原因导致双眼视力低下并且不能矫正或双眼视野缩小,以致影响其日常生活和社会参与。视力残疾包括盲及低视力
听力残疾	各种原因导致双耳不同程度的永久性听力障碍,听不到或听不清周围环境声及言语声,以致影响其日常生活和社会参与
言语残疾	各种原因导致的不同程度的言语障碍,经治疗一年以上不愈或病程超过两年,而不能或难以进行正常的言语交流活动,以致影响其日常生活和社会参与,包括:失语、运动性构音障碍、器质性构音障碍、发声障碍、儿童言语发育迟滞、听力障碍所致的言语障碍、口吃等
肢体残疾	人体运动系统的结构、功能损伤造成的四肢残缺或四肢、躯干麻痹(瘫痪)、畸形等导致人体运动功能不同程度丧失以及活动受限或参与的局限。肢体残疾主要包括:上肢或下肢因伤、病或发育异常所致的缺失、畸形或功能障碍;脊柱因伤、病或发育异常所致的畸形或功能障碍;中枢、周围神经因伤、病或发育异常造成躯干或四肢的功能障碍

续表

残疾种类	症　状
智力残疾	智力显著低于一般人水平，并伴有适应行为的障碍。此类残疾是由于神经系统结构、功能障碍，使个体活动和参与受到限制，需要环境提供全面、广泛、有限和间歇的支持。智力残疾包括在智力发育期间（18岁之前），由于各种有害因素导致的精神发育不全或智力迟滞；或者智力发育成熟以后，由于各种有害因素导致智力损害或智力明显衰退
精神残疾	各类精神障碍持续一年以上未痊愈，由于存在认知、情感和行为障碍，以致影响其日常生活和社会参与
多重残疾	同时存在视力残疾、听力残疾、言语残疾、肢体残疾、智力残疾、精神残疾中的两种或两种以上残疾

根据《残疾人残疾分类和分级》（GB/T 26341－2010）规定：各类残疾按残疾程度分为四级，残疾一级、残疾二级、残疾三级和残疾四级。残疾一级为极重度，残疾二级为重度，残疾三级为中度，残疾四级为轻度。

2. 精神残疾分级

根据《残疾人证管理办法》，自闭症人士应属于精神残疾的一类。然而，由于社会文化可能的偏见与其带来的巨大压力，部分监护人不认可其监护对象为精神残疾的情况，要求改为智力残疾。因此，如今社会上自闭症人士所持有的残疾人证大多为精神残疾类，但也存在部分申报为智力残疾的情况。

精神残疾的分级标准如表1－7所示。

表1－7　精神残疾分级标准

精神残疾级别	分级标准
精神残疾一级	WHO－DAS Ⅱ值≥116分，适应行为严重障碍；生活完全不能自理，忽视自己的生理、心理的基本要求。不与人交往，无法从事工作，不能学习新事物。需要环境提供全面、广泛的支持，生活长期、全部需他人监护
精神残疾二级	WHO－DAS Ⅱ值为106～115分，适应行为重度障碍；生活大部分不能自理，基本不与人交往，只与照顾者简单交往，能理解照顾者的简单指令，有一定学习能力。监护下能从事简单劳动。能表达自己的基本需求，偶尔被动参与社交活动；需要环境提供广泛的支持，大部分生活仍需他人照料

续表

精神残疾级别	分级标准
精神残疾三级	WHO－DASⅡ值为96～105分，适应行为中度障碍；生活上不能完全自理，可以与人进行简单交流，能表达自己的情感。能独立从事简单劳动，能学习新事物，但学习能力明显比一般人差。被动参与社交活动，偶尔能主动参与社交活动；需要环境提供部分的支持，即所需要的支持服务是经常性的、短时间的需求，部分生活需由他人照料
精神残疾四级	WHO－DASⅡ值为52～95分，适应行为轻度障碍；生活上基本自理，但自理能力比一般人差，有时忽略个人卫生。能与人交往，能表达自己的情感，体会他人情感的能力较差，能从事一般的工作，学习新事物的能力比一般人稍差；偶尔需要环境提供支持，一般情况下生活不需要由他人照料

（三）申办程序

《残疾人证管理办法》第九条对核发残疾人证程序作出了规定：

（1）申请：第一次申办残疾人证的申请人，需持申请人居民身份证、户口本和3张两寸近期免冠白底彩照，向户口所在地县级残联提出办证申请，如实填写申请表、评定表。申请智力、精神类残疾人证和未成年人申请残疾人证须同时提供法定监护人的证明材料。有条件的地方可开展网上办理申请。

（2）受理：县级残联接到办证申请人提交的申请材料后，由受理人对申请人、法定监护人、照片、身份证、户口本进行确认，对于填写虚假信息者不予受理。

（3）评定：指定机构对于申办残疾人证的申请人进行残疾评定，按照残疾标准作出明确的残疾类别和等级评定结论，填写评定表并加盖公章。评定结论符合残疾标准的，应在申请人所在的村（社区）予以公示，公示时间为5个工作日；申请人是未成年人的，原则上不予公示。

（4）审核、批准：县级残联对办证申请材料、受理程序、残疾评定结论和公示结果进行审核，并在10个工作日内审核完毕。经审核符合规定的，予以批准，填写打印残疾人证相关信息，并在批准机关栏内加盖公章、在持证人像上加盖钢印,同时将残疾评定表等相关信息录入残疾人人口基础数据库。评定结论不符合残疾标准者,不予办理。

(5)发放、存档:县级残联将残疾人证发放给申请人,并将申请表、评定表、公示结果等相关材料存档、长期保存。

图 1-12 为办证流程。

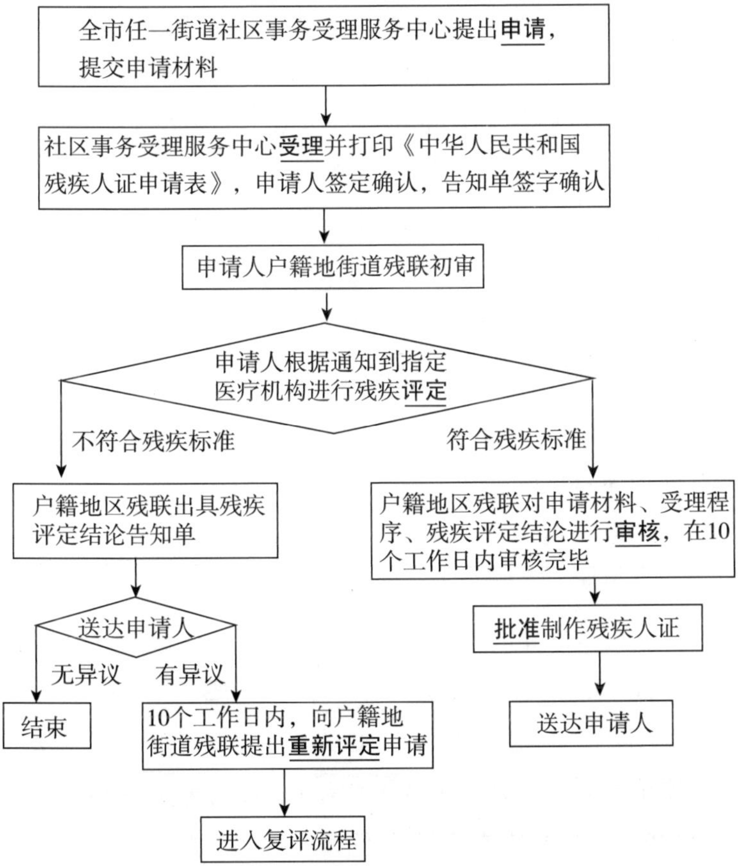

图 1-12 《中华人民共和国残疾人证》申领(新增)流程

三、残疾人证的法律意义与实践中的问题

(一)法律意义

所有对自闭症人士的国家补助、国家支出都是以残疾人证为前提的。残疾人证作为认定残障人士及残障类别、等级的合法证件,是残障人士依法享有国家和地方政府优惠政策的重要依据。残疾人证对于自闭症人士具有以下效用:(1)证明残疾及其残疾类别、等级的凭证;(2)享受国家和地方政府优惠政策及扶助规定,维护合法权益的依据。

对于自闭症家庭来说,自闭症治疗时间长、费用高,系统的康复训练每个月的开销十分大,家庭需要承担不小的经济压力。近年来,随着自闭症儿童数量的增加,国家和相关部门对自闭症人士越来越重视,许多省市残障人士康复中心免费为符合条件残障儿童提供康复服务,其中就包括自闭症儿童。同时,如果自闭症儿童办理了精神残疾,或智能残疾的医学证明,将享受市政府减免、补助政策,每个月都可以获得补贴,缓解家庭经济压力。但应当注意的是,只有持有中华人民共和国残疾人证的残疾人员才可享受国家提供的补助和优惠政策。

(二)实践中存在的问题

1. 造成对自闭症人士保障不全面

随着我国残疾人事业的不断发展及残障人士社会保障体系和服务体系建设的日趋完善,残障人士可以享受的权益、保障越来越多。但是由于我国残障人士权益保障的享受是以残疾人证为前提,还有相当一部分的残障人士没有办理残疾人证。残疾人证是残障人士依法享有国家和地方政府优惠政策的重要依据,不少人并未意识到,残疾人证作为认定残障人士及残疾类别、等级的合法证件,不仅是一种身份的证明,也是残障人士享受优惠政策的必要凭证。

目前,与残疾人证直接挂钩的国家补贴政策主要有国务院2015年印发的《国务院关于全面建立困难残疾人生活补贴和重度残疾人护理补贴制度

的意见》,各地也针对补贴的具体发放出台了结合地方实际的实施意见。除此之外,残障人士凭此证还可在就业、医疗、教育及旅游景点参观等方面享受相应的优惠和照顾。而此类扶助政策目前只针对持证的残障人士。

根据《残疾人证管理办法》,凡符合《中国残疾人实用评定标准》的视力、听力、言语、智力、肢体、精神等残障人士均应发给残疾人证。而对于自闭症人士要根据《中国残疾人实用评定标准》进行精神残疾的评定,同时根据第一节对于自闭症的介绍,自闭症本身是具有不同症状表现程度的谱系障碍,其中症状较轻的自闭症人士可能无法申请残疾人证,但是对于该部分自闭症人士的康复、教育、就业也是需要国家提供支持的部分。同时由于自闭症的病因未明确,自闭症的诊断在我国的发展不充分,并且各个医院对自闭症的诊断能力也有所不同,造成部分自闭症人士无法获得残疾人证。

因此,在拥有残疾人证的自闭症人士以外,还存在许多不拥有残疾人证的自闭症人士。而《残疾人权利公约》中的享有康复、教育、就业、参与社会生活的残障人士是指全体心智障碍人士,因此,即使是不拥有残疾人证的自闭症人士,据此也应当享有国家的支持。如何在完善自闭症人士诊断标准及残疾人认定体系的同时,尽可能使照顾便利政策实质地惠及所有需要帮助的群体,有待政府及相关部门在未来对支持体系进行进一步完善。

2. 社会融合问题

残疾人证虽然可以获得补贴和支持,但它对残障人士均贴上了“残”“疾”等在公众认知中有一定负面色彩的标签。同时,由于社会环境对于自闭症人士的接纳程度不高,参与社会生活是自闭症人士所一直倡导的权益。根据调查显示,有些家长担心办理残疾人证会不会影响孩子的入学,在生活中会不会受到歧视和偏见等问题。有些家长担心办理残疾证后等于给孩子贴上了一个标签,不利于孩子的心理发展。还有些家长不愿意被人知晓自己孩子残障的情况。所以,即便优惠政策很多,目前仍有许多残障人士出于各种原因不想办理残疾人证。

3.“残疾人证”的名称

“残疾人证”的名称从某种程度上加剧了社会对于残障人士的误解，在《残疾人行动纲领》中，对于“缺陷”“残疾”“障碍”进行了解释：世界卫生组织根据卫生工作的经验，对缺陷、残障和障碍三者区分如下：

缺陷：是指心理上、生理上或人体结构上，某种组织或功能的任何异常或丧失。

残障：是指由于缺陷而缺乏作为正常人以正常方式从事某种正常活动的能力。

障碍：是指一个人，由于缺陷或残障，而处于某种不利地位，以致限制或阻碍该人发挥按其年龄、性别、社会与文化等因素应能发挥的正常作用。“心智障碍”等国际通行的名称比“残疾”的名称更为合适。

根据法国社会学家涂尔干（Durkheim）的理论，社会融合（social inclusion），是指社会群体在经济、政治、社会、制度、文化以及心理等方面拥有均等机会，全面参与社会互动的结果〔1〕，社会融合被学者认为是残障人士真正实现平等参与社会生活，共享社会发展的重要途径〔2〕。我国近年来颁布的一系列有关残障人士权益保障的法规政策，其背后均体现了尊重残障人士作为平等权利主体的价值取向。而残疾人证，正是残障人士享受上述国家和地方政府救助及优惠政策的合法凭证。然而，在实践中，残疾人证的使用反而出现了异化现象。例如，为应对强制性残障人士就业比例指标，部分企业选择要残疾人证不要残障人士，以“挂证”方式完成雇用指标。这种虚假就业的行为实质上仍然将残障群体排斥于社会主流的经济活动之

---

〔1〕 国卉难、董奇：《终身教育视角下残障人士社会融合的瓶颈与突破》，载《终身教育研究》2019年第1期。

〔2〕 吴文彦、厉才茂：《社会融合：残疾人实现平等权利和共享发展的唯一途径》，载《残疾人研究》2012年第2期。

外,使残障人士的就业意识和就业能力被弱化,无益于社会融合的实现。[1]当然,与残疾人证挂钩的特殊保护政策本身,对于实现残障人士实质性平等,有积极意义。如何能够保证这些良法真正落于实处,有赖于更为完善的配套监管机制的建立。

---

〔1〕 夏长宝、张江月:《残疾人证就业:企业,社区居委会,残疾人间的行为逻辑分析——以× 社区为例》,载《残疾人研究》2015 年第 4 期。

第二章　康　　复

第一节　自闭症人士的康复现状

本节导读

自闭症人士可以通过康复治疗或训练来提升身体、精神、社会活动、受教育、就业方面的能力，从而更好地融入社会之中。随着社会对康复的认识越来越深入，对于康复的要求也越来越高。然而，现有的康复制度无法满足人们的需求。

本节介绍了什么是康复，分析整理了康复相关的法律法规政策，提供给自闭症人士亲属参考。除此之外，还对国内康复现状进行分析、总结，建议分别从个人发展和社会发展的角度谈康复，提高康复资金的投入，完善现有康复制度。

一、康复的定义及主要内容

（一）康复的定义

1.《残疾人行动纲领》的定义

1982 年的《残疾人行动纲领》[1]中明确定义了“康复是指有既定目标并且时间有限的一段过程，这一过程旨在使有缺陷的人在心智上、身体上、参与社会生活的功能上都能达到最佳状态，这样就为其生活的改善提供了自身的条件。康复包括为补偿某一丧失或削弱的功能所采取的各种措施（例如采用辅助器械），也包括有助于使他们适应或重新适应社会生活的

---

〔1〕 具体内容介绍见本节第二部分“自闭症人士康复的相关法律法规”中的国际公约。

措施”。

2.《残疾人机会均等标准规则》的定义

1993年的《残疾人机会均等标准规则》中对“康复”进行了解释,“康复”一词系指达到下述目标的一个过程,它旨在使残疾人达到和保持生理、感官、智力、精神和(或)社交功能上的最佳水平,从而使他们借助于某种手段,改变其生活,增强自立能力。康复可包括提供和(或)恢复功能、补偿功能缺失或补偿功能限制的各种措施。康复过程不包括初始的治疗。它包括范围广泛的措施和活动,从较为基本的和一般性的康复,到针对具体目标的活动,例如职业方面的恢复。

3.《预防和康复条例》的定义

《预防和康复条例》中对于“残疾人康复”的定义基本相同,“残疾人康复,是指在残疾发生后综合运用医学、教育、职业、社会、心理和辅助器具等措施,帮助残疾人恢复或者补偿功能,减轻功能障碍,增强生活自理和社会参与能力”。

同时,在生理性与心理性康复外,康复还被认为包括社会综合康复。[1]在社会模式下,残障是由于社会环境所导致或加重的,由于社会没有提供足够的支持,残障人士对社会生活的参与才有障碍。因此,康复的一部分是社会为他们创造康复的社会环境,改善社会环境,以利于自闭症人士融入社会。

因此,对于自闭症人士而言,广义的康复概念里包括狭义的康复、教育、就业等一系列内容(人的发展方面),以及改善社会环境以利于自闭症人士融入社会(社会的发展方面),促进自闭症人士恢复或重建其社会参与能力;而狭义的康复仅包括对于心智障碍人士的医疗康复,或仅包括人的发展角度的一系列康复。

---

〔1〕 黎建飞主编:《残障人法教程》,中国人民大学出版社2016年版,第39页。

（二）康复的主要内容（狭义的医疗康复）

《残疾人行动纲领》中明确了康复的主要服务内容：

（a）及早发现、诊断与处理；

（b）医疗护理；

（c）社会、心理和其他方面的咨询和协助；

（d）进行自理训练，包括行动、交往及日常生活技能，并为听觉、视觉受损者和弱智者提供所需的特殊器材；

（e）提供辅助器械、行动工具及其他设备；

（f）专门教育服务；

（g）职业技能训练（包括职业指导）、职业培训、公开招聘的和保护性的就业安置；

（h）后续工作。

同时世卫组织、联合国教科文组织、国际劳工组织、国际残疾和发展联盟的《以社区为基础的康复指南》分为“导论篇”“健康篇”“教育篇”“谋生篇”“社会篇”“赋能篇”“增补篇”，其中的“健康篇”为狭义的“医疗康复”，指出社区康复项目支持残障人士以达到他们可能达到的最高的健康水平，有下列5个重要的工作领域：健康促进、预防、医疗保健、康复和辅助器具。社区康复提倡包容性的健康，通过与医疗卫生部门合作，确保所有的残障人士都能获得服务，提倡健康服务要顺应和响应残障人士的权利和需要。

康复从性质上，可以分为“个人康复”和“社会康复”；康复从内容上，可以包括其中的“预防”“医疗康复”“职业训练”等。而对于自闭症人士而言，其中的重要内容为“发现、诊断与早期干预”“康复训练”“职业训练”“辅助器具”。

1. 发现、诊断与早期干预

《以社区为基础的康复指南》“健康篇”中的健康促进是指，对于自闭症的发现、诊断与早期干预是自闭症人士康复的重要内容。

如前所述，自闭症的诊断流程包括早期筛查、病史采集、精神检查、心理评估、体格检查、辅助检查以及诊断标准。在家长利用相关参考标准发现孩子有特殊情况时［相关标准可参考改良版婴幼儿自闭症筛查量表（附后续问题的修改版）（M－CHAT－R/F；Robins，Fein，& Barton，2009）］，应及时送至专业医疗机构。

专业医疗机构是自闭症诊断的第一站。部分具有自闭症诊疗资质的医院在为自闭症儿童作出诊断后，必然面临提供相应的训练治疗的要求。由于自闭症康复有着高强度、长期性、一对一程度高等要求，形式以教育、训练为主，而非服药、打针、手术等常规医疗操作，这在资源配置、人力安排等方面大大影响了医院开展自闭症康复训练的可操作性。因此，医院通常只能以家长培训班、短期训练、门诊随诊等形式，以教授训练方法、监测康复进展为目的对自闭症人士开展康复服务工作。[1]

2. 康复训练

特殊教育和康复训练是目前国内采取的主要办法，[2]为自闭症儿童提供长期康复训练的主要是特殊训练机构。这些机构主要通过行为训练来帮助自闭症儿童提升知识、技能。除了教育手段外，也开展肢体功能训练和语言训练。通常机构的训练模式包含一对一的教学、一对多的集体课，以及普遍结合感觉统合训练的形式。目前自闭症儿童的训练内容，不局限于儿童的认知方面（即认字、算数）的发展，也关注自闭症儿童的核心缺陷，注重社会交往技能、生活自理能力、游戏技能的提高。

【康复方案】对于康复方案的制订，必须以个人为中心，制订个性化的方案，且目标为导向和可以实现的。制订康复方案时，需要考虑到自闭症人士的年龄、性别、社会经济状态和家庭环境；同时自闭症人士及家属应能参与设计和安排涉及他们自己的康复服务。通常情况下，康复是一个漫长的

---

〔1〕 参见邹小兵主编：《与你同行：自闭症儿童家长必读》，人民卫生出版社2013年版。

〔2〕 参见五彩鹿儿童行为矫正中心、五彩鹿（北京）技术培训有限责任公司编著：《中国自闭症教育康复行业发展状况报告》，北京师范大学出版社2015年版。

历程，要作长远的打算，并有短期的目标，当康复方案制订的不够贴合实际时，不但可能没有康复效果，而且可能会浪费珍贵的资源。制订康复方案要考虑自闭症人士的生活现实，例如，要求住在农村地区的家境贫穷的人经常到城里接受康复训练，那么这个方案就是不合理、难以实现的。

因此康复人员必须制订适当的康复方案，尽量在自闭症人士家的附近进行康复，包括农村地区。同时，随着自闭症人士年龄的增长，对于康复的需求是会改变的，比如说孩子开始上学、孩子成年了等转折点，康复方案就要对此进行调整。

3. 职业训练

康复的内容还包括为自闭症人士提供职业训练，帮助其获得相关知识、技能和所需的工作态度，从而获得工作机会。职业训练可以使自闭症人士获得一些职业技能以谋生。技能在工作中是必需的，可分为四类：基础技能、技术和专业技能、生意管理技能以及核心生活技能。掌握这四种类型技能可以帮助自闭症人士寻找工作并且赚取收入。

实践证明，经过专业技能培训后，一部分自闭症人士可以从事一些简单机械性的工作，特别是诸如单纯性的反复操作工作，而一些具有某方面天赋的自闭症人士，则会在诸如画画、钢琴等方面展示其才能。自闭症人士通过职业技能培训，不但可以掌握某项技能，为实现就业提供必要的专业技能储备，而且在此后的就业中，自闭症人士的社会功能能够得到改善。

职业训练有助于自闭症人士进行劳动和就业，有助于提升自闭症人士的独立自主和参与社会生活的能力。

二、自闭症人士康复的相关法律法规

（一）国际公约

1.《残疾人权利公约》

《残疾人权利公约》第二十六条“适当训练和康复”明确规定了残障人士的康复权益，且缔约国应当为残障人士的康复提供条件。

“一、缔约国应当采取有效和适当的措施，包括通过残疾人相互支持，使残疾人能够实现和保持最大程度的自立，充分发挥和维持体能、智能、社会和职业能力，充分融入和参与生活的各个方面。为此目的，缔约国应当组织、加强和推广综合性适应训练和康复服务和方案，尤其是在医疗卫生、就业、教育和社会服务方面，这些服务和方案应当：

（一）根据对个人需要和体能的综合评估尽早开始；

（二）有助于残疾人参与和融入社区和社会的各个方面，属自愿性质，并尽量在残疾人所在社区，包括农村地区就近安排。

二、缔约国应当促进为从事适应训练和康复服务的专业人员和工作人员制订基础培训和进修培训计划。

三、在适应训练和康复方面，缔约国应当促进提供为残疾人设计的辅助用具和技术以及对这些用具和技术的了解和使用。”

2.《残疾人行动纲领》

在1982年的《残疾人行动纲领》中主要是强调残疾预防、康复和机会平等。

其中对于康复领域进行了明确规定：

“97. 会员国应制订实现世界行动纲领目标必不可少的残疾人康复服务并保证其切实执行。

98. 鼓励会员为全体人民提供必要的保健及有关服务，以消除或减轻缺陷的致残的恶果。

99. 上述服务包括提供必要的社会、营养、保健和职业方面的服务，使残疾人的机能能够达到最佳状态。

100. 会员国应保证，必须使残疾人能得到适合当地情况的器械和设备，还要保证后续维修和过时器械的更换。

101. 必须保证需要利用此类设备的残疾人有购买和学习使用这些设备的经济来源和实际机会。阻碍从其他国家获得本国不能制造的现成辅助器械和材料的进口关税及其他手续应予以废除。十分重要的是支持在当地生产适合该地技术、社会和经济情况的辅助器械。

102. 为了促进当地生产和发展辅助器械，会员国应考虑建立负有支持这种发展责任的全国中心。

103. 鼓励会员国在其总的社会服务系统里，有为残疾人提供咨询和处理残疾人问题所必需的合格人才。

104. 当总的社会服务系统的能力不足以满足这种需要时，可以提供特殊的服务。

105. 鼓励会员国在现有资源范围内，采取任何必要的措施以确保生活在农村、城市贫民窟的残疾人都能得到必要的服务并能充分利用这些服务。

106. 残疾人不应与他们的家庭和社区隔离。会员国应该保证服务按照需要公平分配到所有人和所有地理区域。

107. 许多国家显然忽视了对精神病患者的医疗保健和社会服务。在精神病患者得到精神病专科治疗的同时，还应为本人及家属提供社会支助和指导。”

3.《残疾人机会均等标准规则》

《残疾人机会均等标准规则》中的规则 3 为“康复”，其中为康复服务提供了具体性的指导：

“各国应确保向残疾人提供康复服务，以使他们达到最佳的独立和功能水平。

1. 各国应为所有类别的残疾人制定国家康复方案。这些方案应考虑到残疾人的实际需要并符合充分参与及平等原则。

2. 这些方案应包括广泛范围的活动，诸如为改进或弥补某项受损害的功能而提供的基本技能培训，对残疾人及其家属提供指导，培养自立能力以及不定期的服务，例如评估和指导。

3. 需要康复的所有残疾人，包括重度残疾和（或）多重残疾的人，应有机会获得康复治疗。

4. 残疾人及其家属应能参与设计和安排涉及他们自己的康复服务。

5. 凡有残疾人居住的社区,均应可得到所有各种康复服务。但是,在某些情况下,为了达到某种特定训练目的,也可举办短期的特别康复训练班,适当时,可采取住宿形式。

6. 应鼓励残疾人及其家属参与康复工作,例如作为受过培训的教师、辅导员或咨询人员。

7. 各国在拟订或评价康复方案时,应吸取残疾人组织的专门知识。”

(二)法律法规

1. 法律

(1)《残疾人保障法》。

《残疾人保障法》中专设一章对“康复”进行规定,“康复”章节第十五条明确规定:“国家保障残疾人享有康复服务的权利。各级人民政府和有关部门应当采取措施,为残疾人康复创造条件,建立和完善残疾人康复服务体系,并分阶段实施重点康复项目,帮助残疾人恢复或者补偿功能,增强其参与社会生活的能力。”

《残疾人保障法》对于“各级政府”“残疾人教育机构、福利性单位和其他为残疾人服务的机构”“医学院校和其他有关院校”均规定了不同的责任,提纲挈领地对残障人士的康复工作进行了规定。

(2)《义务教育法》。

《义务教育法》第十九条明确规定,“县级以上地方人民政府根据需要设置相应的实施特殊教育的学校(班),对视力残疾、听力语言残疾和智力残疾的适龄儿童、少年实施义务教育。特殊教育学校(班)应当具备适应残疾儿童、少年学习、康复、生活特点的场所和设施。普通学校应当接收具有接受普通教育能力的残疾适龄儿童、少年随班就读,并为其学习、康复提供帮助”。

2. 行政法规

(1)《预防和康复条例》。

2017 年 7 月 1 日正式施行的《预防和康复条例》是根据《残疾人保障

法》发展残疾预防和残障人士康复事业而专门规定的行政法规。该条例的法律层级较高,属于行政法规,而且是专门针对残障人士康复的规定。《预防和康复条例》中主要为政策性和原则性的规定,将过去的政策通过法律的形式加以固定下来。

对于"康复服务",县级以上人民政府应当组织卫生和计划生育、教育、民政等部门和残联整合从事残障人士康复服务的机构、设施和人员等资源,合理布局,建立和完善以社区康复为基础、康复机构为骨干、残障人士家庭为依托的残障人士康复服务体系,以实用、易行、受益广的康复内容为重点,为残障人士提供综合性的康复服务。

(2)《残疾人教育条例》《残疾人就业条例》《无障碍环境建设条例》。

除发展残疾预防和残障人士康复事业而专门制定的《预防和康复条例》,我国还有《残疾人教育条例》《残疾人就业条例》《无障碍环境建设条例》中的部分条款,针对康复领域的不同角度进行保护。

其一,《残疾人教育条例》。

《残疾人教育条例》中保障了残障儿童、少年的及时接受康复训练和教育的权利,对于残障幼儿的早期发现、早期康复和早期教育进行规定,并对特殊教育进行了规范。

《残疾人教育条例》中规定,及时接受康复训练和教育是残障儿童、少年应有的权利。残障人士家庭应当帮助残障人士接受教育。残障儿童、少年的父母或者其他监护人应当尊重和保障残障儿童、少年接受教育的权利,积极开展家庭教育,使残障儿童、少年及时接受康复训练和教育,并协助、参与有关教育机构的教育教学活动,为残障儿童、少年接受教育提供支持。

从学前教育来讲,《残疾人教育条例》第三十三条规定:"卫生保健机构、残疾幼儿的学前教育机构、儿童福利机构和家庭,应当注重对残疾幼儿的早期发现、早期康复和早期教育。卫生保健机构、残疾幼儿的学前教育机构、残疾儿童康复机构应当就残疾幼儿的早期发现、早期康复和早期教育为残疾幼儿家庭提供咨询、指导。"

《残疾人教育条例》中对县级人民政府提出了要求，其应当为实施义务教育的特殊教育学校配备必要的残障人士教育教学、康复评估和康复训练等仪器设备，并加强九年一贯制义务教育特殊教育学校建设。

其二，《残疾人就业条例》。

《残疾人就业条例》第二十二条规定中国残联及其地方组织所属的残障人士就业服务机构应当免费为残障人士提供职业心理咨询、职业适应评估、职业康复训练、求职定向指导、职业介绍等服务。

其三，《无障碍环境建设条例》。

《无障碍环境建设条例》中指出创造无障碍环境建设是为便于残障人士等社会成员自主安全地通行道路、出入相关建筑物、搭乘公共交通工具、交流信息、获得社区服务所进行的建设活动。保障残障人士等社会成员平等参与社会生活。条例第十二条规定县级以上人民政府应当优先推进特殊教育、康复、社会福利等机构无障碍设施改造。

3. 部门规章和规范性文件

(1)《残疾人服务机构管理办法》。

残疾人康复机构属于残疾人服务机构，根据《残疾人服务机构管理办法》的规定，本办法所称残疾人服务机构是指国家、社会和个人举办的，依法登记的专门为残障人士提供供养、托养、照料、康复、辅助性就业等相关服务的机构。

因此，残疾人康复机构也应当按照《残疾人服务机构管理办法》的规定执行，《残疾人服务机构管理办法》是2018年3月5日民政部、人力资源社会保障部、卫生计生委、中国残联联合印发的通知。其中对于残疾人服务机构的服务提供、内部管理、监督检查以及法律责任均有明确的规定。

(2)《国务院关于建立残疾儿童康复救助制度的意见》。

国务院于2018年6月21日印发了《国务院关于建立残疾儿童康复救助制度的意见》，提出了“到2020年，建立与全面建成小康社会目标相适应的残疾儿童康复救助制度体系，形成党委领导、政府主导、残联牵头、部门配合、社会参与的残疾儿童康复救助工作格局,基本实现残疾儿童应救尽救。到 2025 年,残疾儿童康复救助制度体系更加健全完善,残疾儿童康复服务供给能力显著增强,服务质量和保障水平明显提高,残疾儿童普遍享有基本康复服务,健康成长、全面发展权益得到有效保障”的总体目标。救助对象为符合条件的 0 ~6 岁视力、听力、言语、肢体、智力等残障儿童和自闭症儿童,由残障儿童监护人自主选择定点康复机构接受康复服务,并直接结算费用。本意见明确将“孤独症儿童”列入救助对象。

(3)《民政部关于贯彻落实〈国务院关于建立残疾儿童康复救助制度的意见〉的通知》。

民政部于 2018 年 10 月 11 日就《国务院关于建立残疾儿童康复救助制度的意见》印发了贯彻实施的通知,包括积极宣传引导民政部门服务保障的残障儿童申请康复救助,实现民政部门监护的符合康复救助条件残障儿童的“应助尽助”,继续优化提升儿童福利机构康复服务。

(4)《国家卫生计生委关于印发〈康复医疗中心、护理中心基本标准和管理规范(试行)〉的通知》。

为贯彻落实《国家卫生计生委关于深化“放管服”改革激发医疗领域投资活力的通知》(国卫法制发〔2017〕43 号)要求,鼓励社会力量举办康复医疗机构、护理机构,打通专业康复医疗服务、临床护理服务向社区和居家康复、护理延伸的“最后一公里”,国家卫计委组织制定了《康复医疗中心基本标准(试行)》《护理中心基本标准(试行)》及管理规范(可从国家卫生计生委网站下载),并就康复医疗中心、护理中心设置工作提出了要求。

4. 国家政策

(1)《“十三五”残疾人纲要》。

国务院于 2016 年发布《“十三五”残疾人纲要》,其中“十三五”的主要任务中的“保障残疾人基本民生”中提到“残疾儿童康复救助制度”“阳光家园计划”的残障人士民生兜底保障重点政策。其中自闭症儿童适用“残疾儿童康复救助制度”中的逐步实现 0 ~6 岁自闭症儿童免费得到手术、辅助器具适配和康复训练等服务；以及就业年龄段的自闭症人士在“阳光家园计划”中，“支持日间照料机构和专业托养服务机构为100万人次就业年龄段智力、精神、重度肢体残疾人提供护理照料、生活自理能力和社会适应能力训练、职业康复、劳动技能培训、辅助性就业等服务”。

“十三五”的主要任务中的“保障残疾人基本民生”专门提到了“保障残疾人基本康复服务需求”，“制定实施《残疾预防和残疾人康复条例》。以残疾儿童和持证残疾人为重点，采取多种形式，实施精准康复，为残疾人提供基本康复服务。继续实施残疾儿童抢救性康复、贫困残疾人辅助器具适配、防盲治盲、防聋治聋等重点康复项目。加强康复医疗机构建设，健全医疗卫生、特殊教育等机构的康复服务功能。加强残疾人专业康复机构建设，建立医疗机构与残疾人专业康复机构双向转诊制度。加强残疾人健康管理和社区康复，依托专业康复机构指导社区和家庭为残疾人实施康复训练，推动基层医疗卫生机构普遍开展残疾人医疗康复。建设康复大学，加快康复高等教育发展和专业人才培养”。

(2)《残疾人康复服务“十三五”实施方案》。

根据国务院印发的《“十三五”残疾人纲要》，中国残联、国家卫生计生委、民政部、教育部、人力资源社会保障部联合制定了《残疾人康复服务“十三五”实施方案》。

《残疾人康复服务“十三五”实施方案》提出到2020年，构建与经济社会发展相协调、与残疾人康复需求相适应的多元化康复服务体系、多层次康复保障制度，普遍满足城乡残疾人的基本康复服务需求。有需求的残疾儿童和持证残疾人接受基本康复服务的比例达80%以上。

《残疾人康复服务“十三五”实施方案》提出六个方面的主要措施：

一是加强组织领导，完善工作机制。各级政府将残疾人康复纳入经济社会发展规划、基本公共服务体系、脱贫攻坚等专项规划，建立政府主导、部门协作、社会参与工作机制。

二是完善多层次的残疾人康复保障政策。将残疾人健康管理和社区康复纳入国家基本公共服务清单,将社区医疗康复纳入社区卫生服务,建立0~6岁儿童残疾筛查工作机制。落实好将康复综合评定等20项医疗康复项目纳入基本医疗保险支付范围的政策。建立残疾儿童康复救助制度,有条件的地方对基本型辅助器具适配给予补贴,探索建立基本康复服务补贴制度。

三是健全多元化残疾人康复服务体系。加强医疗卫生机构残疾人康复服务体系建设。加强国家、省、市残疾人专门康复服务机构建设,提高县域残疾人康复服务能力,健全社区康复协调员队伍。

四是以县(市、区)为单位,以残疾儿童、持证残疾人为重点,组织实施残疾人精准康复服务。

五是提升残疾人康复服务专业化水平。实施残疾人康复专业人才实名制培训。建设中国康复大学。开展职业院校残疾人康复人才培养改革试点,提升残疾人康复技术技能人才培养水平。

六是加强残疾预防工作。实施《国家残疾预防行动计划(2016-2020年)》,开展残疾预防综合试验区创建试点工作,实施残疾预防综合干预,完善相关工作规范。

三、自闭症人士康复的现状及困境

(一)我国自闭症人士康复的现状

截至2017年年底,全国已有残障人士康复机构8334个,其中,提供自闭症儿童康复服务的机构1611个。康复机构在岗人员达24.6万人,其中,管理人员3.1万人,专业技术人员16.5万人,其他人员5.0万人。[1]

通过问卷调查的形式对229位自闭症人士监护人进行问卷调查,我们了解到在康复机构的选择上,有57人(24.89%)选择商业机构进行康复,剩下的172人选择社会组织,其中有27人选择官方社会组织(11.79%),145人(63.32%)选择民办社会组织。在自闭症康复机构的选择上面,有超过

〔1〕 数据来源:《2017年中国残疾人事业发展统计公报》(残联发〔2018〕24号)。

一半的家长选择了社会组织类型的康复机构。

值得注意的是,我国现有康复机构多接受12岁以下的自闭症儿童,[1]因为在业界普遍认为,12岁以上的自闭症儿童和青少年已经过了康复治疗的黄金期,即使继续接受康复机构的训练,效果也不明显。

(二)自闭症人士康复的困境

1.脱离发展角度看康复

自闭症人士的康复问题不仅仅包括生理功能角度的恢复与重建,还包括从社会角度提升自闭症人士的社会参与度以及共享社会发展成果。因此,自闭症人士的康复是一项多维度的系统工程。只有从发展的角度设计康复方案,才能分别从生理和社会角度来实现康复目标。

通过康复的手段促进个人发展,要求康复项目应当包括医疗康复、教育培训,以及生涯发展规划;通过康复的手段推动社会发展,要求政府和社会为自闭症人士提供福利的同时在政策和制度上面作出改变,并且建立包容和多元化的制度和文化,从根本上消除社会对于“差异”的排斥和恐惧。

然而,目前我国现行法律法规没有关注这一问题,依然以医疗康复措施为主导,并没有将康复与教育、就业等政策领域相结合。现在国家通行的法律政策仍只注重自闭症人士的生存权(医疗康复),而缺乏对自闭症人士的发展权、参与社会生活权的关注。

2.不能满足及时诊断

不能及时诊断这一困境的出现主要是因为,一方面,因为家长对于自闭症不了解,认为孩子是“智力”方面的问题,而目前在医疗系统中,开展自闭症诊治工作的医院屈指可数,多数医生对自闭症的认识欠缺,只有少数医院的少数医生能诊断自闭症。[2]另一方面,对于有一定语言和认知、能力较强的自闭症儿童,普通医院的医生和幼儿园老师不易察觉,同时家长很容易

---

〔1〕 参见五彩鹿儿童行为矫正中心、五彩鹿(北京)技术培训有限责任公司编著:《中国自闭症教育康复行业发展状况报告》,北京师范大学出版社2015年版。

〔2〕 同上书,第36页。

找出各种理由"推翻"孩子有异常的想法。所以越是自闭程度较轻的孩子,家长越容易忽视及时就诊的必要性。[1]

为规范0~6岁儿童残疾早期筛查、治疗和康复工作,建立0~6岁儿童残疾筛查工作机制,使残障儿童能够及时被发现并得到康复服务,国家卫生和计划生育委员会、中国残联委托中国疾病预防控制中心妇幼保健中心组织相关专家制定了《0-6岁儿童残疾筛查工作规范(试行)》,其中提出在儿童健康检查的同时开展儿童残疾筛查服务,重点对视力、听力、肢体、智力以及自闭症五类残障儿童进行筛查和预防,并发布了筛查和预防自闭症的技术。

该工作规范指出社区卫生服务中心、乡镇卫生院通过儿童发育问题预警征象进行自闭症初筛,筛查阳性者,或任何年龄阶段出现语言功能倒退、社交技能倒退的儿童,转介至区(县)级妇幼保健机构。因此各位家长要注重相关机构的健康检查工作,以避免出现延误就诊的情形。

3. 地方资源分布不均

自闭症人士康复资源主要指康复机构的数量、专业性,康复费用补贴、康复知识的普及等,而这些资源地区性差距较大。2006年在《中国残疾人事业"十一五"发展纲要》中明确提出在全国31个省(市、自治区)建立省级自闭症儿童康复中心。

以此政策为指导,大部分发达地区在当地的残疾人康复指导中心成立了专门的自闭症儿童康复点或康复部,并配备了相关齐全的康复训练器材和专业的医师、训练师,康复训练费用减免及相关的政策待遇也得到了落实。但是在一些边远地区或经济不发达地区,这一政策的运行效果并不理想,一些地区虽然在当地残疾人康复指导中心挂牌成立了自闭症儿童康复点,但却没有专人提供服务,甚至没有配备基本的硬件设施,使自闭症儿童

〔1〕 五彩鹿儿童行为矫正中心、五彩鹿(北京)技术培训有限责任公司编著:《中国自闭症教育康复行业发展状况报告》,北京师范大学出版社2015年版,第38页。

康复点或康复部的建立流于形式。[1]

4. 人才问题

近几年自闭症人士的数量在增长,对康复的需求随之增长,但是由于康复方面人才的缺少,迫使自闭症康复机构降低了康复机构对康复人员的质量和素质要求,聘用了质量和素质较低的康复人员,甚至是非专业技术人员,在进行短暂的培训后上岗。对于这种现象,国家应该组织制定师资认定标准,从职业等级、职业道德、职业能力、文化程度、培训内容等方面制定自闭症康复服务从业人员的职业资质认证标准和考察方式。

2015 年 8 月,为促进特殊教育教师专业发展,建设高素质特殊教育教师队伍,我国教育部出台《特殊教育教师专业标准(试行)》,实施意见指出,制定特殊教育教师专业证书制度和准入标准,服务于自闭症儿童的教育康复人员,如物理治疗师、言语治疗师、心理咨询师、医生、社会工作者、特殊教育教师等都必须获得相应的资格认证。特殊教育教师资格证不仅能有效保障特殊教育教师的权益,而且能够严把教师入关口,形成科学有效的特殊教育教师管理队伍及督导机制。

目前,我国自闭症教师学历以大专层次群体为主(66.2%),本科层次偏少,高学历教师缺乏,整体素质偏低。特殊教育是一门涉及教育、医疗、康复等多学科的特殊工作。从某种意义上讲,特殊教育教师应具有的素质要求比同等级普通教育教师的要求更高,因此,世界上许多国家和地区对特殊教育教师任职资格普遍采取"教师资格证书加特殊教育专业资格证书"的双证书资格制度。

在欧美等国家,对自闭症领域的研究开始早,已经为自闭症儿童的教育建立了较为完善的师资团队。美国特殊教育法规定特殊教育教师必须获得学士或以上学位,并且具有专门的知识和技能。高级特殊教育老师必须有

---

〔1〕 参见五彩鹿自闭症研究院编著:《中国自闭症教育康复行业发展状况报告(Ⅱ)》,华夏出版社 2017 年版。

硕士学位和5年以上的工作实践经验。除此之外，儿童自闭症康复老师每年至少要参加25小时专业领域的继续教育，必须持有与儿童自闭症康复人员从业相应的证书。[1]

对于人才培养，国家应该组织国内专家学者共同编写自闭症儿童康复教材；加强从事自闭症康复人员的培训力度，举办专业康复人员培训班，提高康复机构从业人员素质，提升自闭症康复人员的专业理论与技能素养；协调各个领域的专家学者定期开展学术交流活动，加强学科间的沟通与合作，切实提高专业人员素质，规范行业队伍建设。[2] 此外，在加强自闭症康复人才的培育的基础上，还应对已经在岗的一线康复教师进行继续教育，注重理论和实践相结合，切实培养高素质、能力强、有道德的一线专业人员以及研究人员。

第二节　自闭症康复机构与康复服务

本节导读

康复机构分为公办康复机构以及民办康复机构，其中民办康复机构包括营利性和非营利性康复机构。除此之外，越来越多的人通过社区资源获得康复服务的机会。

近几年，自闭症康复机构的数量不断增加，家长们有了更多的选择。随之而来的是整个康复行业存在质量良莠不齐的问题。根据我们的问卷调查，有超过75%的自闭症人士接受过自闭症康复机构的服务，但其中有一些家长对自闭症康复机构的康复效果感到不满意，甚至认为有些康复机构存在虐待自闭症人士的问题。

我们在本节介绍了一些康复机构的侵权行为，并为家长的维权提出了建议与指导。我们还分析了康复机构发展中的困境并提出了完善发展环境方面的建议。

---

〔1〕 五彩鹿儿童行为矫正中心、五彩鹿（北京）技术培训有限责任公司编著：《中国自闭症教育康复行业发展状况报告》，北京师范大学出版社2015年版，第55页。

〔2〕 邓猛等：《自闭症儿童教育康复现状与思考》，载《残疾人研究》2014年第2期。

一、康复机构的发展现状

(一)康复机构的介绍

1.康复机构的定义

在《残疾人保障法》的“康复”章节中,除了提到“各级人民政府鼓励和扶持社会力量兴办残疾人康复机构。地方各级人民政府和有关部门,应当组织和指导城乡社区服务组织、医疗预防保健机构、残疾人组织、残疾人家庭和其他社会力量,开展社区康复工作”,还指出“地方各级人民政府和有关部门应当根据需要有计划地在医疗机构设立康复医学科室,举办残疾人康复机构,开展康复医疗与训练、人员培训、技术指导、科学研究等工作”。

以上由医疗机构设立的残疾人康复机构为专科性医疗康复机构;其他还有社区康复机构、综合类的康复机构。

2017年7月1日实施的《预防和康复条例》中规定,县级以上人民政府应当组织卫生和计划生育、教育、民政等部门和残联整合从事残障人士康复服务的机构(以下简称康复机构)、设施和人员等资源,合理布局,建立和完善以社区康复为基础、康复机构为骨干、残障人士家庭为依托的残障人士康复服务体系,以实用、易行、受益广的康复内容为重点,为残障人士提供综合性的康复服务。其中对于“康复机构的建设标准、服务规范、管理办法由国务院有关部门商中国残疾人联合会制定”。

因此,2018年3月5日,民政部、人力资源社会保障、国家卫生计生委、中国残联联合制定了《残疾人服务机构管理办法》,其中的残疾人服务机构是指国家、社会和个人举办的,依法登记的专门为残疾人提供供养、托养、照料、康复、辅助性就业等相关服务的机构。属于综合性社会福利机构中内设的残疾人服务机构的管理,参照此办法执行。其中残疾人服务机构包括了残疾人康复机构。

因此,自闭症的康复机构,主要是指国家、社会和个人举办的,依法登记的专门为自闭症等残障人士提供康复等相关服务的机构。

2. 康复机构的分类

《预防和康复条例》将康复机构分为社会力量举办的康复机构和政府举办的康复机构;《残疾人服务机构管理办法》将残疾人服务机构分为国家机关、事业单位举办或其他组织利用国有资产举办的非营利性残疾人服务机构以及营利性残疾人服务机构。综合二者分类,我们将康复机构根据举办主体分为以下几类。

(1)公办康复机构。

公办康复机构是指国家机关、事业单位举办或其他组织利用国有资产举办的非营利性康复机构。其中包括由残联主管的全公办学校模式(如广州康纳学校),优点是资金充足、硬件条件优越、师资力量雄厚、发展后劲充足;由教育部门主管的全公办教育模式(如北京海淀培智学校),优点是幼小结合及与智障学生的融合教育;以各省残疾人康复中心自闭症科为代表的由残联主管的公办模式(如残联内部的干预部门),优点是充分利用残疾人康复设施及资源,将自闭症康复办成了特色康复内容。[1]

这些机构既为自闭症人士提供康复训练,又为他们提供教育教学,解决了很多家庭的后顾之忧,但由于既往特教学校主要为听力障碍、视力障碍、智力障碍等学生提供的教育,对自闭症儿童教育包括师资、教学设备和教学环境等投入较少,导致很多在特教学校学习的自闭症儿童得到的康复服务支持较少。令人感到欣喜的是,随着自闭症儿童增多及对教育需求的增加,很多省市逐渐开办和增加了公办的自闭症康复学校,为自闭症儿童提供康复服务。

在《预防和康复条例》中,社会力量举办的康复机构和政府举办的康复机构在准入、执业、专业技术人员职称评定、非营利组织的财税扶持、政府购买服务等方面执行相同的政策。

---

〔1〕 五彩鹿儿童行为矫正中心、五彩鹿(北京)技术培训有限责任公司编著:《中国自闭症教育康复行业发展状况报告》,北京师范大学出版社2015年版,第54页。

(2)残障人士家庭和其他社会力量举办的康复机构。

残障人士家庭和其他社会力量举办的康复机构可以采用非营利性康复机构和营利性康复机构的方式。

第一,非营利性康复机构。

非营利性康复机构主要采取的是民办非企业单位(社会服务机构)方式进行登记的,同时政府也对这些具有代表性的较为正规的民办机构提供购买服务支持。非营利性康复机构的举办主体主要为自闭症人士的家长。

近几年,康复机构的不断增加,成为一个引人注目的现象。这些机构发展的主要特征是:①发展速度迅猛,尤其在2003~2007年这5年间高速增长;②以学龄前儿童干预训练为主,但成年人服务项目严重缺乏;③机构多呈小型化,干预学生人数在30位以下的占50%左右。机构发展开始出现向优势资源集中的现象,一些品牌开始形成。[1]

第二,营利性康复机构。

营利性康复机构主要是指采取工商登记的康复机构。营利性康复机构是指那些以营利为目的的,运用各种生产要素,向市场提供康复服务,实行自主经营、自负盈亏、独立核算的康复机构。

营利性康复机构包括康复训练中心、康复院,在工商管理部门登记注册,为相关发育障碍儿童提供咨询、测评、训练、教育和辅导等服务。这些康复机构服务的人群包括自闭症者、自闭症家庭和社区等,开展的服务有针对自闭症者的康复治疗服务、大龄自闭症者的日间照料服务、针对家长的培训教育服务、职业技能培训服务和就业支持服务、自闭症相关的研究服务和专业人才队伍培养建设服务等。

(3)社区康复。

社区康复(Community-based rehabilitation, CBR),是世界卫生组织于1978年发表阿拉木图宣言之后开始的一种策略,通过充分利用社区资源,

---

〔1〕 张稚:《自闭症:解答一道"无解"的题》,载《中国残疾人》2009年第5期。

提升低收入或中等收入国家残障人士获得康复服务的机会。在过去的40多年里，通过与其他联合国组织、非政府组织及残疾人组织的协作，社区康复已经发展成多层面的策略以满足残障人士的广泛需求，确保他们的参与及融入社会，并提高其生活质量。社区康复的任务是通过非正规教育计划使残障人士能够有机会在包容的环境中得到符合他们需要和兴趣的教育的机会。[1]

社区康复是非常重要的康复模式。从广义上来讲，社区是影响自闭症儿童生活、学习和康复的任何社会活动领域，包括家庭、社区、学校等。和谐的社区环境对于自闭症儿童的恢复有积极作用，可以在社区中直接获得人际关系交往、行为规范、语言学习等方面的融合机会。由于社区康复涉及多个生活领域，对家长、社会成员、环境和康复过程管理要求较高，目前我国还缺乏成熟的实施支持体系，自闭症社区康复尚未广泛开展。

3. 对康复机构的规范

2017 年 7 月 1 日正式施行的《预防和康复条例》是根据《残疾人保障法》发展残疾预防和残障人士康复事业而专门规定的行政法规，也是专门针对残障人士康复的重要规定。

残疾人康复机构属于残疾人服务机构，因此残疾人康复机构也应当按照《残疾人服务机构管理办法》的规定执行，《残疾人服务机构管理办法》是 2018 年 3 月 5 日民政部、人力资源社会保障部、国家卫生计生委、中国残联联合印发的。其中对于残疾人服务机构的服务提供、内部管理、监督检查以及法律责任均有明确的规定。

(1)行业管理部门。

根据《残疾人服务机构管理办法》第四条的规定，国务院民政、卫生计生、人力资源社会保障等有关部门是残疾人服务机构的行业管理部门，负责

---

〔1〕《以社区为基础的康复指南》，载 https://www.who.int/disabilities/cbr/guidelines/zh/，2019 年 5 月 1 日最后访问。

对全国残疾人服务机构进行指导、监督和管理。行业管理部门应当按照职能和残疾人服务机构提供服务的主要内容,对残疾人服务机构进行政策和业务指导,履行相关监管责任。县级以上地方人民政府民政、卫生计生、人力资源社会保障等相关部门,负责对本行政区域内残疾人服务机构进行指导、监督和管理。中国残联及其地方组织依照相关法律法规或者接受政府委托,对残疾人服务机构进行监督,监督残疾人服务机构是否依照有关法律、法规和标准、规范的规定,为残障人士提供安全、有效的康复服务。

(2)康复机构的登记。

根据《残疾人服务机构管理办法》第五条的规定,康复机构应当依法登记。国家机关、事业单位举办或其他组织利用国有资产举办的非营利性残疾人康复机构,应当按照《事业单位登记管理暂行条例》等事业单位登记管理规定到事业单位登记(管理)机关办理登记。非营利性残疾人康复机构符合《民办非企业单位登记管理暂行条例》等民办非企业单位(社会服务机构)登记管理有关规定的,应当到民政部门办理登记。营利性残疾人康复机构,应当依据法律法规规定的管辖权限到工商行政管理部门办理登记。

(3)服务提供。

《残疾人服务机构管理办法》和《预防和康复条例》对康复机构提供的残障人士康复服务提出要求,要求康复机构应当针对残障人士的健康、日常活动、社会参与等需求进行评估,依据评估结果制订个性化康复方案,并根据实施情况对康复方案进行调整优化。制订、实施康复方案,应当充分听取、尊重残障人士及其家属的意见,告知康复措施的详细信息。提供残障人士康复服务,应当保护残障人士隐私,不得歧视、侮辱残障人士。同时,康复机构应当对其工作人员开展在岗培训,组织学习康复专业知识和技能,提高业务水平和服务能力。

(4)专业人员资质培训。

《残疾人服务机构管理办法》规定,在康复机构中从事诊疗服务的,应当依法取得《医疗机构执业许可证》;同时,对于机构中的智力、精神残障人士应配备专业人员提供训练、照护服务。

此外，为适应专业人才需求的巨大缺口要求，《残疾人服务机构管理办法》和《预防和康复条例》进一步明确国家加强残疾预防和残障人士康复专业人才培养的方针；鼓励和支持高等学校、职业学校设置残疾预防和残障人士康复相关专业或者开设相关课程，培养专业技术人员；同时，县级以上人民政府卫生、教育等有关部门应当将残疾预防和残障人士康复知识、技能纳入卫生、教育等相关专业技术人员的继续教育。此外，人力资源社会保障部门应当会同国务院有关部门和中国残联，根据残疾预防和残障人士康复工作需要，完善残疾预防和残障人士康复专业技术人员职业能力水平评价体系。

（5）监督和法律责任。

《残疾人服务机构管理办法》和《预防和康复条例》设立各级人民政府和相关部门对于残障人士康复服务的支持义务和追责机制。

就支持义务而言，《残疾人服务机构管理办法》和《预防和康复条例》均明确，各级人民政府应当将残障人士社区康复纳入社区公共服务体系；县级以上人民政府有关部门、残联应当利用社区资源，根据社区残联人士数量、类型和康复需求等设立康复场所，或者通过政府购买服务方式委托社会组织，组织开展康复指导、日常生活能力训练、康复护理、辅助器具配置、信息咨询、知识普及和转介等社区康复工作；城乡基层群众性自治组织应当鼓励和支持残障人士及其家庭成员参加社区康复活动，融入社区生活。

就监督职责而言，上述两份规范性文件明确了针对康复机构违规工作的行政处罚体系。康复机构及其工作人员未依照本条例规定开展残疾预防和残障人士康复工作的，由有关主管部门按照各自职责分工责令改正，给予警告；情节严重的，责令暂停相关执业活动，依法对负有责任的领导人员和直接责任人员给予处分。

就追责机制而言，《残疾人服务机构管理办法》和《预防和康复条例》均规定了领导负责制和直接人员负责制，要求若地方各级人民政府和县级以上人民政府有关部门,未依照本条例规定履行残疾预防和残障人士康复工作职责,或者滥用职权、玩忽职守、徇私舞弊的,应依法对负有责任的领导人员和直接责任人员给予处分;各级残联有违反本条例规定的情形的,依法对负有责任的领导人员和直接责任人员给予处分。

(二)康复机构发展的困境与建议

我国自闭症康复机构服务水平参差不齐,尤其是一些民办的康复机构,在康复能力、教学资质和内部管理等方面存在较大差异,只有少数的康复机构社会声誉较好,但有限的资源很难满足现有的需求。

1. 康复机构缺乏监管

中国对自闭症的认识起步晚,直至2007年中国残联才将自闭症康复纳入精神病康复,要求建立省级儿童自闭症康复训练机构,开展自闭症儿童筛查、诊断及康复训练的专业人员培训,完善管理政策与法规。[1] 由于我国对自闭症康复机构、康复人员等康复治疗主体的规范化管理机制尚不成熟,康复机构设立门槛较低,缺乏有效管理,缺少专门机构对其进行认证,没有相关组织对其进行专业的引导,缺乏统一的服务规范,导致目前的国内康复环境参差不齐。[2] 因此有些康复机构没有达到专业水平,无法满足自闭症人士的康复需求。

对于康复机构行业混乱的情况,政府应该制定严格的准入机制来规范,如果一个康复机构不符合标准则无法进入康复行业;同时应该对康复行业加强监督力度,对表现良好的机构和人员进行奖励,对欺骗、误导行为严厉惩罚,促进自闭症康复治疗机构的正规化、健康化发展。

2. 设施简陋,康复技术水平参差不齐

大约从2003年开始,大量民办机构如雨后春笋般涌现出来,其中有许多自闭症康复机构是自闭症人士的家长创办的,机构呈现小型化、非专业化

---

〔1〕 程军等:《我国残疾人康复机构建设现状及对策》,载《中国医院》2012年第16期。

〔2〕 徐云等:《自闭症儿童康复困境分析》,载《残疾人研究》2014年第2期。

特征，多数机构的干预水平低。大部分自闭症康复机构的设施比较简陋，场地狭小，没有活动场地。

目前，多数民办自闭症康复机构使用的教学和康复手法都很类似，国家对于这方面并没有标准规范化的教育体系，众多康复机构都是摸着石头过河，摸索发展之路，有些机构盲目追求可见的康复速度，片面强化听觉或视觉教学的问题日益凸显。[1] 有的机构引进国外的疗法，如使用高度结构化和密集的技巧性训练来帮助儿童发展社会和语言技能的行为干预方法，以及游戏介入、社会性教育理念、音乐治疗等其他的一些有效干预方法；还有些机构使用针灸、静脉注射免疫球蛋白疗法等生物相关疗法。[2] 有些疗法不但无法改善自闭症的情况，甚至可能存在安全隐患。

建议在残障人士康复法律制度中进一步明确康复辅助技术标准。将康复技术的发展、辅助器具的开发纳入社会发展、科技进步的标准中，是当今发达国家和发展中国家普遍采用的方法。在康复辅助技术的促进上，应有相对具体的标准及定位。在国家制定有关辅助技术的具体政策的支持下，从三个方面对辅助技术提出要求：一是不同类型的辅助技术领域的人才培养；二是促进辅助技术研究及技术优化；三是逐步加大辅助技术的财政投入和费用减免。

3. 工作人员专业水平低

目前在我国，虽然有许多的自闭症康复机构，但是自闭症康复方面的专业人员却十分匮乏。我国康复机构中有 3 万多特殊教育专业人员，而在美国从事特殊教育的专业人员已接近 40 万人，其中 90% 的特殊教育服务人员已获得专业的特殊教育资格认定。

由于自闭症康复教育不仅仅是陪伴自闭症人士，更多的是需要运用康

---

〔1〕 高鹏龙：《社会支持视角下大龄自闭症患者生活保障研究》，广西医科大学 2017 年硕士学位论文。

〔2〕 段云峰等：《自闭症的病因和治疗方法研究进展》，载《中国科学：生命科学》2015 年第 45 期。

复医学的手段和方法，为其进行临床诊断、功能测评、定制康复计划、实施康复治疗和必要的临床治疗，而这对康复机构的工作人员提出了更高的要求。康复的过程中不仅仅是特殊教育，还需要结合心理咨询师、物理治疗师、言语治疗师等专业人员的共同参与才会使自闭症人士的康复工作更有效，这些都需要康复机构工作人员掌握专业的自闭症有关的训练方法，还需要同时具备专业素质和心理素质。

调查显示，我国对自闭症核心症状清楚了解的教师只有 18.3%；有 10.4% 的教师认为自闭症症状在任何时期都可以出现；只有 19.3% 的教师认为自闭症的出现与父母的关爱程度无因果联系。这种现状说明，自闭症教师的专业知识以及对知识更新的意识和能力有待加强。[1]

实践中，由于我国还没有建立专门针对自闭症康复方面的人才培训学校；高校之中没有设立专门针对自闭症康复的专业；卫生部规划的五年制与七（八）年制儿科教材中未涉及自闭症谱系障碍疾病的康复治疗，普通师范类学校乃至特殊教育专业自闭症康复训练的教师培养机制尚不完善。[2] 此外，自闭症康复师资培训未成体系，康复教师的准入机制、职业名称、社会地位、待遇条件、培训发展等均不明确，这些问题都导致康复机构的工作人员不够专业。

任何康复都离不开专业康复人才的配备。扩大康复覆盖面必须要有专业人才的支撑。截至 2009 年，我国实施的“康复人才培养百千万工程”，培训康复管理和技术人员 2200 多人、社区康复协调员近 13 万人，但这些专业人才的数量和专业水平仍然需要不断提高，特别是要进一步明确康复人才培养的基本标准和资格认证，以满足残障人士获得高质量康复的需求。

---

〔1〕 杨广学等：《自闭症康复机构教师职业现状调查与分析》，载《中国特殊教育》2011 年第 11 期。

〔2〕 五彩鹿儿童行为矫正中心、五彩鹿（北京）技术培训有限责任公司编著：《中国自闭症教育康复行业发展状况报告》，北京师范大学出版社 2015 年版，第 60 页。

4. 经费投入不够，分配的合理性有待提高

虽然政府和社会对残障人士康复制度建设的资金投入比例逐年提高，但由于基数过低，所以目前的资金投入仍不能满足现有残障人士的康复需求。

对于社会组织类型康复机构中的民办机构来说，学费是他们主要的经济来源，但所收取的学费通常只能够解决机构部分的开支。虽然有些地方，政府对部分机构进行一定的支持，但大多是政策上的支持，经济上的支持较少。

对于那些已经纳入国家教育体系的聋哑、盲童等特教学校，政府每年会划拨财政拨款，用于解决学校的水、电、煤、场地租金等一系列硬性开销，但是目前处于医疗、教育体系之外的民办康复训练机构，每年都必须自行承担高昂的办学成本，很多康复机构都存在入不敷出的尴尬处境。[1] 由于场地租赁费用飞涨，资金短缺而造成一些康复机构搬迁频繁，直接影响人心安定，从而造成短期行为。无论是专业的康复人员还是康复场地都需要资金支持。国家财政投入的不足且社会资源调动不够，是影响“人人享有康复”制度建设的重要原因。

一方面，财政用于残障人士康复的专项支出严重偏低；另一方面，社会资源虽然日益丰厚，但用于残障人士康复的慈善公益事业的推广与到位都十分滞后，企业缺乏承担社会责任的动力，残障人士康复需求的解决可谓“路漫漫其修远兮”。

我国现阶段对康复工作的资金投入远远达不到残障人士康复的需求，不断提高资金投入是发展残障人士康复事业的必然要求。由于我国地区的经济发展不平衡，故在资金投入标准的设置上，应建立与当地经济发展水平相适应的财政投入比例和稳定的经费增长机制。加大政府对自闭症康复工

---

〔1〕 高鹏龙：《社会支持视角下大龄自闭症患者生活保障研究》，广西医科大学 2017 年硕士学位论文，第 32 页。

作的支持和资金投入,健全康复机构资金投入机制,让更多自闭症人士得到及时、科学、有效的诊断和干预,是努力构建和谐社会的需要。

目前,民办自闭症康复机构生存和发展都存在诸多困难,建议各级政府部门和社会各界要高度关注,加大硬件建设、人才培养和政策扶持力度。除政策外,还应给予资金及场地等支持,帮助自闭症康复机构走出资金匮乏的困境。同时对现有民办自闭症康复机构进行摸底调查,出台扶持和鼓励民办自闭症康复机构的措施,通过政府向社会购买公共服务的方式对社会兴办自闭症康复训练机构进行引导、扶持、规范。同时要组织各种形式的康复训练机构经营、管理方面的专业培训,提升康复训练机构管理者的经营水平、发展水平、管理方式,保障自闭症人士能够得到高质量的康复教育。[1]

二、向康复机构的维权

(一)康复机构的侵权行为

[**案例**]张女士某年给孩子报名参加了一家市残联指定的康复机构,但是在参加5个月的康复培训之后,发现孩子的情况并没有得到改善,反而在培训中受到了伤害。孩子双颊红肿,有明显的手指按印,颈部还有瘀血。为了了解事情具体经过,张女士要求查看上课时的视频监控,对方却称孩子上课区域的监控正好坏了,所以无法了解当时情况。事后,她查询了这家自闭症康复机构,发现该机构名称是某管理咨询公司,并无教学培训资质。但报名时,该机构却声称自己是上海市残联指定的某康复机构的分部,而且,无论是家校联系册,还是家长通知书、家长微信群名,都是挂着上海市残联指定的某康复机构的牌子。

类似相同的案例还有很多,由于康复机构的发展不规范,缺乏监管以及

---

〔1〕 高鹏龙:《社会支持视角下大龄自闭症患者生活保障研究》,广西医科大学2017年硕士学位论文,第42页。

行业规范,造成康复机构的侵权行为发生更加容易。

(二)家长的救济途径

1. 谨慎选择康复机构

(1)查资质。

目前自闭症康复机构行业鱼龙混杂,并且国家对于这一行业没有一个统一标准,家长在选择自闭症康复机构时要谨慎选择。选择康复机构时,家长需关注机构的资质和机构所聘用教师的资质。

就机构资质而言,根据前文提到的康复机构的登记:利用国有资产举办的康复机构应当按照事业单位登记办法进行登记;非营利性残障人士服务机构应当按照《民办非企业单位登记管理办法》在民政部门进行登记;营利性服务机构在工商部门进行登记。家长在选择康复机构前,除了在当地民政部门查询该机构是否备案之外,还可以前往该机构实地探查,查看该机构是否具备与其收治人数相符合的工作场地、人员师资,康复课程是否科学,并要求该机构出示相关资质证书、文件等。

就机构老师的资质而言,家长可以在考察时直接询问机构教师,机构是否对教师进行定期培训等,教师是否研读儿童心理学或相关课程,以保证康复效果。

(2)看康复效果。

自闭症人士的康复效果在很大程度上取决于自闭症人士本身的病情以及康复治疗的介入时间,因此康复效果因人而异。自闭症人士家长无法评估自闭症康复机构的专业性,在很大程度上是因为自闭症康复机构与自闭症人士家长之间的信息不对等,即自闭症家长对于自闭症这一病症本身的了解不足,对其康复手段和可预期的康复效果也知之甚少,进而无从评估一家自闭症机构是否专业。

为减小甚至消除家长与自闭症机构之间的信息不对等,自闭症人士家长应当主动增加对自闭症的症状、康复手段、康复效果的了解。首先,当自闭症人士被确诊自闭症时,自闭症人士家长应当与医生就病情进行充分的探讨，了解自闭症人士属于自闭症谱系中的何种障碍，可预期的康复效果如何。如果对于某一医生的判断不信任，甚至可以在多家医院咨询多个医生，进行综合判断。其次，在日常生活中，在相关资料可及的情况下，家长应当尽可能多地阅读相关资料，了解自闭症最新研究成果，进而客观看待病症，对其可预期的康复成果有心理准备。最后，自闭症人士的家长可以尝试了解自闭症的康复手段，尤其了解针对该自闭症人士状况是否存在相对有效的康复手段，避免偏听偏信。

根据目前世界领先的研究成果，较为有效的自闭症干预手段为“应用行为分析学习法”（Applied Behavioral Analysis，ABA），该干预手段下分多种干预方法和训练方式，例如，核心反应训练（Pivotal Response Training）、针对年幼自闭症儿童的早期高强度的行为干预方法（Early Intensive Behavioral Intervention，EIBI）、单一尝试教学法（Discrete Trial Teaching，DTT），等等。家长可以登录自闭症科学基金会（Autsim Science Foundation）的官方网站[1]，并通过该网站的链接查找相关文献资源。

在对自闭症及该自闭症人士的病情有了较为全面的了解和心理预期的情况下，家长才可能客观地、有的放矢地选择自闭症康复机构。除了查阅相关机构资料，了解相关机构所使用的康复手段、是否存在成功案例、成功案例所在谱系之外，家长还可以通过进入自闭症人士家长之间组建的聊天群、互助小组等，通过家长之间口碑传递印证所查阅的资料，切实全面地来了解一个康复机构的康复效果。

（3）签订合同。

在康复机构与自闭症人士及其家属之间，自闭症人士及其家属相对而言属于弱势群体。自闭症人士进入康复机构，其家属不可能全天候陪同、监视，因而不得不全权信任该康复机构。

---

〔1〕 https://autismsciencefoundation. org/what - is - autism/treatment - options/，2019年5月15日最后访问。

因此,家长选择康复机构后应与该康复机构签订合同,明确康复机构和自闭症人士的权利与义务,尤其明确自闭症人士权益被侵犯后的索赔、追索权利。为此,家长应当事先了解自闭症人士所拥有的相关权利,并在签订合同时确保相关权益全部写入合同,为将来有可能发生的争端提供可靠的解决依据。

2. 关心自闭症儿童状况

由于自闭症人士存在交流障碍,对于自身感受无法准确描述,所以家长应当关心自闭症人士的异常行为,如果身上出现不明伤痕、红肿或者突然表现出不愿意去康复机构的情况,家长应对此引起注意。

同时,家长应当与自闭症人士多进行沟通和交流,了解自闭症人士的真实感受,如强烈表示不愿意去该自闭症康复机构,可以进一步了解原因。

3. 康复机构发生侵权行为时,多渠道救济

针对自闭症人士的侵权行为往往发生在熟人之间,尤其是自闭症人士的亲属,其所处康复机构的教师、员工等。当自闭症人士的权益被侵犯,自闭症人士的家长/监护人首先应当做到的是固定证据,在固定证据的前提下才有维权的事实基础和法律基础。

(1)固定证据。

所谓"固定证据",并非简单的拍照、录视频等。照片、视频虽然能够作为证据证明部分事实,但其证据效力相比专业机构出具鉴定结论等客观证据较弱。《最高人民法院关于民事诉讼证据的若干规定》第七十七条第二款规定:"物证、档案、鉴定结论、勘验笔录或者经过公证、登记的书证,其证明力一般大于其他书证、视听资料和证人证言。"因此,若有条件,家长应当在发现自闭症人士的权益受到侵犯时,尤其是人身权益,立即通过公证机构固定证据。

例如,若自闭症人士在康复机构期间被虐待,家长应当立即向公安机关报案。若公安机关未提示家长作伤情鉴定,自闭症人士家长应当主动要求验伤。若自闭症人士受到性侵犯,自闭症人士家长应当立即陪同自闭症人

士前往公安机关报案、验伤并采集体液以固定证据，避免日后无法确定侵权人。

在固定证据的前提下，家长可以选择以下多种渠道救济其权益，此类救济措施可以同时使用，也可以分别使用。

(2)与康复机构直接交涉。

根据《中华人民共和国侵权责任法》(以下简称《侵权责任法》)第三十八条、第三十九条，无民事行为能力人或限制民事行为能力人在教育机构学习、生活期间受到人身损害的，除非机构能够证明已经尽到教育、管理责任，否则机构应当承担责任。《侵权责任法》第四十条还规定，即便无民事行为能力人或限制民事行为能力人在教育机构学习、生活期间受到来自教育机构以外人员的人身损害的，教育机构未尽到管理责任的，教育机构应当承担补充责任。

自闭症人士在康复机构的学习、生活适用《侵权责任法》第三十八条至第四十条的规定。自闭症人士在康复机构学习、生活期间，若康复机构未尽教育、管理责任且自闭症人士在此期间受到人身损害，则该康复机构应当在一定程度上对该自闭症人士所受到的人身损害承担责任。

在此情况下，家长可与该康复机构直接交涉，向该康复机构提供所固定的证据之副本，告知该康复机构客观事实并指出该康复机构可能存在的管理不善、监管不力之问题。进一步要求该康复机构加强监管，并依法对该自闭症人士之人身损害承担赔偿责任。

在要求该康复机构承担赔偿责任时，家长应当提供该自闭症人士所受损失之相应证据。可以包括医疗费用、鉴定费用、营养费，如有住院也应当包括看护费等费用。上述费用均应当保留发票或转账凭证，以备举证。

(3)向康复机构主管部门举报。

一般而言，康复机构的主管部门包括行业管理部门和登记管理机关。自闭症康复机构的登记管理机关应当为民政部门，国务院民政、卫生计生、人力资源社会保障等有关部门是康复机构的行业管理部门，负责对康复机构进行指导、监督和管理。具体应当以该康复机构登记证书所记载或其公示信息为准。

向上述部门举报之前提应当是家长确实认为该康复机构存在监管不力或行为失当。家长举报的方式主要包括:第一,通过拨打有关部门监督电话,直接电话举报;第二,通过向有关部门对外接收书面材料的业务窗口提交书面举报材料进行举报;第三,通过有关部门的网络平台进行网上举报。若家长向有关部门举报的,有关部门应对该康复机构进行调查,并就举报人所举报之事项向举报人作出答复。

当前,有关部门对举报人之姓名、电话号码及相关信息均为保密。家长无须过于担心举报该康复机构后可能受到有针对性的打击报复,且向业务主管单位和登记管理机关举报该康复机构,有利于该康复机构在有关部门的专业指导和监督下,尽快填补其管理漏洞,改善其监管方式,不失为一种节约成本的争议解决方式。

(4)通过诉讼方式进行维权。

在三项争议解决方式中,通过诉讼方式维权耗时最长、经济成本最高、维权门槛也最高。一般而言,通过诉讼程序解决争议,一审就需要 6 个月至 1 年,如任意一方提起二审,则耗时增加 3 个月至 6 个月。通过诉讼解决纠纷需要起诉人预交诉讼费用,若对相关法律法规不熟悉,对相关起诉流程也不熟悉,发起维权的家长甚至需要申请法律援助,或者聘请律师,其经济成本不容小觑。

若前期已经与康复机构签订合同,则视合同约定,通过诉讼方式维权的家长面临两条路径的选择——第一,家长可以自闭症人士受到人身损害为由,向该康复机构提起侵权之诉;第二,若自闭症康复机构在与家长签订的合同中就其保障自闭症人士人身不受损害存在约定,则家长可以该自闭症机构违反合同约定为由,发起违约之诉。

但无论提起上述哪一个诉由,家长都应向法院提供两个方面的证据:第一,自闭症人士人身权益受到侵害的证据,即在上文中提及的照片、视频及证据效力更强的伤势鉴定报告，医院出具的伤情报告、诊断书等书面证据；第二，自闭症人士为治疗人身损害和维权所支出的经济成本证据，即医院开具的发票，律师费发票（如有），营养费、看护费发票，等等。若家长能够向法院提供上述证据，那么无疑是对客观事实的良好佐证，有利于加快庭审的进程，使维权尽快取得结果。

第三章　教　　育

第一节　自闭症人士受教育情况概述

本节导读

依据此次调研结果显示，有超一半比例的自闭症人士表示在申请入学时有被拒绝的经历。

本节将以调研结果为出发点，讲述自闭症人士的受教育现状和遇到的困难。并介绍我国现行特殊教育相关法律法规，探索自闭症教育制度的发展脉络。

一、调研结果

(一)现有教育方式的选择及占比

在 296 名被监护对象中，59 人目前就读于义务教育普通学校的普通班级(随班就读)，占比 19.93%；46 人就读于义务教育普通学校的特殊班级，占比 15.54%；183 人就读于特殊学校，占比 61.82%。而另有 50 人(占比16.89%)同时在康复训练机构接受教育和康复训练，其他人选择相应的其他。

根据以上数据，目前在特殊教育学校就读的被监护对象占比过半，在普通学校随班就读和特殊班级就读人数则分别列第二和第三。

(二)自闭症人士受教育程度

1. 受教育程度现状

在我们进行的调研中，自闭症人士具有小学学历及以下 196 人，初中学历 84 人，高中学历人数出现断崖式下降，仅 13 人，大学本科为 3 人。随着学制的升高,自闭症人士逐渐消失在标准化教育的视野中。

2. 申请义务教育困难度

调研中有148人认为“申请入学,接受义务教育曾遭到拒绝”,133人未遭到拒绝。被拒比例超过50%。

根据一位自闭症监护人的经历,她的孩子在特殊学校完成了九年义务教育,她考虑过普通学校的特殊班级,但学校认为孩子的行为不受控制,会影响到别的同学,拒绝孩子就读。

3. 义务教育学习困难度

根据一位大龄自闭症人士的监护人介绍,在教育初始阶段,学校接收其孩子进入普通学校随班就读,根据程度判断,学校基本同意家长陪读。直至孩子无法跟上学习进度,考虑综合情况,就把孩子送到同阶段的特殊教育学校就读,学校里的老师有相关专业知识,且无须陪读。

这在一定程度上反映了上海地区自闭症人士监护人的教育选择。而一位残联负责人介绍,自闭症儿童在学前一般会由家长将其送到康复机构,如果情况稳定,就近随班就读小学;如果严重就会进入特殊学校。随班就读依然是家长的首位选择。

二、自闭症教育发展历程

(一)西方自闭症教育的发展

早期西方特殊教育的产生具有探索性质,其办学主体基本为私人,其教育者多为医生和神职人员,同时其方法较为原始、简单。[1]

1948年联合国大会通过了《世界人权宣言》,提出每个人都有受教育的权利,特殊儿童教育问题引起西方社会的强烈关注。美国联邦和州政府不断加大对特殊教育的经费支持,从1948年至1968年,公立学校特殊班级学

〔1〕《早期智障及其他教育机构》,载智障公益网:http://www.jlzzgy.cn/showNews.jsp?classId=8D8K9GNKR4&newsId=60326,2018年4月11日最后访问。

生人数从357,000人增加到2,252,000人。1974年9月,时任美国加州州长罗纳德·里根签署了《自闭症孩子公平教育法案》,是美国政府全面接纳自闭症孩子接受公平教育的开端。

直至20世纪90年代初期,全纳教育(inclusive education)被提出,传统特殊学校教育形式经历又一次变革。

2004年,美国通过《残疾人教育促进法》(Individuals With Disabilities Education Improvement Act of 2004)修订了《残疾人教育法》(Individuals with Disabilities Education Act),其中明确规定自闭症儿童有权免费获得与适应他们个体需要的教育,并且课程必须包含和普通孩子互动,以便他们更好地在"限制最少的环境"中融入主流群体。

2017年3月22日,美国最高法院在"恩德鲁诉道格拉斯县学区"案中,解释了《残疾人教育法》"免费适当公共教育"的范围。法院推翻了第十巡回法庭的裁决,认为"为了履行实质性义务,学校必须提供一个IEP(个性化教育方案),该方案是可以使儿童根据自身情况取得进步"。体现了自闭症立法从社会视角"如何让你和我们一样"向权利视角"如何让你更好地成为自己"的转变。

(二)我国自闭症教育的发展

1951年10月,中央人民政府政务院颁发《关于改革学制的决定》,首次提出特种学校的概念。1990年《残疾人保障法》将特殊教育的对象、内容、方法和机构等进行了系统规范,我国的特殊教育事业正式纳入法治的轨道。

在20世纪80年代以前,"自闭症"一词还鲜为人知,大量自闭症被误诊为智力低下、精神分裂症等。1982年,南京儿童心理卫生指导中心的陶国泰教授首先报告了4例自闭症儿童,引起关注。1992年北京大学精神卫生研究所儿科主任杨晓玲教授报告了30例自闭症病例。

1994年7月,国家教委基础教育司委托北京市教育局,进行自闭症儿童的学前教育和义务教育训练实验。这是大陆首次对自闭症儿童的教育训练实验。1996年,北京市教委将《自闭症儿童的教育诊断与训练研究》列入市级重点科研课题。国家教委还把"对可以教育的……自闭症儿童做出适当的安排"列入了"九五"特教工作计划。20 世纪 90 年代末,全国一些大城市中的培智学校、普通学校、幼儿园开始吸收自闭症儿童随班就读。

自《国家中长期教育改革和发展规划纲要》实施以来,国家及地方对特殊教育的投入力度明显增加。教育部、发展改革委、中国残联等部门从 2008 年开始,组织实施了中华人民共和国成立以来规模最大的特殊教育学校建设规划项目。4 年中,中央和地方累计投入 54 亿元,实施特殊教育学校建设项目,以中西部地区为重点,支持新建和改扩建 1182 所特殊教育学校;2012 年开始,实施特殊教育学校建设二期项目,累计下发资金 24.42 亿元,重点支持了 62 所残疾人中高职院校和高等特殊师范院校,用于加强特殊教育学校基础设施建设及购置教学康复实验设备。从 2014 年起,各地将义务教育阶段特殊教育学校公用经费单列,年生均标准达 4000 元,2016 年达到不低于 6000 元。随班就读、特教班和送教上门的义务教育阶段生均公用经费也逐步得到同标准落实。[1] 可以说,我国特殊教育正在经历高速发展的阶段。

三、我国现行法律对于自闭症人士受教育权利的保护

类型	年份	名称	内容要点
国际公约	2004 年	残疾人权利公约	第二十四条　缔约国确认残疾人享有受教育的权利,残疾人能够在不受歧视和与其他人平等的基础上获得普通高等教育、职业培训、成人教育等包容性教育制度和终生学习。
法律法规	1982 年	宪法	第四十五条　国家和社会帮助安排盲、聋、哑和其他有残疾的公民的劳动、生活和教育。
	1995 年	教育法	第九条　中华人民共和国公民有受教育的权利和义务。公民不分民族、种族、性别、职业、财产状况、宗教信仰等,依法享有平等的受教育机会。 第三十八条　国家、社会、学校及其他教育机构应当根据残疾人身心特性和需要实施教育,并为其提供帮助和便利。

〔1〕 教育部:《〈国家中长期教育改革和发展规划纲要〉中期评估特殊教育专题评估报告》,载 http://www.moe.gov.cn/jyb_xwfb/xw_fbh/moe_2069/xwfbh_2015n/xwfb_151130/151130_sfcl/201511/t20151130_221728.html,2019 年 5 月 15 日最后访问。

续表

类型	年份	名称	内容要点
法律法规	1986 年	义务教育法	第九条 ……地方各级人民政府为盲、聋哑和弱智的儿童、少年举办特殊教育学校(班)……
	2008 年	残疾人保障法	第十八条至第二十六条要求,“各级人民政府应当将残疾人教育作为国家教育事业的组成部分,统一规划,加强领导”,“国家、社会、学校和家庭对残疾儿童、少年实施义务教育”。
	2017 年	残疾人教育条例	对残疾人教育作系统规定(下文详述)。
政策	2001 年	关于“十五”期间进一步推进特殊教育改革和发展意见的通知	明确特殊教育的普及率,占全国人口 35% 左右的大中城市和经济发达的地区,适龄视力、听力、智力残疾儿童少年(以下简称“三类残疾儿童少年”)义务教育阶段入学率分别达到95% 以上,使入学率、保留率分别达到或接近当地义务教育水平。
	2006 年	国民经济和社会发展第十一个五年规划纲要	首次把自闭症儿童的康复纳入规划。
	2009 年	关于进一步加快特殊教育事业发展的意见	对特殊教育职业教育提出了要求。
	2010 年	国家中长期教育改革和发展规划纲要(2010 ~ 2020 年)	提出“关心和支持特殊教育”精神,尽快制定政策法规,将自闭症儿童、重度障碍、多重障碍等明确纳入特殊教育对象,切实保障这些有严重障碍特殊儿童的受教育权。
	2013 年	残疾人教育条例(修订草案)	将残疾人教育的概念,由传统的视力、听力和言语残疾和智力残疾,实践扩展到脑瘫、自闭症、多重残疾等残疾类型。

续表

类型	年份	名称	内容要点
政策	2014 年	特殊教育提升计划（2014 ~ 2016 年）	要求围绕“全面推进全纳教育”的总体目标，完成“提高普及水平”“加强条件保障”“提升教育教学质量”三大任务。并第一次规定了生均公用经费：所有省（市、区）均按国家要求提出，最迟到 2016 年义务教育阶段特殊教育生均公用经费达 6000 元/生/年标准（为普通学生的 8 倍左右），且随班就读、特教班和送教上门的义务教育阶段生均公用经费参照上述标准执行。
	2015 年	国务院关于加快推进残疾人小康进程的意见	加强特殊教育教师队伍建设，加大对特殊教育学校教师、承担残疾学生教学和管理工作的普通学校教师的培训力度。完善特殊教育教师收入分配激励机制。 加快推进与残疾人权益保障、残疾人发展紧密相关的残疾人教育、残疾人康复等立法工作，制定完善配套政策和标准体系。
	2017 年	国家教育事业发展“十三五”规划	办好特殊教育。继续实施好特殊教育提升计划，完善特殊教育学校布局。完善随班就读支持保障政策体系，重点支持贫困地区和农村地区普通中小学开展随班就读，推行融合教育。以区县为单位，精准施策，全面普及残疾儿童、少年义务教育。推动特殊教育学校和残疾儿童康复机构积极创造条件，开展残疾儿童学前教育。加快发展以职业教育为主的残疾人高中阶段教育。为家庭经济困难的残疾儿童和残疾青少年提供包括义务教育、高中阶段教育在内的 12 年免费教育。完善高等学校和职业学校招收残疾学生政策。逐步健全特殊教育课程教材体系、学校基本办学标准。实行轻中度残疾学生随班就读，中重度残疾学生在特教学校就读，为极重度残疾学生送教上门。促进教育与康复相结合，注重残疾学生潜能开发和缺陷补偿，强化职业素养和职业技能培养，加强残疾学生专业学习、就业等方面支持保障服务，促进残疾学生更好地融入社会。

第二节 我国自闭症教育现有模式

本节导读

目前,我国基本形成了以教育部门为主,民政部门、卫生部门、残联部门和社会力量作补充的特殊教育办学体系,正在形成学前教育、义务教育、高阶及职业教育、高等教育的教育体系。

本节将介绍当下我国自闭症人士在各个学业阶段的教育方式选择,特别是对义务教育阶段随班就读、资源教室、特殊班级、特殊学校和送教上门等就读方式的介绍和利弊分析。

一、幼年教育阶段(2~6岁)

自闭症儿童的幼年教育至关重要。人类的大脑发育在生命开始的前3年特别迅速,如果这个时期没有受到充分的促进性刺激,有时会长期阻碍其发展。因此,尽早开始幼年教育,可以为其语言发展、社交能力、思考能力和身体机能的促进与发展奠定良好的基础。

根据孩子的自闭症状程度,选择进入幼儿园、自闭症幼儿园、特殊学校学前班等进行就读,或者前往康复机构进行治疗。越早地融合教育,越能促进孩子的康复,为自闭症儿童幼儿阶段创造包容性氛围。

如果学校条件所限,缺少专业师资、缺少支持系统或不接受入学,可以考虑申请进入普通幼儿园的特殊班,或进入特殊学校的学前班。[1]

截至2013年,在特教学校学前班(部)就读的残障儿童近1万人。此外,据不完全统计,有近万名残障幼儿在普通幼儿园随园就读。[2]

---

〔1〕 教育部:《〈国家中长期教育改革和发展规划纲要〉中期评估特殊教育专题评估报告》,载 http://www.moe.gov.cn/jyb_xwfb/xw_fbh/moe_2069/xwfbh_2015n/xwfb_151130/151130_sfcl/201511/t20151130_221728.html,2019年5月15日最后访问。

〔2〕 同上。

二、义务教育阶段(6～12岁)

我国自闭症人数在逐年上升,0～14岁自闭症人数或超200万。[1]《特殊教育提升计划(2014－2016年)》的总体目标中,提出“全面推进全纳教育,使每一个残障孩子都能接受适合的教育”。目前,我国实行“以普通学校附设特教班和随班就读为主体,以特殊教育学校为骨干”的办学模式。

根据全纳教育理念,按照融合程度从高到低的顺序,我们将对现有教育方式进行介绍。

(一)随班就读

我国现行的自闭症儿童融合教育政策是“随班就读”。20世纪80年代的初代《义务教育法》首次提出,普通学校应当接收具有接受普通教育能力的残疾适龄儿童随班就读;1994年国家教委颁布了《关于开展残疾儿童少年随班就读工作的试行办法》,提出了残疾儿童少年群体随班就读的具体要求,孩子可以进入普通学校,作为普通班级学生学习课程,这种方式是普通学校对于特殊儿童最常见的教育安置方式。

1994年特殊教育界会议《萨拉曼卡宣言》提出“全纳教育”概念,促使我国教育主管部门将“以特殊学校和特殊班级为主体,随班就读为骨干”的表述,修改为“以随班就读为主体,以特殊学校和特殊班级为骨干”。“随班就读”开始被置于首要位置。

《残疾人教育条例》第十七条第一款规定:“适龄残疾儿童、少年能够适应普通学校学习生活、接受普通教育的,依照《中华人民共和国义务教育法》的规定就近到普通学校入学接受义务教育。”

随班就读体现了“全纳教育”教育公平的核心理念。残障儿童少年义务教育入学率从1990年的7.2万人达到了2000年后的近40万人。“全纳教育”为残疾儿童提供与普通儿童少年沟通融合的外部环境;同时,也有利

[1] 以2015年4月发布的《中国自闭症教育康复行业发展状况报告》推算。

于残疾儿童促进养成良好的社会行为习惯，对其自信心的培养、平等参与意识的形成均有积极作用。[1]

（二）资源教室

《残疾人教育条例》第十七条第二款规定："适龄残疾儿童、少年能够接受普通教育，但是学习生活需要特别支持的，根据身体状况就近到县级人民政府教育行政部门在一定区域内指定的具备相应资源、条件的普通学校入学接受义务教育。"

随班就读的学校有时会配备资源教室作为辅助。结合特殊儿童特点，配置有专门教学媒体或器材、训练器材的资源教室，让儿童在特定时间段进入资源教室，接受更有针对性的辅导，是融合教育的有效补充。

资源教室还能够及时发现和干预孩子的学习障碍或情绪问题，防止学业困难的发展。2016 年，深圳市教育局发布随班就读政策，要求资源教室需保证每个残障学生每天享有不少于 30 分钟的个别训练。

（三）普通学校的特殊班级

在一些普通学校还设立有特殊班级，由专门的教师为特殊儿童教授课程，而特殊班级（以下简称特教班）学生与普通班级学生会共同参与校园活动。在一定程度上，为特殊儿童创造了兼具融合和个性化教育的成长环境。

随班就读和特教班就读是特殊儿童接受融合教育较为理想的选择。2017 年，小学特殊教育在校生总数为 42.3 万人，其中随班就读和附设特教班在校生 22.0 万人，占小学特殊教育在校生的 52.0%；初中特殊教育在校生总数为 14.6 万人，其中随班就读和附设特教班在校生 8.4 万人，占初中特殊教育在校生的 57.5%，共计 30.4 万特殊学生在义务教育阶段采用了随班就读及特教班就读的就读方式。[2]

---

〔1〕《全国随班就读工作经验交流会议纪要》，载 http://old.moe.gov.cn//publicfiles/business/htmlfiles/moe/s3331/201001/82026.html，2019 年 5 月 15 日最后访问。

〔2〕《中国教育概况——2017 年全国教育事业发展情况》，载 https://baijiahao.baidu.com/s?id=1606501351335970925&wfr=spider&for=pc，2019 年 5 月 15 日最后访问。

(四)特殊学校

特殊学校是现在自闭症儿童最主要的就读方式之一。《残疾人教育条例》第十七条第三款规定:"适龄残疾儿童、少年不能接受普通教育的,由县级人民政府教育行政部门统筹安排进入特殊教育学校接受义务教育。"

对于自闭程度较重的孩子,进入普通学校接受教育存在困难,特殊学校能够提供更加系统和针对性的教育。截至 2014 年,接受特殊教育的在校学生 39.49 万人。未入学残障儿童数从 2010 年的 14.5 万人减少至 2013 年的 8.3 万人。视力、听力以及智力残障学生入学率提升,自闭症、脑瘫、多重残障学生人数逐年增加。[1]

2017 年,全国共有特殊教育学校 2107 所,义务教育阶段的特殊学校在校生共 28.5 万人,这与 30.4 万随班就读及特教班就读的特殊学生数量比例约为 1:1。[2]

(五)送教上门

对于重度自闭症儿童,根据儿童测评表现制订康复计划,教师按计划实施一对一教学。《残疾人教育条例》第十七条第四款规定:"适龄残疾儿童、少年需要专人护理,不能到学校就读的,由县级人民政府教育行政部门统筹安排,通过提供送教上门或者远程教育等方式实施义务教育,并纳入学籍管理。"

作为因材施教的体现,送教上门易于实施个性化教育,适合低龄儿童训练,但此种方式成本较高,需要大量教育资源,只作为一种补充形式。

三、高阶教育

(一)高中教育及高等教育

《残疾人教育条例》提及高中教育的条文非常少,仅在第五十一条提出

---

〔1〕《国家中长期教育改革和发展规划纲要(2010—2020 年)》,载 http://old.moe.gov.cn/publicfiles/business/htmlfiles/moe/info_list/201407/xxgk_171904.html,2019 年 5 月 15 日最后访问。

〔2〕《中国教育概况——2017 年全国教育事业发展情况》,载 https://baijiahao.baidu.com/s?id=1606501351335970925&wfr=spider&for=pc,2019 年 5 月 15 日最后访问。

“国家鼓励有条件的地方优先为经济困难的残疾学生提供免费的学前教育和高中教育,逐步实施残疾学生高中阶段免费教育”。

但现实情况往往是自闭症人士结束义务教育后,缺乏合适的高中可读。据2018年4月发布的《2017年中国残疾人事业发展统计公报》显示,2017年全国共有特殊教育普通高中班(部)112个,在校生8466人,其中聋生7010人,盲生1456人。由此统计数据可以看出,高中阶段之后,特殊教育学生只有聋、盲两大类,自闭症学生人数为0。[1]

一方面,自闭症学生在义务教育结束后,通常会出现难以融合的情况,就很难再继续读下去;另一方面,针对自闭症特点,接收较大年龄自闭症学生的学校、机构少之又少,大龄自闭症人士的教育资源支持出现断层。

(二)职业教育

《残疾人教育条例》第二十七条规定:“残疾人职业教育应当大力发展中等职业教育,加快发展高等职业教育,积极开展以实用技术为主的中期、短期培训,以提高就业能力为主,培养技术技能人才,并加强对残疾学生的就业指导。”从政策上给予了支持。但教育部并未提供就读于职业教育中自闭症学生的数据和规模。

第三节　自闭症教育问题分析及建议

本节导读

多样性是人类共同进步的动力。尊重自闭症群体的受教育权,也是对每个人与他人差异的正当性的尊重和保护。

本节将讨论在自闭症群体入学权、就读权的保护过程中,教育制度及实践存在的问题,并讨论家长、校方、政府、社会在教育各环节应当发挥何作用,并尝试提出相关建议。

---

〔1〕《2017年中国残疾人事业发展统计公报》(残联发〔2018〕24号),载http://www.cdpf.org.cn/zcwj/zxwj/201804/t20180426_625574.shtml,2019年5月15日最后访问。

一、自闭症群体的受教育权

受教育权可以被描述为“增强能力的权利”，这样一种权利为残障群体提供更多可以支配自己生命的能力。受教育权是享受其他方面人权的基础和保证，表达自由权、经济权、社会文化权、选举和被选举权等都依赖于一定程度的教育。

根据1994年联合国大会通过的《残疾人机会均等标准规则》，为在普通教育体系中安排残疾人教育，各国应提供明确的政策、适当增补及修改的课程设计、高质量的教材、定期的教师培训；如果一般学校系统尚未充分满足所有残障人士的需要，则可考虑提供特殊教育。残障学生应得到与非残疾学生同样多的教育资源。

多样性是人类共同进步的动力。每个人都不是完美的，尊重自闭症群体受教育权在内的权利，也是对每个人自身都拥有与他人存在差异的正当性的尊重和保护。

通过有效的立法保障残障人士平等地享有受教育权、平等地分享社会进步和教育发展所带来的成果，是特殊教育立法的重要原则。〔1〕

二、目前阶段存在的问题

围绕自闭症人士受教育权的现实情况，我们认为目前阶段我国自闭症教育存在如下问题：

（一）法律保护范围不明确，入学权难以保障

权利的合法化是自闭症儿童真正享有受教育权的前提与基础。但自闭症儿童并没有明确列为法律意义上的特殊教育对象。现行的《义务教育法》中，残障人士被分为“视力残疾、听力语言残疾和智力残疾”〔2〕，《残疾

〔1〕 陈久奎、阮李全：《特殊教育立法问题研究》，载《中国特殊教育》2006年第6期。

〔2〕《义务教育法》第十九条：“县级以上地方人民政府根据需要设置相应的实施特殊教育的学校（班），对视力残疾、听力语言残疾和智力残疾的适龄儿童、少年实施义务教育。”

人教育条例》仅在送审稿中提及“将残疾人教育的概念，由传统的视力、听力和言语残疾和智力残疾，实践扩展到脑瘫、自闭症、多重残疾等残疾类型”但正式发布的版本未列此条。

在实践层面，对于随班就读，《义务教育法》规定“普通学校应招收有接受普通教育能力的儿童”，但至于何种程度算是“有接受普通教育的能力”，则将解释权完全交予校方，同时，由于《义务教育法》没有设置明确的惩罚性条款，对学校违反此条规定拒绝招生时，很难根据现有法律追究其责任。

（二）融合教育“融而不合”

［案例］“上学期，班里忽然转过来一个自闭症孩子。我们的孩子回家后跟我们提起，说他不遵守纪律，不讲卫生，同学都不敢靠近他”，“自闭症是一种疾病，对于这样的孩子，国家是有特殊教育学校的，为什么要安插在我们孩子的班级里呢？……”——深圳一名自闭症儿童读普通小学，其他家长的联名信。（此孩子尚有独立完成作业的能力，但最终被劝离了学校）

实践中，虽然我国倡导融合教育和“随班就读”，但“随班就读”却存在变成“随班就座”“不拒收但劝退”的现象，教育质量不尽如人意。目前，随班就读虽然是我国特殊教育的主体形式，但呈现出萎缩态势。[1]

首先，教师的教学能力和教学设计很难达到融合教育的标准。虽然《残疾人教育条例》规定应当坚持分类教学、个别教学，但应试化教育背景下，所有学生都参加标准化的期末科目考试，教师也普遍缺乏制定符合自闭症学生身心特性和需要的个别化教育计划的能力。

其次，对于随班教学质量缺乏考核标准。教育部发布的《小学教师专业标准（试行）》《中学教师专业标准（试行）》《中小学教师水平评价基本标准条件》等文件均未涉及对随班就读的特殊学生的教学要求和考评指标。此外，在应试体制下，老师很难兼顾课堂效率与自闭症学生听讲效果的平衡，

---

〔1〕 教育部：《〈国家中长期教育改革和发展规划纲要〉中期评估特殊教育专题评估报告》，载 http://www.moe.gov.cn/jyb_xwfb/xw_fbh/moe_2069/xwfbh_2015n/xwfb_151130/151130_sfcl/201511/t20151130_221728.html，2019 年 5 月 15 日最后访问。

可能难以对自闭症学生给予应有的注意和照顾。

另外，普通学生家长“自闭症孩子打我家孩子”的投诉时有发生，但实际上，自闭症儿童被霸凌的比例比一般同伴高出3倍。[1] 自闭症儿童无法有效进行表达和辩解，也无法用适当的方式捍卫自己的正当利益，有时承担了不应当承担的责任和控诉。当“弱”遇到“恶”，当来自学生、家长及社会的偏见观念不能进行引导，也非常不利于自闭症学生在集体中融合与成长。

（三）自闭症教育资源供需失衡

我国现行政策要求校方配套各项支援措施，包括在普校内设立资源教室、聘用特教老师等，但在实践中自闭症教育资源存在难以落实的情况，往往是家长本身能力的大小直接决定着孩子的上学质量。

2017年，全国现有特殊教育学生总数为57.9万人，特殊教育专任教师数为5.6万人，专任教师中受过特殊教育专业培训的比例为73.3%。现有在校师生比1∶10.3。日本这一比例为1∶1.7[2]，若按此比例来推算，我国目前的教师缺口有约28.5万人。

特殊教育学校从事康复工作的教师专业知识与技能也有待提高。[3] 目前，我国从事特殊教育不需要专业的特殊教师资格认证，教育部等联合公布的《特殊教育提升计划（2014－2016年》中明确，将研究建立特殊教育教师专业证书制度，逐步实行特殊教育教师持证上岗。这有利于特殊教育教学质量的提升。

另外，根据各地区残障人士特殊教育经费的统计，江苏、浙江等沿海地区经费投入明显高于青海、宁夏等几个西部省份，全国仍有589个30万人

---

〔1〕 美国自闭症互动网络IAN2014年发布Connie Anderson对全美1167名6～15岁自闭症儿童的调查。结果表明，有高达63%的自闭症孩子被霸凌。

〔2〕 秦枫：《建国以来我国残疾人教育保障研究——以改革开放后为重点》，安徽师范大学2010年硕士学位论文，第29～30页。

〔3〕 宿淑华、赵航、刘巧云等：《特殊教育学校自闭症儿童教育康复现状调查》，载《中国特殊教育》2017年第4期。

口以下的县没有特教学校,多分布在全国老少边穷地区。[1]

(四)教育结果公平未得到保障

[**案例**]"这些孩子毕业以后几乎都选择了回家。"从康复机构到成华普小,从青羊特校再到成华特校,三度奔波辗转也没让张书利找到适合女儿的学习环境,曲折的求学路反倒使这位父亲开始反思将女儿送进学校的意义:即使可欣能够适应学校的环境,可最终还是要离开学校,张书利说,他想做的"农疗"是针对自闭症情况较严重的大龄人群。"他们可能不需要有工作,也不太需要那种社交,他们只是需要一个正常的、让他们没有压力的生活。"

随着自闭症人士年龄增长,相对于书本知识的学习,融入社会的问题变得更加紧迫。在康复中一项重要的康复内容为职业训练康复,但在特殊学校中对于自闭症人士的职业技能教育明显缺乏和不足。2018 年,全国首家自闭症人士职业教育学校——天爱职业教育学校在常州市揭幕,虽然在一定程度上填补了自闭症等特殊人士职业需求的空白,但整体上自闭症人士对于职业训练的需求是非常高的。

让自闭症人士融入社会,与其强制培训他们去适应正常人的工作,不如针对他们的特点和长处"开发"相对应的工作。就业难既影响地方教育行政部门和特殊学校办教育的积极性,也影响自闭症人士和家长的积极性,它会形成一种恶性循环,最终影响自闭症人士教育的可持续发展。

三、提升自闭症受教育质量的建议

教育部等七部门《第二期特殊教育提升计划(2017—2020 年)》的总体目标是:到 2020 年,各级各类特殊教育普及水平全面提高,保障能力全面增强,教育质量全面提升。其中的一个关键指标是:残障儿童少年义务教育入

---

〔1〕 教育部:《〈国家中长期教育改革和发展规划纲要〉中期评估特殊教育专题评估报告》,载 http://www.moe.gov.cn/jyb_xwfb/xw_fbh/moe_2069/xwfbh_2015n/xwfb_151130/151130_sfcl/201511/t20151130_221728.html,2019 年 5 月 15 日最后访问。

学率达到95%以上,将实现残障儿童少年义务教育的全面普及。为了实现这一目标,需要政府、自闭症家长和全社会的共同努力。

(一)关键利益方参与决策

教育部在《第二期特殊教育提升计划(2017—2020年)》文稿形成后,征求过各省级教育行政部门、特教学校校长、教师和专家的意见,但家长、康复机构、自闭症公益组织等作为直接相关方未被列入讨论范围内,其意见并没有获得应有的考量。[1]

相比之下,美国的特殊教育运转机制则更保障了家长等利益相关方的参与权。在PL94－142公法中,要求为特殊教育的研究及示范方案成立专家研讨小组,规定家长在评定、诊断和制订个别教育计划中的权利,并要求各州按规定成立残障儿童教育顾问委员会(State Advisory Panel),其成员必须包括残障人士、特殊儿童教师、残障儿童家长等各方代表;在PL99－457公法中,指出州按规定成立的全州机构间协调委员会,成员必须至少3名残障婴幼儿家长、至少3名公立或私立早期干预机构的代表、至少1名州议会代表以及至少1名特教师资培训者的代表以及其他有关的代表,以保障决策过程中家长及相关组织的密切参与,促进对于受教育权保护的最大化。

(二)完善入学保障系统筛查及信息备案系统

首先,完善入学保障系统。2019年“两会”召开前夕,由心智障碍者家长组织联盟、深圳壹基金公益基金会和深圳国际公益学院联合主办、晓更基金会支持的“2019适龄特殊儿童入学问题调研及政策建议专家研讨会”在京举行,会议通过俞敏洪委员提交了“多部门携手加强特殊儿童入学保障机制,确保适龄特殊儿童平等接受义务教育的建议”案,建议由各地区县政府牵头,各部门会同建立残障人士教育专家委员会,专门负责入学评估和争议仲裁。

---

[1] 《教育部基础教育司负责人就〈第二期特殊教育提升计划(2017—2020年)〉答记者问》,载http://www.moe.gov.cn/jyb_xwfb/s271/201707/t20170728_310276.html,2019年5月15日最后访问。

其次，建立信息系统。会议建议通过大数据进行相关信息的管理，各地卫生计生部门、残联、民政、教育等部门协同建立"特殊需要儿童少年信息系统"，同时开放家长登记端口，每年通过这个系统进行入学登记和入学核查。

（三）加大教育资源投入

进入2010年以来，教育部连同多部门陆续颁布了《国家中长期教育改革和发展规划纲要（2010－2020年）》《特殊教育提升计划》一期及二期等政策文件，加大特殊教育的资金投入和政策倾斜，特殊教育正处于高速发展的历史最好时期。然而，特殊教师津贴连续59年维持未变，虽然有部分省份提高了比例，但大部分省份在等待国家层面政策。亟待国家有关部门出台政策，真正发挥激励作用。[1]

例如，宁夏回族自治区提出将送教上门工作纳入对普通学校的考核。深圳市教育局《关于进一步加强残疾儿童少年随班就读工作的指导意见》中规定，随班就读学校在教师绩效工资制度考核中对相关教师给予适当倾斜，对表现突出教师给予表彰。

（四）完善自闭症教育体系

2019年3月5日，李克强总理在作政府工作报告时明确提出了"发展更加公平更有质量的教育"。而教育公平包括教育起点公平、过程公平和结果公平，保障自闭症儿童受教育的权利，使自闭症儿童有接受康复训练以及义务教育的机会，是实现教育公平的第一步。在教育实施的过程中，为自闭症儿童提供有效的教学方法，合理分配教学资源，制定合理的教学评估标准，才有可能实现教育结果的公平。

从更广义的角度来说，特殊教育到了高中出现教育断层，需要制定与实施规划，使特殊教育的发展永续化，并真正建立面向自闭症群体的学前教育、义务教育、高中教育、职业教育、高等教育及终身学习的教育体系。

---

〔1〕 教育部：《〈国家中长期教育改革和发展规划纲要〉中期评估特殊教育专题评估报告》，载 http://www.moe.gov.cn/jyb_xwfb/xw_fbh/moe_2069/xwfbh_2015n/xwfb_151130/151130_sfcl/201511/t20151130_221728.html，2019年5月15日最后访问。

例如，澳大利亚《维多利亚政府学校学生支持服务框架》提出了“连续照料”和“学校社区合作”的概念，在横向上支持不同部门提供整合服务，在纵向上支持自闭症人士受教育的阶段连续性。[1] 而美国国家自闭症中心2015年发起的国家标准计划，首次针对22岁及以上的自闭症谱系障碍者得出以下论点，认为行为干预是有效的方法，而成年后，部分障碍程度可以走入福利工厂工作。[2] 此外，英国教育部门在幼儿园、小学、中学、中学后教育阶段之间的过渡阶段，要求学校开展衔接（transition）教育服务，帮助他们更好地适应新阶段教育。2011年开始，英国启动SEN体系改革，将服务群体最高年龄从16岁延展到25岁。[3]

（五）提升公众意识，形成自闭症友善的校园环境

随班就读之所以呈萎缩态势，根源上在于社会对于自闭症人士缺乏应有的认识和理解，自闭症学生处于的校园环境的友善程度还远远不够。

“人类害怕那些自己不能理解的事物，未知的世界让我们恐慌。而害怕很容易就会变成仇恨或是暴力。”[4] 由于社会大众缺乏对自闭症的了解，自闭症这个标签给公众群体第一感受往往是恐惧，恐惧之下往往导致隔绝和排斥。

校园霸凌往往针对特定目标（如针对插班生、残障生等弱势学生），所以未被欺凌的学生和家长并没有紧迫感和危机感，一般不会采取联名上书或者打横幅的方式声援被欺负的学生，不会采取措施向校方施压。而自闭症学生的“问题行为”具有无选择性，容易冒犯大多数人，因此他们很容易

---

〔1〕 刘鲲、杨广学：《澳大利亚的融合教育支持体系——维多利亚州的模式》，载《中国特殊教育》2012年第9期。

〔2〕 马小卫：《美国国家自闭症中心国家标准计划研究报告对我国特殊教育的启示》，载《绥化学院学报》2018年1月。

〔3〕 杨希洁：《英国自闭症儿童的教育现状、挑战及启示》，载《中国特殊教育》2014年第10期。

〔4〕 ［美］布鲁斯·D. 佩里、迈亚·塞拉维茨：《登天之梯：一个儿童心理咨询师的诊疗笔记》，重庆大学出版社2015年版。

就“被”站在了全班同学及家长的对立面,[1]成为首当其冲的被驱逐对象。

尼采曾说“那些听不见音乐的人,认为那些跳舞的人病了”,这句话用于形容自闭症群体来说特别贴切。自闭症群体在校园内外需要的是关注和理解,他们是否能够获得公平教育、适龄教育的机会,取决于全社会是否能够愿意投入力量,取决于与教育相关的每一个人是否给予尊重和将心比心的对待,这需要公众的长远努力。

---

〔1〕 苏宸:《你害怕自闭患者吗?——北京两所小学学生纠纷》,载“小丫丫自闭症”微信公众号,2016 年 2 月 15 日。

第四章　劳动就业

在共计296个自闭症人士家庭受访的“自闭症人士监护人员的法律意识与法律需求调查”中，约129名自闭症人士为适龄劳动人口。[1] 根据受访结果，仅有4名自闭症人士实现就业，其中2人为通过社会组织介绍，1人通过他人介绍，1人为父母所在单位解决就业。4名就业人员分别为迪卡侬超市理货员、劳务工和企业雇员。约46.31%的受访者希望能够获得就业方面的法律服务，帮助自闭症人士在实现就业权、调整与用人单位的劳动关系问题、改善工资待遇和就业环境等方面获得法律支持。这说明，即使当前实现就业的自闭症者比例非常低，但随着大龄自闭症人士越来越多，自闭症人士的就业问题将日益重要。本章将就自闭症人士的劳动就业问题予以探讨，介绍我国目前对自闭症人士的就业保障政策和自闭症人士的就业现状，并在此基础上提出建议。

第一节　自闭症人士的就业现状

本节导读

就业对于自闭症人士而言，既是一项固有权利，同时也是重要的康复手段和经济来源，然而，如何激发用人单位雇用自闭症人士的积极性并切实保障这一群体的就业安全和就业质量，仍然有待进一步的实践探索。本节将从自闭症人士就业权法理上

---

〔1〕 本次调查并未单独调研适龄劳动人口的人数，本数据根据是否达到法定结婚年龄予以推算。

的正当性和现实需求的迫切性出发,结合相关案例,对当下自闭症人士的就业模式和困境展开论述,并就可能的社会支持方案和权利救济途径进行探讨。

一、自闭症人士就业的重要性

就业,是自闭症人士接触社会、提升融合程度和社会功能的有效途径,不仅可以作为帮助自闭症人士融入社会的一种康复手段,也有利于开发自闭症人士潜在才能,使其完成个人价值和社会价值的双重实现。加强自闭症人士职业能力培养、构建支持性就业模式意义重大而时间紧迫。

(一)工作权

广义的工作权,既包含公民"有机会凭其自由选择和接受的工作来谋生"[1]的就业权,同时也涵盖各类工作中的权利,如组建工会、享受公正良好的工作条件等[2]。自1966年《经济、社会及文化权利国际公约》正式将工作权固定为一项公民基本经济权利以来,该项权利已被国际人权文件广泛承认。

残障人士作为权利主体对于工作权的平等享有,在被纳入上述国际人权宪章[3]对于人权的一般保护范围的同时,亦在针对残障人士的专门文

---

〔1〕《经济、社会及文化权利国际公约》第六条:"一、本公约缔约各国承认工作权,包括人人应有机会凭其自由选择和接受的工作来谋生的权利,并将采取适当步骤来保障这一权利。二、本公约缔约各国为充分实现这一权利而采取的步骤应包括技术的和职业的指导和训练,以及在保障个人基本政治和经济自由的条件下达到稳定的经济、社会和文化的发展和充分的生产就业的计划、政策和技术。"

〔2〕《经济、社会及文化权利国际公约》第七条:"本公约缔约各国承认人人有权享受公正和良好的工作条件……"第八条:"……(甲)人人有权组织工会和参加他所选择的工会,以促进和保护他的经济和社会利益……"

〔3〕国际人权宪章是一系列以保障人权为目标的国际公约及宣言的总称。根据联合国官网公布的信息,国际人权宪章项下的国际文书包括:《世界人权宣言》、《经济、社会及文化权利国际公约》、《公民权利和政治权利国际公约》、《公民权利和政治权利国际公约任择议定书》及《旨在废除死刑的〈公民权利和政治权利国际公约〉第二任择议定书》,载 http://www.un.org/chinese/hr/issue/a.htm,2019年3月6日最后访问。

书，如联合国《残疾人权利公约》、《残疾人均等机会标准规则》、国际劳工组织（ILO）《歧视（就业及职业））公约》（第111号公约）、《（残疾人）职业康复和就业公约》（第159号公约）中得到明确宣示。目前，国际立法主要从法律赋权和缔约国特殊扶助义务两个角度，建立了对于残障人士工作权的法律保障体系，具体如下：

第一，重申残障人士平等工作权的内涵。《残疾人权利公约》第二十七条明确规定，残疾人具有与他人在平等基础上工作的权利，具体内容包括在公开、包容和便利的劳动市场和工作环境中获得通过自由选择或接受的工作谋生的机会的权利。

第二，确立缔约国消除一切基于残疾的歧视的义务。《残疾人权利公约》第二十七条设立了缔约国“在一切形式就业的一切事项上，包括在征聘、雇用和就业条件、继续就业、职业提升以及安全和健康的工作条件方面”消除基于残疾的歧视的义务。《歧视（就业及职业）公约》第二条也要求各成员国制定并执行一项具体的“消除就业和职业方面的任何歧视”的国家政策。上述条款对于督促缔约国践行平等工作权的法律承诺，起到了重要的约束性作用。

第三，确立缔约国保护残障人士平等享有公平和良好工作条件的义务。《残疾人权利公约》第二十七条第一款第二项中规定，缔约国对于残障人士在与其他人平等的基础上享有的工作条件保障，具体包括：机会均等和同值工作同等报酬的权利，享有安全和健康的工作环境，不受骚扰的权利及申诉的权利。《联合国经济、社会、文化权利委员会关于残疾人的第五号一般性意见》（以下简称《第五号意见》）进一步明确了《经济、社会及文化权利国际公约》第七条“享受公正和良好的工作条件”适用于所有残疾工人，无论其在福利工厂工作还是在公开的劳务市场工作。

第四，确立缔约国保证残障人士获得必要职业训练、进修机会的义务。《残疾人权利公约》第二十七条第一款第四项规定，缔约国应采取包括立法在内的必要措施，使残疾人能够切实参加一般技术和职业指导方案，获得职业介绍服务、职业培训和进修培训。《第五号意见》进一步明确，缔约国提供的职业训练和指导应反映残障人士的需要，不仅保证形式上的无歧视性，同时还应确保相关指导方案的制定在残障人士代表充分参与的情况下进行。

第五，确立缔约国保证残障人士行使工会权的义务。《残疾人权利公约》第二十七条第一款第三项设立了缔约国保障残障人士享有平等工会权的义务。《第五号意见》在肯定残障人士成立自己组织的重要性的同时，进一步提出政府应与此类组织定期沟通，并提供资助和支持。

第六，确立缔约国促进残障人士在各领域内就业发展、自主创业的义务。根据《残疾人权利公约》第二十七条第一款第四项至第九项及第十一项规定，缔约国应通过“适当的政策和措施”，积极促进残障人士在公共部门、私营部门的就业及发展，提升残障人士在上述部门的雇佣比例，制订职业保留和恢复的方案，并为残障人士自主创业创造机遇。

第七，确立缔约国提供“合理便利”、创设无障碍环境的义务。《残疾人权利公约》第二十七条第一款第九项规定，缔约国应确保在工作场所为残疾人提供合理便利。同时，《第五号意见》还注意到无障碍交通方式的存在与否影响着残障人士的行动自由，对于残障人士充分参与包括就业在内的社会生活有重要意义，因此提出建议，希望各缔约国采取适当措施，帮助残障人士能够利用无障碍乃至专门的交通工具。

由此可见，对于残障人士工作权的法律保障已经走向了体系化，残障人士作为平等权利主体的价值也得到立法上的充分肯定。事实上，工作的意义有相当部分在于其可以带来稳定收入，使得个体有机会依靠自主能力来获得生活必需，为独立生活奠定了良好的物质基础。而对于自闭症人士这一特殊群体来说，就业除却可以减缓经济上的压力之外，也构成了自闭症人士生命全程治疗的重要一环。良好的工作机会使得自闭症人士在结束学校教育之后，有机会继续接触真实的社会生活环境，通过交互性社交实践来进一步提升行为能力、情绪控制能力、环境适应能力等。对于自闭症人士工作权的保护和促进,真正打破了自闭症人士先前被隔离于社会之外、自我封闭的状态。而随着自闭症人士社会功能的康复改善,这一群体也逐渐证明其在现代生产生活中的价值,其尊严和自主性也更为社会所接纳和承认。

(二)自闭症人士的数量众多

截至目前,我国尚未针对自闭症人士就业情况展开国家层面的专门调研,各地对自闭症人士的统计和分析也缺乏权威数据。根据在第一章第一节对自闭症的介绍部分提到的自闭症发生率为1% ~2%,同时根据国家统计局于2016年年末发布的数据,[1]中国大陆15周岁以上至65周岁以下(不含65周岁)的劳动年龄人口100,246万人,以此推算全国范围内达到劳动年龄的自闭症人士人数为1000万~2000万人。

自闭症群体规模的扩大,冲击了传统医疗模式下对这一群体的救助形式。医疗模式关注自闭症人士本身缺陷的修正和慈善性的安置问题,对于自闭症人士的社会支持主要集中于康复补贴的发放和福利保障政策,鲜少关注自闭症人士的独立能力和社会参与需求。然而,单纯的供给性救助,事实上无益于自闭症人士权益的根本保障。仅就自闭症人士终身治疗和生活的经济成本而言,有调查显示,自闭症人士的终身开销将达952万元至1632万元。[2]这笔开支若完全依靠政府的专门补贴、低保政策及家长自身的收入而否定了自闭症人士自身从事有偿工作可能性,将给家庭和社会福利体系带来巨大的经济压力,无法支持自闭症人士生命全程的康复和生活需求。此外,相关研究也显示,自闭症人士本身在视觉加工、机械记忆的特殊优势,可以胜任部分的工作。[3]从这个意义上来说,若秉持固有偏见,将自闭症

---

〔1〕《国家数据:人口年龄结构和抚养比》,载 http://data.stats.gov.cn/easyquery.htm? cn = C01,2018年12月9日最后访问。

〔2〕朱香:《"自闭症"需要社会的守望》,载 http://www.sohu.com/a/55915931_162758,2019年3月7日最后访问。

〔3〕Chapel, S., & Somers, B. Employing persons with autism spectrum disorders: A collaborative effort. *Journal of Vocational Rehabilitation*, 2010, 32(2): 117-122.

人士视为社会的负担,排斥于社会主流经济活动之外,不仅在法理上缺乏正当性,同时,也是对相当数量社会有价值劳动力的浪费。自闭症人士救助模式从脱贫到支持独立自主的转向愈加呈现了其迫切性。

此外,自闭症人士的数量增长很大程度上与自闭症谱系障碍的边界和标准本身相对开放有关。自闭症事实上是一种广泛性的神经发育障碍,症状严重程度的不同决定了自闭症人士所适合的工作岗位和所需的教育内容、社会支持模式的个性化和多样性。

而根据上海市人力资源和社会保障局提供的《关于加强对本市自闭症者就业帮扶有关情况的报告》,目前自闭症人士融入社会的支持途径,大致分为三类。一是由家庭照料养护或在学校随班就读;二是经过评残后,进入公办残障人士养护机构接受日间照料、康复训练、简单劳动等服务;三是在本市各类自闭症社会服务机构接受照料、康复、培训等服务。这三类渠道基本关注和解决了自闭症人士的康复和生活问题。而事实上,在此期间他们能力的发展和健全深刻影响着此后自闭症人士能否形成劳动能力并实现就业。

因此,自闭症人士的康复和教育过程不应与就业割裂,应在康复和教育体系中纳入以职业为导向的多元技能训练和工作态度培养内容,帮助自闭人士能够顺利实现就业转衔,逐步实现自立。

(三)就业是康复的一部分

自闭症人士在接受教育阶段缺少和普通人一同接受教育的机会,大多数自闭症人士在特殊学校完成九年义务教育,缺少与普通人的交流,与社会存在隔离感。而在结束义务教育之后,自闭症人士多数进入托养机构或者在家里接受父母照料,在极为有限的职业培训下,未能有效激发和训练自闭症人士的潜在能力。长期缺乏与社会的接触和训练,既不利于自闭症人士的康复,也不利于自闭症人士家庭的可持续生活。

然而,自闭症人士就业面临的巨大的困难也是,存在很多障碍。比如,自闭症人士生活自理能力和人际沟通能力差、情绪易波动较难控制;此外,为了保障自闭症人士的安全和健康，自闭症人士在就业过程中也要考虑能否满足一些特殊条件，如自身状况要符合就业基本要求，包括基本生活自理能力、乘坐公交出行能力、基本表达和社交能力等；要有愿意接纳自闭症人士的用人单位，提供对自闭症人士较为宽容、关爱的工作环境；要做好充分的就业准备，包括职业选择、职业素质教育、技能培训等服务以及持续的职业指导跟踪服务。

目前，愿意接受自闭症人士的用人单位极为有限，大龄自闭症人士社会劳动就业基本空白，大多数自闭症人士只能被“关”在家中。社会对待自闭症人士的整体认知和认可度仍然处于较低水平。因此，改善自闭症人士的生存状况，需要政府和社会层面提供超越慈善、福利层面的支持和包容，鼓励更多的企业和商家能够接纳自闭症人士就业，让更多自闭症人士走出自闭的阴影，也有利于减少公共安全隐患，让整个社会更加和谐稳定。

（四）减轻家庭负担

如前所述，减轻自闭症人士家庭所面临的供养负担是自闭症人士实现就业的一个重要原因。在本次接受调查的296名自闭症人士中，约35%的家庭年收入在36万元人民币以下，约29.6%的家庭年收入在36万元人民币与60万人民币之间，而在全部受访家庭中，仅有25%的家庭为自闭症人士申请了最低生活保障。可见，鼓励自闭症人士就业，不仅符合自闭症人士康复需求，同时也能在一定程度上减缓自闭症人士家庭的经济负担和心理负担。

然而，由于我国目前在政策上尚未对自闭症人士的职业培训和就业服务形成系统性的支持，加之社会整体的偏见认知，自闭症人士家长普遍对孩子今后就业和社会融入情况态度谨慎悲观。

根据《中国孤独症家庭需求蓝皮书》披露的数据显示，55.5%的家长对自闭症人士未来能否实现一定程度的就业缺乏信心；73.7%的家长认为自闭症人士的就业会受到歧视；69.3%的家长认为大龄自闭症人士的就业培训没有得到应有的重视。在本次“自闭症人士监护人员的法律意识与法律需求调查”中，我们采访了两位自闭症人士的父母，进一步了解达到劳动年龄的自闭症人士及其家庭的就业现状和需求。访谈结果显示，尽管他们的子女都接受过义务教育和康复培训，但今后是否可以实现就业、融入社会的问题仍让他们感到担忧。

［**案例一**］欣欣2018年25岁。1999年，6岁的欣欣于上海市精神卫生中心确诊为自闭症。欣欣在启智学校完成九年义务教育后，先后在阳光之家和慧灵托养中心进行托养，暂时没有就业。对此，欣欣妈妈在接受调查时表示，欣欣在动手能力方面比较差，基本没有做手工的能力，必须在老师的辅助下才能完成。能力的欠缺使欣欣无法满足就业的客观条件，而主观上，家长也表示孩子对工作没有兴趣，对钱也没有概念，只对吃和玩感兴趣。对于今后欣欣的生活如何安排，欣欣妈妈表示目前还没有完整的想法，对欣欣的未来充满担忧。

［**案例二**］壮壮2018年19岁。壮壮1岁过后出现了自闭症的相关症状，并在3岁时确诊为自闭症。在壮壮小时候，家庭每个月2000多元的收入中有一半多要用于孩子的康复治疗。完成九年义务教育后，壮壮没有参加工作，也没有送去托养机构继续托养。对于自闭症人士的就业渠道，家长表示知道可以通过社会机构在图书馆和超市找到工作，但目前孩子没有就业。如果可能，希望可以让孩子带一些手工作业回家做，家长也可以进行一定的辅助。

从上述两个案例中不难看出，自闭症人士的父母对于子女的就业，具有康复治疗和自立生活的双重期待。做好自闭症人士的就业问题，在实现自闭症人士自我价值的同时，既可以节省社会福利资源，又可以创造更多的社会价值，最终实现社会福利价值的优化。

二、自闭症人士就业途径

目前，在各地解决自闭症人士就业的实践过程中，自闭症人士表现出以下就业特质：工作积极性高、做事勤快、责任心强；具有高于常人的记忆力、逻辑推理能力和图案识别能力，而且对枯燥单调的工作不会厌烦。这些特质往往符合某些特定岗位的要求，如图书管理、乐器演奏、超市理货、数据输入、实验室工作及文字校对等。[1] 但与普通就业者不同的是，自闭症人士不能完全通过市场竞争实现就业，而是需要考虑到他们的特殊情况予以特别帮助。

在《以社区为基础的康复指南》中的“谋生篇”[2]里，将有薪就业分为三种形式：主流就业、支持性就业、庇护性就业。

（一）主流就业

主流就业（竞争性就业），即与普通劳动者相同的正规就业方式。残障人士有权利参与主流、竞争性的劳动力市场，具有和其他工人相同的福利和工资。就业机会存在于政府部门、非政府部门和私营部门，包括跨国公司、正规和非正规经济中的企业等。

据了解，自闭症人士中能够实现竞争性就业的只占极小比例，适合认知和行为能力接近正常、有一定人际沟通能力的轻度自闭症者人士。在此种就业模式下，自闭症人士将走入公开的劳务市场与其他群体共同竞争，这一过程中，雇主存在的刻板印象和隐性歧视可能会将自闭症群体置于不公平的劣势之中。就此，国家通过立法和制度设计为自闭症等残障人士群体提供特殊的保护，以确保就业实质性平等的实现，主要途径包括：

1. 按比例就业制度

按比例就业制度，即国家通过立法规定每位雇主应按照一定比例雇用包括自闭症人士在内的残障群体，并为其提供与其他雇员同等的待遇。我国在《残疾人保障法》和《残疾人就业条例》中确立了这一制度，在残障职工占比不得低于职工总数 1.5% 的全国性硬性指标之外，法律法规再授权各省、自治区、直辖市人民政府根据地方具体情况规定比例。这一制度对于实

[1] 上海市人力资源和社会保障局：《关于加强对本市自闭症者就业帮扶有关情况的报告》，2018 年 7 月，第 4 页。

[2] 世界卫生组织、联合国教科文组织、国际劳工组织、国际残疾和发展联盟编著：《以社区为基础的康复指南——谋生篇》（内部资料），第 27 页。

现就业的实质性公平有深远意义，但亦有批评者质疑这一制度的现实执行力。

2. 就业优先制度

就业优先制度，即在残障人与身体健全人士处于同等条件，均能满足岗位工作要求的前提下，优先录取残障人士，一般在公立机构实行。目前我国法律法规中尚未规定这一制度。

3. 专产专营制度

专产专营制度，即国家出于保障残障人士稳定就业的目的，规定某些产品的生产或者服务的提供只能交由残障人士或者残障人士集中的单位来承担。我国《残疾人保障法》第三十六条中有关残障人士福利单位的内容与这一制度理念趋同，但并未表现出绝对的专有性和排他性。现实中，域内外对于专产专营的领域均有严格限制，实际应用范围有限。

4. 福利单位优先生产制度

福利单位优先生产制度，即由地方人民政府及有关部门确定合适残障人士生产、经营的项目，优先安排集中残障人士福利性单位或集中雇用残障人士的用人单位生产或经营。这一制度规定于《残疾人保障法》第三十六条之中，对于保障残障人士稳定就业有很强的现实意义。

5. 残障人士福利性单位优先采购制度

残障人士福利性单位优先采购制度，即规定政府采购应按照合理价格、一定金额、优先采购残障人士福利性单位的产品或服务。《残疾人保障法》第三十六条为这一制度提供了法律依据，各地也有相关的扶持政策，如上海市财政局《关于落实政府采购优先购买福利企业产品和服务的通知》（沪财库〔2009〕19 号）等。

（二）支持性就业

支持性就业，指在正常工作环境下、在专业人员的支持和帮助下实现正规就业。残障人士有些可能需要持续的支持，以便能够参加主流就业工作。有两种主要的支持性就业的类型：

(1)个别安置的支持,其中一个是为自闭症人士提供在职培训,以及为需要有效率完成工作的自闭症人士提供帮助。

(2)工作人员组:一组自闭症人士共同劳动,在主流工作环境或作为流动工作人员在社区提供承包性服务,比如办公室清洁、园艺、户外维修和汽车清洁。

支持性就业需要用人单位能够为自闭症人士提供力所能及的就业岗位,并安排专人予以帮助,其目的是让自闭症人士通过工作融入社会,并获得一定经济收入,保障基本生活。

【典型案例一】:广州自闭症人士在星巴克咖啡厅工作〔1〕

19岁的邓俊贤在广州星巴克从事服务员工作。俊贤3岁时确诊为自闭症,7岁开始在特殊学校就读。完成义务教育后,俊贤进入广州康复实验学校就读西点班。经过3年的学习,俊贤在2016年考取了广州市人力资源和社会保障局统一鉴定的"职业高中毕业证书"和广州市职业技能鉴定指导中心颁发的"西点面点师资格证"。随后,俊贤通过了职业资格评估并取得享受支持性就业服务的资格,他签约的服务机构是广州利康服务中心。在职高毕业前的一场残障人士专场招聘会上,俊贤经过两轮面试后有幸成为星巴克咖啡3个预备员工之一。俊贤的日常工作任务是负责门店的清洁工作,具体是扫地、拖地、收拾餐具、清洗、消毒等,还有负责仓库到前台之间的物料输送,每周上5天班,每天工作8个小时,和其他员工同工同酬。

【典型案例二】:上海自闭症人士成为图书管理员〔2〕

顾荐栋在6岁时被确诊为自闭症。2012年9月,在解放日报和上海图书馆的共同推动下,他来到上海图书馆读者服务中心做志愿者工作。2013年9月,时年21岁的他与上海图书馆的服务外包公司正式签约,成为图书

〔1〕 大米和小米:《广州,我19岁的自闭症儿子在星巴克工作》,载 http://www.gzdpf.org.cn/Article/news3/17210.html,2018年12月9日最后访问。

〔2〕 周楠:《四年过去了,他仍是上海唯一一个自闭症就业者》,载 http://news.ifeng.com/a/20170402/50881108_0.shtml,2018年12月9日最后访问。

管理员,成为上海第一个实现就业的自闭症人士。周围的同事会更多地包容他情绪的不稳定,接受他的与众不同,对他多一份照顾,在工作中帮助他记录下读者的问题并给他示范。在周围同事的帮助下,顾荐栋在上海图书馆努力着,朝着融入社会的目标走下去。

(三)庇护性就业

庇护性就业,又称辅助性就业。如果自闭症人士在提供支持和不提供支持的条件下都无法获得或维持在竞争的、公开性的就业市场上获得的工作机会,这些残障人士就有可能要在特殊且常态化的保护条件下就业,庇护工场是庇护性就业的主流模式之一。这些工场通常只聘用残障人士。工作和条件可能与主流工作场所有所不同。一些庇护工场和支持性就业会提供以社区为基础的主流工作,或采取商业模式和社会企业的模式运营。在提供薪资福利的同时,部分庇护工场也兼有职业训练和过渡的功能。

现在我国实践中的庇护性就业主要以简单劳动、技能培训、职业体验等为主,目的是帮助自闭症者在康复训练的同时提高个人独立生活和融入社会的能力,这是当前自闭症者实现就业的主要方式。

【典型案例】:"爱·咖啡"成为上海首个自闭症人士实践基地[1]

"爱·咖啡"是曹鹏音乐中心成立的自闭症社会实践基地,为自闭症人士提供康复训练、技能培训、职场体验和社会就业平台。"爱·咖啡"开业初期,咖啡店里有8名自闭症少年担任咖啡师,为前来品尝咖啡的顾客们调制各种咖啡。而顾客们在品尝咖啡之余,也会和店员们互动,帮助他们培养应变能力。事实上,这些顾客都是受过培训的志愿者,他们的志愿活动就是帮助自闭症人士们锻炼社交能力。"爱·咖啡"的创始人曹小夏表示,这间咖啡屋是为给自闭症人士模拟一个社会,让各种各样的人跟自闭症人士交流,以此训练自闭症人士的沟通能力。

---

〔1〕《爱咖啡"不孤独"咖啡屋——创始人公益人士曹小夏》,载 http://www.dushi.cx/a/kuaibao/16808.html,2018 年 12 月 9 日最后访问。

在自闭症人士就业工作上,上海市开创了诸多先河,为自闭症人士就业提供了开放、支持的社会环境。目前,上海市提供自闭症者服务的社会组织共约40家,其中“爱·咖啡”在全国范围引起了关注。作为自闭症人士的实践基地,“爱·咖啡”和普通营业性咖啡馆不同,这里的咖啡都是没有价格的,来喝咖啡的“顾客”也是志愿者,主要帮助15~20周岁的自闭症人士学习如何与普通人交流、如何进行点单服务,逐步融入社会。对于来店点咖啡的顾客而言,虽然不需要支付任何费用,但为了帮助自闭症人士更好地融入社会,顾客需要坐下来与他们进行简单的交流。对此,“爱·咖啡”也对顾客提出了要求:必须有耐心、会倾听、能沟通,帮助指出并纠正自闭症人士一些常识错误,这样才能让这些自闭症人士在实践中进步。

起初,“爱·咖啡”创始人曹小夏为了让自闭症孩子们学习一技之长,找遍了上海的职业教育学校,最终和旅游商贸学校达成合作意向,由旅游商贸学校每周拿出半天时间专门面向自闭症孩子们开展职业教育。自闭症人士的行为特征就是高度集中和重复性,因此学习制作咖啡对他们而言再适合不过了。然而,“爱·咖啡”在运营一段时间后,因为场地问题不得不暂停运营。在寻找新场地的过程中,曹小夏坦言适合自闭症人士的场地需要考虑很多因素,希望能在交通方便的商圈让自闭症人士真的有机会面对社会,此外又希望场所相对独立,让自闭症人士有开阔独立的空间,营造舒适的环境。

值得庆幸的是,时隔半个月“爱·咖啡”在上海市青少年活动中心一楼重启。目前,“爱·咖啡”有497名自闭症人士登记在册,绝大多数为青少年,家长都希望孩子可以在这里锻炼职业能力。但作为民间机构,目前“爱·咖啡”存在的问题一是缺乏管理经验,二是当前虽然有基金会等社会组织给予经费补助,但无长期的经费保障来运作管理。[1]

---

〔1〕 上海市人力资源和社会保障局:《关于加强对本市自闭症者就业帮扶有关情况的报告》,2018年7月,第10页。

无独有偶,各地都出现了帮助自闭症人士的类似案例。杭州智慧树咖啡馆,南京爱德面包坊,广州慧灵麦子烘焙坊,成都佑爱烘焙坊等都致力于帮助自闭症人士接触社会并提供就业机会。目前各地提供的就业基地基本以烘焙、咖啡为主,规模较小,本质上还是公益行为。如何促使此类项目长远、健康发展,让自闭症人士有更多机会接触社会,这条道路还很漫长。

三、自闭症人士就业的困境

尽管1990年出台的《残疾人保障法》早已规定各级政府为残障人士创造劳动就业条件,并规定"在职工的招用、聘用、转正、晋级、职称评定、劳动报酬、生活福利、劳动保险等方面,不得歧视残疾人"。但时至今日,残障人士面对的就业环境仍旧极不友好。部分用人单位对残障人士存在偏见,认为残障人士不仅无法胜任工作,还有可能给公司和其他同事造成负担。《残疾人保障法》进一步规定,违反本法规定,在职工的招用等方面歧视残障人士的,由有关主管部门责令改正;残障人士劳动者可以依法向人民法院提起诉讼。

(一)自闭症人士无合适的工作岗位

自闭症人士就业的最大困境在于合适工作岗位的获得。根据《中国孤独症家庭需求蓝皮书》的调查显示,我国目前成年自闭症人士就业率不到10%,义务教育阶段之后有相当部分自闭症人士不得不重新回到隔离社会的状态。就整个残障人群而言,即使在成功就业的群体中,多数从事的也为边缘性行业;对于自闭症人士而言,形势则更为严峻,真正适合自闭症人士发挥其精细化、重复程序特长的岗位占少数。

事实上,打破自闭症人士就业的行业壁垒在国际上已有成功的先例。如英国知名人力资源咨询公司韬睿惠悦(Towers Watson),于2015年尝试招聘了18名自闭症人士帮助完成了一项薪酬调查数据的复核工作。英国自闭症协会就业培训团队的相关人员也表示,大量公司在招聘人手时会主动联系协会。可见,自闭症人士在经过训练之后,有从事社会经济活动,甚至参与开放性就业竞争的能力，相比其身体条件的客观局限，自闭症人士工作岗位缺乏的障碍更多来源于社会的结构性偏见和长效职业保障体系的缺位，这有待于进一步完善。

（二）自闭症人士遭受就业歧视

当自闭症人士参与竞争型就业，意图进入社会主流行业时，往往会遭到不同程度的就业歧视。许多雇主认为，自闭症人士对于社会线索[1]的忽略，使其不具有参与正常工作的能力，即使找到工作，在处理普通职场人际关系等方面，自闭症人士也存在被边缘化的倾向。

域外对于该种就业歧视，除了国家层面的立法和政策之外，许多专门针对自闭症人士的职业介绍中介也起到了重要作用。如丹麦的社会企业Specialistern，该机构与用人单位签订伙伴协议，根据雇主的要求有针对性地为自闭症人士提供融入职场的技能和社交培训，培训合格后将其输送至企业中的工作岗位。[2]

这种模式相较单纯的政策性倡导更为直观，当用人单位有机会实质性接触自闭症雇员时，其本身的工作表现就是对抗固有歧视最有力的手段。因此，在立法和政策的强制性保护之外，社会力量对于歧视认知的矫正作用同样不可忽视。

（三）同工不同酬

《残疾人保障法》中明确规定，在职工的招用、聘用、转正、晋级、职称评定、劳动报酬、生活福利、劳动保险等方面，不得歧视残障人士。同时，《劳动法》也同样规定，工资分配应当遵循按劳分配原则，实行同工同酬。残障人士参加工作的应当视为和普通劳动者一样，享受同工同酬待遇。

但实践中，很多残障人士受到不公平的待遇，未能同工同酬。而具体到

---

〔1〕 社会线索（social cues）是指主体之外他人行为所传递的信息，包括注视线索、身体指向信息、人脸表情等，该线索对社会交互活动有重要影响。

〔2〕 《专访丹麦明星社企：自闭症人群像是蒲公英》，载 https://www.bottledream.com/articles/9359，2019 年 3 月 8 日最后访问。

自闭症群体，由于这一群体在获得就业机会上尚存障碍，家长更多的还是将就业视为一种康复训练的手段，对于孩子的具体薪酬待遇，并没有很高期待。而随着自闭症人士职业技能训练的普及，用人单位雇用自闭症人士的比例上升，薪水的公平问题将得到更多关注。

（四）在工作中遭受虐待

《残疾人保障法》明确规定，禁止虐待和遗弃残障人士。但在现实生活中，用人单位利用残障人士的身体、智力或精神缺陷对残障人士拳脚相加、言语侮辱的案例屡见不鲜。目前，虽未有工作场所虐待自闭症人士的可查案例，但已有媒体报道了康复机构虐待自闭症儿童的案例。而由于自闭症人士本身存在不同程度的社交障碍，受害人报告伤害的滞后和法律程序中对于“弱势证人”作证能力和证言证明力的严格审查，或将为其维权增添障碍。如何建立预防虐待发生及虐待发生后的及时救济联动机制，尚待实践的进一步探索。

第二节　自闭症人士的就业权益保障

本节导读

自闭症人士的就业权益受到国际公约、《宪法》、《残疾人保障法》、《残疾人就业条例》、其他部门法中相关条款及中央、地方政府各项政策的承认与保护。针对上述立法与政策层面的承诺，政府亦逐步建立了配套的制度予以落实。然而，即使是在一个理想化的支持机制之下，作为劳动者的自闭症人士也无法完全规避发生权益纠纷的风险，家长及监护人不仅期待赋权与保障层面的进步，同时也迫切关注侵害发生后是否存在及时有效的救济途径。

本节将对有关自闭症人士就业的法律法规及扶持政策进行系统梳理，解读支持性就业与庇护性就业这两类主流的社会支持体系的运行机制，并结合部分地区的实践经验对相关制度未来的完善和发展提出建议。同时，本书也将就自闭症人士常见的权益风险，整理相应的维权路径以供参考。

一、自闭症人士就业保障相关的法律政策

（一）国际公约

工作权属于残障人士的重要权利之一，因此在各个重要的国际公约中都强调“工作权”。

1.《残疾人权利公约》

《残疾人权利公约》中明确规定，残障人士享有与其他人平等的工作权，包括有机会在开放、具有包容性和对残障人士不构成障碍的劳动力市场和工作环境中，为谋生自由选择或接受工作的权利。

2.《残疾人行动纲领》〔1〕

《残疾人行动纲领》第一章第二十三条提出，任何单位都应吸收残疾人。这包括各级公共机构、非政府组织、公司。第二十六条强调社会应充分调动残疾人的才能投入社会变革，而不是提前给他们退休金或资助。《残疾人行动纲领》第二章对目前世界范围内各国政府“制订了各种方案并采取了各种措施为残疾人创造工作机会”，但残障人士仍然在就业中遇到重重困难的现状进行介绍之后，第三章进一步提出改善这一就业困境的具体意见，包括制定政策并设立各项服务的支助性机构、通过各种措施如给予奖励的保障名额办法、给残障人士小型企业和合作企业提供贷款或赠款扶持等来扶持残障人士参加劳动等。

3.《残疾人机会均等标准规则》〔2〕

《残疾人机会均等标准规则》的规则七要求各缔约国确认残障人士须能在就业领域享有人权的原则，“无论是在农村或在城市，他们必须在劳力市场上享有从事生产型有偿就业的同等机会”。同时，《残疾人机会均等标

〔1〕《残疾人行动纲领》，载 http://www.cdpf.org.cn/zcwj1/gjwx/200711/t20071130_25339.shtml，2019 年 5 月 15 日最后访问。

〔2〕《残疾人机会均等标准规则》，载 https://www.un.org/zh/documents/treaty/files/A-RES-48-196.shtml，2019 年 5 月 15 日最后访问。

准规则》对于各缔约国保障残障人士平等就业权的义务内容也作了具体规定,强调各缔约国:在就业领域的立法上不应对残疾人歧视或设置障碍;在促进残疾人参加公开就业方面应积极采取各种措施如职业培训、奖励性的定额办法、预留名额或分配就业等;在具体行动方案上应包括妥善设计和改造工作场所和楼房、支持使用新技术、研制和生产扶助器材、工具和设备、提供适当的培训、安置和不间断的支助等内容;在矫正社会偏见上应发起和支持旨在提高群众认识的宣传活动;在残疾人公共部门就业问题上,各国作为雇主应创造有利条件。

(二)法律法规

针对残障人士的就业问题,我国目前已形成以《宪法》为根本,以《残疾人保障法》和其他部门法中相关条款为主体,辅以行政法规、部门规章和地方性法规的多层级法律保障体系。立法层面不仅再次确认残障人士享有与一般人平等的工作权利,同时还设立了政府履行这一法律承诺的具体义务。

1.《宪法》

《宪法》规定,国家和社会保障残废军人的生活,抚恤烈士家属,优待军人家属。国家和社会帮助安排盲、聋、哑和其他有残疾的公民的劳动、生活和教育。

2.《残疾人保障法》

《残疾人保障法》是我国残障人士权益保障的一部专门法。《残疾人保障法》明确残疾人在政治、经济、文化、社会和家庭生活等方面享有同其他公民平等的权利,包括残疾人劳动权利。政府层面,国家机关、社会团体、企事业单位及民办非企业单位应按照比例安排残疾人就业;各级人民政府和基层组织应当组织和扶持农村残疾人从事生产劳动。国家对安排残疾人就业的单位给予税收优惠及扶持。此外,国家鼓励和扶持残疾人自主创业,如免除行政事业性收费,优先采购残疾人福利性单位的产品或服务,优先核发营业执照等。

为了切实落实残障人士择业和就业保障,《残疾人保障法》明确政府有关部门设立的公共就业服务机构,应当为残疾人免费提供就业服务。残疾人联合会举办的残疾人就业服务机构,应当组织开展免费的职业指导、职业介绍和职业培训,为残疾人就业和用人单位招用残疾人提供服务和帮助。

社会保障方面,《残疾人保障法》规定残疾人及其所在单位应当按照国家有关规定参加社会保险。在招工及用工方面,各用工单位不得在职工的招用、转正、晋级、职称评定、劳动报酬、生活福利、休息休假、社会保险等方面歧视残障人士,应当根据残障职工的特点,提供适当的劳动条件和劳动保护,并根据实际需要对劳动场所、劳动设备和生活设施进行改造。

3.《残疾人就业条例》

2007 年 2 月 25 日,国务院发布了《残疾人就业条例》,专门针对残障人士的就业促进作了规定。

《残疾人就业条例》确认国家实行集中就业与分散就业相结合的方针促进残障人士就业。《残疾人就业条例》以就业保护和就业促进为宗旨,对保护和促进残障人士就业的形式、内容、政府职责、社会义务、组织实施、保障措施和应当遵循的原则等作出明确规定,以消除或减轻残疾障碍对残障人士平等就业权利实现的影响,促进残障人士与其他人群一道成为经济社会发展的重要力量。

根据《残疾人就业条例》,我国促进残障人士就业采取按比例就业方式,要求用人单位为残障人士就业提供相应比例的岗位,对残障人士参与劳动力市场竞争提供保护性措施,扩大残障人士就业机会。国家鼓励扶持残障人士自主择业、自主创业。对残障人士从事个体经营的,应当依法给予税收优惠,有关部门应当在经营场地等方面给予照顾,并按照规定免收管理类、登记类和证照类的行政事业性收费。

(三)国家政策

1.《中共中央、国务院关于促进残疾人事业发展的意见》(2008 年 3 月 28 日)

2008 年 3 月 28 日,中共中央及国务院下发《中共中央、国务院关于促进残疾人事业发展的意见》,其中提出“增强促进残疾人事业发展的责任感和使命感”“加强残疾人医疗康复和残疾预防工作”“保障残疾人基本生活”“促进残疾人全面发展”“改善对残疾人的服务”“优化残疾人事业发展的社会环境”“加强对残疾人工作的领导”。

该意见中的第四点“促进残疾人全面发展”明确列明了“促进残疾人就业”。“认真贯彻促进残疾人就业的法律法规和政策措施,保障残疾人平等就业的机会和权利。依法推进按比例安排残疾人就业,鼓励和扶持兴办福利企业、盲人按摩机构、工(农)疗机构、辅助性工场等残疾人集中就业单位,积极扶持残疾人自主择业、自主创业。多形式开发适合残疾人就业的公益性岗位。党政机关、事业单位及国有企业要带头安置残疾人。完善资金扶持、税费减免、贷款贴息、社会保险补贴、岗位补贴、专产专营等残疾人就业保护政策措施。同等条件下,政府优先采购残疾人集中就业单位的产品和服务。将难以实现就业的残疾人列入就业困难人员范围,提供就业援助。加强残疾人职业培训和就业服务,增强残疾人就业和创业能力。切实将国家关于农村扶贫开发政策措施和支农惠农政策落实到农村贫困残疾人家庭,制定和完善针对残疾人特点的扶贫政策措施。扶持农村残疾人从事种养业、手工业和多种经营,有序组织农村残疾人转移就业,促进残疾人增加收入。”

2.《国务院关于加快推进残疾人小康进程的意见》(国发〔2015〕7 号)

2015 年 1 月 20 日,国务院印发《国务院关于加快推进残疾人小康进程的意见》(国发〔2015〕7 号)(以下简称国发 7 号文)。国发 7 号文提出,到 2020 年,残障人士权益保障制度基本健全、基本公共服务体系更加完善,残障人士事业与经济社会协调发展;残障人士社会保障和基本公共服务水平明显提高,帮助残障人士共享我国经济社会发展成果。就残障人士就业方面,国发 7 号文要求千方百计促进残障人士及其家庭就业增收。第一,依法推进按比例就业和稳定发展集中就业,鼓励用人单位吸纳更多残疾人就业;第二,大力支持残疾人多种形式就业增收,建立残疾人创业孵化机制并予以政策优惠;

第三，加大农村残疾人扶贫开发力度，把农村贫困残疾人作为重点扶持对象；第四，切实加强残疾人就业服务和劳动保障监察，提供就业援助。

3.《关于实施〈残疾人职业技能提升计划(2016－2020年)〉的通知》

2016年5月17日，人力资源社会保障部办公厅和中国残联办公厅联合下发《关于实施〈残疾人职业技能提升计划(2016－2020年)〉的通知》，旨在进一步提高残障人士职业技能水平和就业创业能力，保障和改善残障人士民生。计划提出，力争使新进入人力资源市场的残疾人都有机会接受至少一次相应的就业技能培训及见习；使企业技能岗位的残疾人都有机会得到一次以上岗位技能提升培训或高技能人才培训；使具备一定创业条件或已创业的残疾人都有机会接受创业培训。

4.《"十三五"残疾人纲要》

2016年8月3日，国务院印发《"十三五"残疾人纲要》。《"十三五"残疾人纲要》指出，"十三五"时期，必须补上残疾人事业的短板，加快推进残疾人小康进程，尽快缩小残疾人状况与社会平均水平的差距，让残疾人和全国人民共同迈入全面小康社会。在2015年国发7号文的基础上，《"十三五"残疾人纲要》进一步明确了残障人士就业的方向，表达了对残障人士就业的支持，并提出了加强残障人士劳动权益保护，为有意愿就业和有相应能力的残障人士普遍提供就业技能培训和就业补助。此外，《"十三五"残疾人纲要》列举了8项残障人士就业增收重点项目，如残疾人职业技能提升计划、农村残疾人"阳光扶贫基地"和实用技术培训项目、党政机关按比例安排残疾人就业推进项目、残疾人创业孵化示范基地和文化创意产业基地建设项目、残疾人辅助性就业示范机构建设项目、支持性就业推广项目及低收入残疾人就业补助项目。

5.《关于扶持残疾人自主就业创业的意见》(残联发〔2018〕6号)

2018年1月，中国残联与国家发展改革委、民政部、财政部、人力资源社会保障部、住房和城乡建设部等十五部门联合出台《关于扶持残疾人自主就业创业的意见》(残联发〔2018〕6号)，为残障人士灵活就业及自主创业提供合理便利及优先照顾，落实税收政策和收费减免，提供金融扶持和资金补贴等各项制度安排，并要求各省、自治区、直辖市及计划单列市残联和有关单位应依据本意见，制定本地区残障人士自主就业创业的办法和具体规定。

6.《教育部等四部门关于加快发展残疾人职业教育的若干意见》（教职成〔2018〕5 号）

2018 年 4 月 23 日，教育部、国家发展改革委、财政部及中国残联共同下发《教育部等四部门关于加快发展残疾人职业教育的若干意见》（教职成〔2018〕5 号）（以下简称《关于加快发展残疾人职业教育的若干意见》）。《关于加快发展残疾人职业教育的若干意见》指出，加快发展残疾人职业教育，有利于更好满足残疾人受教育的权利，提升残疾人受教育的水平，促进教育公平，推进基本实现教育现代化；有利于帮助残障人士提高就业创业能力，促进残障人士就业和全面发展，更好融入社会，平等享有人生出彩的机会；有利于帮助贫困残障人士脱贫增收，阻断贫困代际传递，加快残疾人小康进程，确保全面小康路上不让一个人掉队。《关于加快发展残疾人职业教育的若干意见》要求以中等职业教育为重点不断扩大残障人士接受职业教育的机会，让完成义务教育且有意愿的残障人士都能接受适合的中等职业教育。各地要加大对残障人士职业教育的投入，在落实职业院校生均拨款制度的同时，适当提高接受职业教育残障学生的生均拨款水平。同时，提高残障人士职业教育的质量，为残障人士提供更多个性化教育、适合的教育。各职业院校、各残障人士就业服务机构要结合残障学生特点和需求提供就业创业指导，提高残障学生的就业创业能力，开展“一对一”服务，做到不就业不脱钩。最后，要求教育部门要将残障人士职业教育纳入职业教育发展的总体规划，明确目标和责任，统筹安排实施。财政部门要加大残障人士职业教育的投入，改善残障人士职业院校办学条件。残联组织要建设好现有独立设置的残障人士职业院校，继续做好残障学生的康复训练、辅具适配以及就业指导服务等工作。其他部门积极参与、大力支持，为残障人士职业教育事业提供便利和帮助。

(四)地方政策

1. 残障人士职业技能提升计划实施方案

为响应国家针对残障人士职业技能提升计划,河北省、广东省、天津市、上海市、湖北省、黑龙江省、河南省、新疆维吾尔自治区等地已经印发当地《残疾人职业技能提升计划实施方案(2016-2020年)的通知》。

其中,广东省要求全省残障人士培训率提升到20%,其中珠三角地区培训率达到30%以上;精神、智力和视力三类残障人士接受培训机会明显增加。河北省明确鼓励引导有就业愿望和稳定就业需求的残障人士接受适合的职业培训,掌握就业技能,提升技能等级。根据不同类别残疾劳动者分类组织实施各具特色的职业培训,对有就业愿望的残障人士大力开展就业技能培训,对有稳定就业需求的残障人士开展岗位技能提升培训,对有创业条件和创业愿望的残障人士进行创业培训。

上海市则提出依托各级人力资源社会保障部门和残联,建立全面覆盖残障人士对象、培训项目灵活多样、扶持措施健全的残障人士技能培训工作机制。每年开展残障人士职业技能培训1000人次,其中80%通过培训获得国家职业资格、专项能力证书或培训合格证书;到2020年,力争使有培训需求的残障人士都有机会接受一次相应的就业或岗位技能提升培训。

河南省着重建立覆盖对象广泛、培训形式多样、管理运作规范、保障措施完善的残障人士职业培训工作长效机制,使有劳动能力,有就业培训需求的各类残障人士普遍获得技能培训,掌握就业技能,提升技能等级,提高残障人士的就业率。2016~2020年,全省完成各类职业技能提升培训5万人。

2. 高校残障人士毕业生优惠政策[1]

据统计,北京、上海、广东、浙江、黑龙江、湖北等地均针对高校残障人士

---

〔1〕 本部分内容参考中国残疾人就业创业网络服务平台整理的地方政策,载https://www.cdpee.org.cn/common/lawinfo_main_list.htm,2018年12月9日最后访问。

毕业生出台了不同程度的就业、创业优惠政策。

上海在本市范围内，针对安排本市户籍，毕业未满5年的中高等院校残障人士毕业生的用人单位，在社会保险费等方面给予扶持和补贴。补贴标准为本市同期城镇职工社会保险最低缴费标准单位承担部分。同时，对雇用中高等学校残障毕业生的用人单位，在残障雇员比例计算上给予优惠。

北京对残障毕业生在毕业学年内实习或毕业一年内见习，并与实习见习单位和户籍所在地残障人士就业服务机构签订实习见习协议的，按相关标准给予一次性最长不超过6个月的实习见习补贴。同时，对于安排残障毕业生就业的用人单位，提供计算雇员比例上的优惠。

广东省残联安排设立“南粤扶残助学工程”专项资金，对符合条件的残障大学生，根据院校类型给予一次性资助。对创办初创企业并担任法定代表人或主要负责人的残障大学生，将根据具体地区和年限，给予租金补贴。

浙江实施了离校未就业高校毕业生就业促进计划，强化实名登记、政策扶持、跟踪服务等工作举措。回原籍应届困难家庭高校毕业生和就业困难高校毕业生进行失业登记的，可给予不超过6个月的临时生活补贴。同时，毕业年度的残障高校毕业生还将获得每人1500元的求职创业补贴，毕业年度离校未就业高校毕业生实现灵活就业，在公共就业人才服务机构办理实名登记并依法缴纳社会保险费的，给予不超过其实际缴纳社会保险费2/3的社保补贴，期限不超过3年。对安置残障人士就业的电子商务企业每年可按安置残障人士就业人数给予不低于当地2个月最低工资的奖励，超过按比例安排残障人士就业再给予不低于4个月最低工资的奖励。

3. 加强职业技能

除残障人士职业技能提升计划和高校残障人士就业、创业优惠政策外，近年来，各地政府逐渐重视残障人士就业问题并根据实际情况提出了各项地方政策帮助残障人士加强职业技能和就业竞争力。

北京市于2018年6月14日印发《关于进一步促进本市残疾人就业工作的若干措施》(京残发〔2018〕26号),鼓励用人单位招用残障人士劳动力,鼓励残障人士劳动力自主创业就业,要求加强职业培训并创新就业服务。用人单位招用残障人士并满足相关条件的可以申请享受岗位补贴和社会保险补贴,接受残障人士学生实习见习的可以享受实习见习补贴,并享受税收优惠。

职业培训方面,残障人士劳动力参加各级残联和残疾人就业服务机构组织的残障人士职业培训,以及参加各级残联和残疾人就业服务机构委托培训机构或与用人单位联合举办的残障人士职业培训,免收培训费、鉴定费,残障人士劳动力自主参加职业技能培训或用人单位委托培训的均可以获得培训补贴。

四川省于2013年3月19日出台《四川省关于促进残疾人居家灵活就业的意见》(川残发〔2013〕1号,以下简称《意见》)。残疾人居家灵活就业是指残疾人以"非员工制"方式,就近、就便实现就业的总称,包括个体就业、庇护性就业和从事家庭手工业、发展种植业、养殖业等就业形式,是非常适合残障人士特点的就业方式。

《意见》要求各级残联、人力资源和社会保障部门、农业部门、扶贫移民部门要根据残障人士"量体裁衣"式定制个性化的居家灵活就业方案,将城乡残障人士全面纳入各类技能培训计划或贫困家庭劳动力转移培训计划。同时,各级残联组织要依托残障人士综合服务中心开展智力、精神和重度残障人士职业康复训练。各级残联、财政在每一年度征收的残疾人就业保障金中,按不低于30%的比例安排资金用于扶持残障人士居家灵活就业。鼓励和支持企业带动残障人士居家灵活就业,支持企业与残障人士签订委托加工合同或产品购销合同,把适于残障人士居家加工的产品、工序委托残障人士加工制作。根据该《意见》,到2020年,四川省残障人士实现居家灵活就业将达到100万名。

二、自闭症人士就业的制度保障

(一)按比例就业制度

1. 制度介绍

按比例就业制度,指公立机构和私立机构,按照法律法规规定的比例,安排残障人士就业。我国立法下规定的按比例就业是指国家机关、社会团体、企业事业单位、民办非企业单位按照规定的比例安排残障人士就业。

2. 我国法律规定

《残疾人保障法》第三十三条进一步明确了残障人士就业领域的按比例就业制度,但未对具体比例作出规定。

《残疾人就业条例》第八条规定用人单位安排残疾人就业的比例不得低于本单位在职职工的总数的1.5%,同时授权各省、自治区、直辖市人民政府根据本地区的实际情况规定具体比例。各地实践中,不同地区之间基于地区生产总值、城乡发展水平及社会接受度等方面的客观情况,在符合《残疾人就业条例》统一国家标准比例1.5%的前提下,对具体比例设定进行了调整。例如,北京市、辽宁省规定的比例为1.7%,吉林省、上海市规定的比例为1.6%,新疆维吾尔自治区规定的比例为2%,天津、河北、山西、四川、湖北及安徽等省市规定的比例为1.5%。

针对公立机构安排残障人士的就业,中共中央组织部等七部门于2013年8月19日印发《关于促进残疾人按比例就业的意见》(残联发〔2013〕11号)。该意见要求党政机关、事业单位及国有企业应当带头安排残障人士就业。各级党政机关在坚持具有正常履行职责的身体条件的前提下,对残障人士能够胜任的岗位,在同等条件下要鼓励优先录用残障人士。各地要切实维护残障人士平等报考公务员的权利,除特殊岗位外,不得额外设置限制残障人士报考的条件。到2020年,所有省级党政机关、地市级残工委主要成员单位至少安排有1名残障人士。各级残联机关干部队伍中都要有一定数量的残障人士干部,其中省级残联机关干部队伍中残障人士干部的比例应达到15%以上。同时,加大对用人单位的补贴、奖励和惩处力度,并加强对用人单位按比例安排残障人士的就业服务。

3. 残疾人保障金

为了解决残障人士就业的实际困难,政府机关、团体、企业事业单位和城乡集体经济组织安排残障人士就业达不到一定比例的,根据《残疾人就业条例》应当缴纳残疾人保障金(以下简称残障金)。根据财政部于2015年下发的《残疾人就业保障金征收使用管理办法》,用人单位安排残疾人就业的比例不得低于本单位在职职工总数的1.5%。用人单位安排残疾人就业达不到其所在地省、自治区、直辖市人民政府规定比例的,应当缴纳保障金。

残障金收取后纳入地方一般公共预算统筹安排,主要用于支持残疾人就业和保障残疾人生活,包括:

(1)残疾人职业培训、职业教育和职业康复支出;

(2)残疾人就业服务机构提供残疾人就业服务和组织职业技能竞赛支出;补贴用人单位安排残疾人就业所需设施设备购置、改造和支持性服务费用;补贴辅助性就业机构建设和运行费用;

(3)残疾人从事个体经营、自主创业、灵活就业的经营场所租赁、启动资金、设施设备购置补贴和小额贷款贴息;各种形式就业残疾人的社会保险缴费补贴和用人单位岗位补贴;扶持农村残疾人从事种植、养殖、手工业及其他形式生产劳动;

(4)奖励超比例安排残疾人就业的用人单位,以及安排残疾人就业作出显著成绩的单位或个人;

(5)对从事公益性岗位就业、辅助性就业、灵活就业,收入达不到当地最低工资标准、生活确有困难的残疾人的救济补助;

(6)经地方人民政府及其财政部门批准用于促进残疾人就业和保障困难残疾人、重度残疾人生活等支出。

用人单位未按规定缴纳残障金的,按照《残疾人就业条例》的规定,由保障金征收机关提财政部门,由财政部门予以警告,责令限期缴纳;逾期仍不缴纳的,除补缴欠缴数额外,还应当自欠缴之日起,按日加收0.5%的滞纳金。滞纳金按照残障金入库预算级次缴入国库。

4. 制度中的问题及完善

部分用人单位存在宁愿出钱缴纳残障金也不愿安排自闭症人士就业的情形,一方面是因为适合残障人士或自闭症人士的相关岗位较难匹配,安排自闭症就业所需投入的配套资源较大;另一方面则是对自闭症人士的工作能力有质疑,因此不愿配合安排就业。相较之下,用人单位更愿意选择交钱解决问题。这一做法已经违背了政府征收残障金的初衷,一定程度上助长了用人单位对残障人士或自闭症人士的歧视态度。此外,残障金制度在特定地区以统一比例无差别地适用于所有的用人单位,忽略了行业之间存在的客观差异,使这一制度在实践中的推行可能遭到抵触。

近年来,残障金划由税务部门征收后,征缴力度和规模不断加大,金额明显提升。由于残障金作为政府性专项基金,纳入国家预算管理,其支出和使用受到严格控制,支出渠道有限,导致扶持残障人士就业、康复训练、救助等所需要的资金得不到及时有效的使用,残障金的作用未能得到充分发挥。

为应对上述困境,首先,针对不同的行业和用人单位类型,建议尝试设定不同的缴纳比例,实现差别化制度以提高政策本身的接受度。其次,按比例就业不是简单要求用人单位接受自闭症人士,而是提供更多的支持和帮助,增加残障人士和用人单位之间现实接触的契机;为用人单位提供更多的支持,例如提供配套资源的支持。最后,残障金的使用应当用于残障人士就业、生活保障、就医康复等直接相关的服务中,并简化申请流程及发放期限;通过提高自闭症人士就业能力的方式来提高自闭症人士的就业率。

(二)优先就业制度

残障人优先就业制度是指,当非残障人士和残障人士均能适应工作岗位需求时,部分用人单位(多数情况为国家机关、依靠国家资金运营的机构或者特别适合残障人士就业的岗位)应优先录用残障人士。这一制度萌芽于国际劳工组织《1994 年(从战争到和平过渡期间)就业建议书》中,之后被部分国家立法吸纳成为保障残障人士就业的途径之一。

我国有关残障人士权益的顶层政策设计已将残疾人就业制度纳入了决策议程中。在国务院制定的《"十三五"残疾人纲要》中提出,"各级党政机关在坚持具有正常履行职责的身体条件的前提下,对残疾人能够胜任的岗位,在同等条件下要鼓励优先录用残疾人";同时,"未安排残疾人就业的事业单位申请使用空编招聘时,应优先招聘符合条件的残疾人"。《公务员法》第十三条也将公务员的录取条件放宽至"具有正常履行职责的身体条件和心理素质"。

然而,目前这一制度尚未在立法层面得到确立。部分地区如北京、陕西、安徽等,曾尝试在地方性法规及《残疾人保障法》实施条例中明确"公立机构招聘中给予残疾人同等条件优先录用的机会"的原则,但最终也并未能对现实的人员招录形成实际有效的约束。

该制度推行的困境,来源于普遍的对于残障人士工作能力的误解,也来自普通公众对于"反向歧视"的担忧。前者的根除有赖于社会文化认知的转向,而后者,则需要对于残障人就业优先制度的适用范围、适用"同等条件"的具体内容,进行明确的界定与公示,避免出现过度扩张或缩小适用范围的情况。同时,残障人士自身客观的就业优势也值得用人单位更多地关注,如在服务于残障人士的用人单位中雇用部分残障人士雇员,可以有效提高部门的可信任度。而残障群体内彼此的身份认同感和同理心,使残障人士雇员能够找到更好的沟通策略,制订出切中服务对象痛点的建议方案。

而这种类型的岗位,在目前我国的政府架构中,还有进一步开发的需求和潜力。若能从社会价值和岗位特质两个方面着手探索,残障人就业优先制度在我国的可操作性或将提高。

(三)残障人士福利性单位

1. 残障人士福利性单位的介绍

集中就业是残障人士就业的另一重要途径,是指将残障人士安排于福利企业、盲人按摩机构和其他福利性单位集中性就业。相应地,残障人士福利性单位,是指集中安置残疾人进行就业的特殊经济组织,其具有生产经营和社会保障的双重责任,受到政府部门在资金、场地、产品销售等方面的资助。

残障人士福利性企业在设立目的和架构上和“残疾人福利企业”基本趋同,但在残障人士雇员具体比例上稍有区别。《社会福利企业管理暂行办法》第八条规定,社会福利企业中安置残疾人员达到生产人员总数35%以上;而财政部、民政部、中国残联三部门印发的《关于促进残疾人就业政府采购政策的通知》(财库〔2017〕141号)中,将“残疾人福利性企业”的这一比例要求放宽至“安置的残疾人占本单位在职职工人数的比例不低于25%(含25%),并且安置的残疾人人数不少于10人(含10人)”。

2. 专产专营制度、福利性单位优先生产经营制度、优先采购制度

专产专营制度、福利性单位优先生产经营制度和优先采购制度,均为国家层面对于福利性企业的特别保护措施。

(1)专产专营制度。

专产专营制度是指国家为了保障残障人稳定就业,规定某类产品只能授权给残障人或者残障人集中就业的单位承担。该项授权具专有性和排他性,某种程度上几乎等同于赋予此类单位在特定领域内的垄断地位。这一制度对于激发残障人士参与经济活动,有较强的激励作用,但由于牵涉对其他群体的择业、开业自由的限制,因此在实践中也有较大争议。

我国《残疾人保障法》第三十六条规定,县级以上地方人民政府及其有关部门应当根据残疾人福利性单位的生产特点确定某些产品由其专产。部分地区也结合地方实际,出台了相关规定,如上海市出台《关于扶持本市福利企业(残疾人集中就业单位)专产专营的意见》,对扶持对象、专产专营的行业和产品进行了限定。但总体来看,这一制度在实践中的应用仍范围有限。

(2)优先生产经营制度。

福利性单位优先生产经营制度起源于我国计划经济时代,并在之后

《残疾人保障法》第三十六条中得到确认。在该制度下，县级以上地方人民政府及其有关部门应当确定适合残障人士生产、经营的项目，优先安排残障人士福利性单位生产或者经营。这一制度考虑了残障人士福利性单位相较其他单位较弱的生产能力，在原材料、贷款和销售渠道等方面给予了调整性的优先保护，对于社会福利企业的稳定发展创造了良好条件。

然而，随着计划经济向市场经济的转型，由政府统一进行指令性计划的优先生产经营已经难以在强调平等自由的市场环境中落实。而目前，在实践中应用最为广泛的扶持残障人士就业制度，是残障人福利性单位优先采购制度。

（3）优先采购制度。

我国《残疾人保障法》第三十六条规定，政府采购，在同等条件下应当优先购买残疾人福利性单位的产品或者服务。为不与普遍的交易自由冲突，这一制度的采购主体严格限于公立机构，采购所使用的资金为政府资金。

2017 年，财政部、民政部、中国残联三部门印发了《关于促进残疾人就业政府采购政策的通知》（财库〔2017〕141 号），从享受政府采购促进中小企业发展政策、非招标采购、鼓励政府采购优先选择残疾人福利性单位产品三个方面，原则性地规定了政府采购对于残疾人就业促进的具体措施。

该通知发布之后，各地也出台相关的细化支持措施。事实上，优先采购是国际保护残障人士就业权利的通行做法之一，它在尊重市场正常竞争秩序的前提下，为在规模和生产能力上均处于相对劣势的残障人士福利企业提供政策利好。这对有效保障残障人士的劳动权利和劳动价值有重要意义。

3. 制度完善建议

上述制度的原初创设目的是提高集中安置残障人士的福利性企业在市场中的竞争力。作为残障人士在我国主要的就业途径之一，集中安置就业最大的优势在于可以充分考虑残障人士本身的生理特点和条件，并以此为基础，设置相应的工作岗位和生活设施，有效保障残障人士的就业机会和劳动权利。

然而，有关福利性企业的制度在实际推行中仍遭遇了困境。首先，福利企业本身所涉的行业附加值较低，且囿于有限资金，生产设备等更新落后，残障员工缺乏职业技能提升的机会。其次，相关政策较多集中于支持福利企业的运营层面，未能转化成残障人士的实际福利。有研究显示，部分福利企业的无障碍设施尚不健全，残障员工经济收入低下，"同工不同酬"现象较为普遍。最后，残障人士福利性单位环境相对较为封闭，残障人士缺乏与其他群体的接触交流机会，从社会融合的视角来看，不利于其实质性地参与社会生活。[1]

总体来看，作为一种庇护性的就业保护制度，福利企业及配套的经营支持政策客观上为残障人士行使劳动权利提供了载体和空间，但随着市场化改革的推进以及残障认知向社会融合的转向，残障人士福利性单位有必要重新审视其发展模式并作出必要调整。

首先，从政府监管层面而言，对于享受税收优惠和政策利好的福利企业，应实行年检并细化相应的标准，将残障人士工作环境、经济收入情况、职业培训机会等均纳入考量。

其次，福利性单位的定位可以尝试适当引入"社会企业"的理念，明确其在经济性和社会性上的双重底线特征。一方面，在对福利性单位适度增加财税优惠、优先采购等特殊制度保护之外，可以考虑鼓励福利性单位引入社会资本、参与更广泛的产业领域，从而提高其经济上的自我供给能力；另一方面，资产锁定、红利上限等特殊制度，可以被引入残障人士福利性单位的整体架构设计之中，在福利性单位主要负责人自身的伦理约束之外，建立对公益底线更有强制力的制度保障。[2]

---

〔1〕 高圆圆、范绍丰：《社会融合视角下福利企业的困境与演变——以 Z 市三家福利企业的个案为例》，载《改革与开放》2017 年第 11 期。

〔2〕 王波：《福利企业的"社会企业"定位及其实现》，载《理论探索》2017 年第 1 期。

三、自闭症的支持性就业与庇护性就业

(一)国家政策方面的支持

庇护性就业和支持性就业是构建包括自闭症人士在内的残障人士平等行使劳动权利的两种主要路径。整体而言,我国残障人士就业的政策导向正逐步从集中庇护性就业为主导转向以按比例就业为主、多种其他形式的就业为辅的模式,旨在保障残障人士“谋生”基本权利的同时,为其创造积极参与社会生活、实现实质性“社会融合”的契机。

1. 庇护性就业

传统的庇护性就业路径是指将残障人士集中至特定的机构如福利企业、工疗机构等,为其安排简单的劳动和就业技能训练并发放劳动报酬,帮助其回归社会。目前,我国有关庇护性就业的政策主要针对以下两类机构:一类是以提供就业机会和生活收入来源为目的的福利性企业;另一类是集合就业指导、托养照料、康复训练为一体的辅助性就业机构。就福利性企业而言,中央及各地方政府已从税收优惠、政府购买、社会保险补贴等角度给予支持,具体包括以下措施:

(1)税收优惠。国家税务总局、民政部、中国残联联合印发的《关于促进残疾人就业税收优惠政策征管办法的通知》中,对于残障雇员比例和人数符合条件的福利企业,按规定减征增值税、营业税,减征或免征企业所得税等。

(2)政府采购优先。财政部、民政部和中国残联印发的《关于促进残疾人就业政府采购政策的通知》(财库〔2017〕141 号)强调,政府采购优先选择残障人士福利性单位的产品。残障人士福利性单位的产品满足协议供货或者定点采购要求的,可直接入围。政府采购电子卖场、电子商城、网上超市等设立残障人士福利性单位产品专栏。

(3)用地支持。根据《划拨土地目录》(2001 年中华人民共和国国土资源部令第 9 号)规定,“非营利性社会福利设施用地中的残疾人社会福利设

施，由建设单位提出申请，经有批准权的人民政府批准，可以划拨方式提供土地使用权”。因此，若福利企业需要建设非营利性的相关设施，可以在供地上获得相应优惠。

而针对后一种综合就业和康复性质的辅助性就业机构，中央和地方政府结合具体实际，制定了相关的支持政策，从用地、资金扶持、税费优惠等角度，提供政策利好，具体措施包括：

(1)用地扶持。2015 年，中国残联联合国家发展和改革委员会等八部委印发了《关于发展残疾人辅助性就业的意见》(残联发〔2015〕27 号)，其中提出，辅助性就业机构是非营利性残障人士社会福利设施，符合划拨土地使用权条件，应无偿或低价划拨供地。采用有偿方式供地的，在地价上要适当给予优惠；属出让土地的，土地出让金收取标准应当适当降低。同时，该意见还制定了用地划拨的总体规划，确定 2020 年前所有县级行政单位都要至少建有一所辅助性就业机构的发展目标，同时，要求各级政府在安排用地时应充分考虑残障人士的特殊需求，在施工和基础设施配套建设费等方面予以优惠。

(2)资金扶持。对残障人士辅助性就业机构的一次性建设、场地租金、无障碍环境改造、生产设备和辅助器具购置及残障职工社会保险等支出给予相关资金扶持。

(3)税费扶持。符合税费优惠政策条件的辅助性就业机构，可以按照国家有关规定享受税收优惠和城市建设与公用事业收费优惠政策。

(4)劳动生产项目扶持。对为辅助性就业机构提供就业项目、经营场地等方面支持作出显著成绩的企业或单位，给予补贴或奖励。对于缺少就业项目、产品销售不畅的辅助性就业机构，各级政府应按照《残疾人就业保障金管理暂行规定》(财综字〔1995〕5 号)的规定，拨用保障金发放补贴或奖励，解决相应困境。

(5)将残障人士辅助性就业服务纳入政府购买残障人士服务项目。《关于发展残疾人辅助性就业的意见》要求，在残障人士辅助性就业机构中为残障人士提供服务的岗位,其从业人员为符合条件的就业困难人员的,可纳入当地政府开发的公益性岗位范围。

(6)辅助性就业与托养服务的衔接。2016 年 11 月,中国残联发布了《"十三五"残疾人托养服务工作计划》,重点提出要逐步推进托养有效对接残障人士辅助性就业,切实推动残障人士托养服务平台与辅助性就业服务的有机融合,鼓励企业和社会组织在残障人士托养服务机构中设立残障人士辅助性就业生产工厂(车间)或直接为残障人士托养服务机构中的残障人士提供辅助性劳动项目。

2. 支持性就业

支持性就业源于"社会模式"的保障理念,其目的在于提供残障人士以必要的专门训练和便利照顾,使其能够拥有与普通人同等的机会和条件,进入开放的、竞争性的劳动力市场。

随着社会对于残障人士平等权利认同度的提高,我国开始尝试推行以按比例就业为代表的支持性就业政策,并将其纳入我国有关残障人士权益的宏观纲要之中。如在国务院印发的《"十三五"残疾人纲要》之中,就明确要求各地依法大力推进残障人士按比例就业,并建立用人单位按比例安排残障人士就业公示制度。

同时,部分地区如北京,还就残障人士支持性就业服务出台了残障人士支持性就业服务的专门办法,对支持性就业服务对象、服务内容和补贴标准、就业辅导员任职资格、管理监督作了具体的规定,为规范化支持性就业服务奠定了法律法规基础。

(二)我国台湾地区、香港特别行政区的有益参考

我国台湾地区和香港特别行政区,在多年的实践过程中,已逐步建立了庇护性就业与支持性就业互补并行的多元就业机制。

台湾地区目前已经形成了竞争性就业、支持性就业、庇护工场三个层次的就业路径。当身心障碍者达到劳动年龄之后,政府劳动部门将委托职业评鉴机构进行评估，根据其障碍程度安排适合的就业机制。[1] 轻度身心障碍者从事支持性就业；中、重度身心障碍者则前往庇护工场，由专人进行教育和技能培训。

根据台湾地区"身心障碍者权益保障法"，此种就业的分流机制主要通过社区就业辅导员来进行操作。就业辅导员将运用职业辅导评量等专业方法，对残障人士的就业需求进行个别化和专业化辅导，并以此为枢纽协同教育、福利、企业等机构，辅导残疾人适性就业，建立生态化的就业支持体系。[2] 同时，对于残障人士就业过程中"同工同酬"和"融合性工作环境"等权益，台湾地区也已形成了系统的法律法规予以保障。

香港特别行政区政府通过其下设的劳工及福利局颁布了《香港康复计划方案》，为残障者设立了系统的就业和职业支持，主要包括以下几个方面：(1)为暂时没有能力在公开市场就业的残障人士提供职业康复服务；(2)宣传由庇护工场、辅助就业、综合职业康复服务中心等提供的服务商品；(3)为正在求职的残障工人和有意向雇佣的雇主提供适配服务；(4)推行在职培训和嘉奖鼓励残疾职工雇主的计划等。除却政府层面的支持之外，民间机构也为残障人士提供了就业机会和职业康复服务，且逐渐走向根据具体身心障碍类型的细分化。

(三)发展方向

有不少学者对于庇护性就业隔离残障人士与其他社会群体的模式表示担忧，认为其只会增加残障人士实现社会融合的障碍，主张应积极往支持性就业的模式转向发展。然而，不可否认，有不少残障人士，如重度自闭症人士等，即使在合理照顾之下，也无法适应竞争性的劳动力市场。

参考域内外的相关实践经验，庇护性就业和支持性就业并不当然对立，

---

〔1〕《台湾"庇护工场"多层次保障身心障碍者就业》，载 http://www.chinanews.com/tw/2013/12-04/5577151.shtml，最后访问日期：2019 年 3 月 10 日。

〔2〕周姊毓：《台湾残疾人支持性就业服务及启示》，载《现代特殊教育》2016 年第 14 期。

一个更有可行性的方案或许是建立一个多层级、协同衔接的就业保障体系，庇护性就业和支持性就业同时并行。而这对自闭症这类发展性、终身性的障碍，有重要的意义。建立在持续评估基础上的分层就业体制，使全面覆盖自闭症人士以上不同能力阶段的就业需求，成为可能。

具体到体系设计，我国现行立法和地方实践已在逐步探索如何满足不同类型的残障人士的就业方向，未来，相关的就业服务可考虑进一步个性化和专业化。

首先，对于残障人士的具体需求应有更为科学全面的评估，相关部门可以参考台湾地区的就业辅导员制度，对于自闭症人士的具体障碍进行评估和长期跟踪，从而“对症下药”。

其次，从法律和政策层面，可考虑进一步丰富庇护工场和福利企业的功能定位。相比安置就业的终点站，这一类庇护性就业场所更应起到提供职业训练的预备过渡作用，帮助有意进入竞争性行业任职工作的残障人士了解并适应支持性就业模式的工作要求，实现其就业期望。

再次，各级政府可考虑通过搭建中介平台、发放相应的补贴奖励等措施，为残障职工和有意向的雇主适配，扩大残障人士参与支持性就业的视野和机会。

最后，值得注意的是，现行立法和政策多关注于残障人士福利性单位和其他雇用残障职工的用人单位的运营状态和雇员比例情况，而对其具体薪资福利待遇、无障碍工作环境等关乎残障人士实质劳动权利实现的指标，却并未有足够的重视，具体的细化标准和监管制度尚待加强，并可尝试将监察结果与该类机构的税收优惠资格挂钩，从而对相关负责主体形成强有力的约束。

四、我国法律下的权利救济途径

（一）自闭症人士就业权益侵害风险的主要来源

自闭症人士在就业过程中，可能会面临威胁劳动乃至人身权益的风险。

风险既可能针对其特殊的身心条件，也可能基于其一般的劳动者或劳务提供者身份，主要概括如下：

1. 对就业的侵害

实践中，有部分用人单位为满足残障员工比例要求，享受税收等政策利好而录用残障人士，完成指标后却无故毁约将其辞退；另有雇主在薪酬和福利待遇上未给予残障人士“同工同酬”的合理待遇，变相将残障人士视为廉价劳动力。

2. 对择业自由的侵害

此种类型的风险在公职部门和私营部门的招聘中较为普遍。用人单位出于对自闭症人士劳动能力的固有偏见，往往会以当事人不具备履职能力为由拒绝录用事实上符合条件的应聘者。

3. 身体或精神虐待

山西、湖南等地都曾被爆出有雇主逼迫残障员工从事劳动，并对其进行言语侮辱、身体殴打甚至限制人身自由的事件。尤其对于包括自闭症人士在内的在精神和智力上存在障碍的受害者，由于其对权利侵害的认知意识滞后，往往当相关事件被曝光时，受害者所遭受的伤害已不可逆转。

4. 因工作环境设施等问题而遭受的人身伤害

部分用人单位所提供的工作环境并未完全达到无障碍的标准，存在给自闭症人士带来身体伤害的风险。

（二）权利救济途径

自闭症人士及其监护人在遭遇权益侵害纠纷时，可视伤害类型和严重程度选择相应的权利救济途径，具体如下：

1. 劳动纠纷

就用人单位违反劳动保障法律法规与劳动合同约定，侵犯残障人士劳动权益的行为，如拒绝为残障职工提供特殊劳动保护、无故解除劳动合同、无理由拖欠工资等，残障人士及其监护人可向单位工会反映情况，工会经确认确实存在侵犯职工劳动权益情形的，应当要求用人单位改正，在用人单位仍然拒绝改正的情况下，可依照《中华人民共和国工会法》第二十二条或《劳动保障监察条例》的相关规定，请求劳动保障行政部门等对用人单位作出处理。

同时，个人也可根据《劳动保障监察条例》第九条的规定，直接向用人单位所在地的县级或者设区的市级劳动保障行政部门举报，若经调查用人单位确实存在损害职工劳动权益的情况，用人单位除对当事人本人承担赔偿责任之外，还将承担《劳动保障监察条例》第四章项下的法律责任，根据程度不同被处以责令改正、警告、罚款等行政处罚。

就其他类型的劳动争议，如确认劳动关系发生；订立或履行或变更或解除终止劳动；除名、辞退和辞职离职；工作时间、休息休假、社会保险、福利、培训以及劳动保护；劳动报酬、工伤医疗费、经济补偿或者赔偿金及其他类型劳动争议等（《劳动争议调解仲裁法》第二条），当事人可首先与用人单位协商或者在工会、残障人士权益保障部门等第三方介入的情况下与用人单位协商和解。若当事人不愿协商或者协商不成或达成和解协议后不履行的，当事人可以申请向企业劳动争议调解委员会、依法设立的基层人民调解组织或在乡镇、街道设立的具有劳动争议调解职能的组织申请调解；若未能达成调解协议或者达成调解协议后不履行的，可以向劳动争议仲裁委员会申请仲裁；对仲裁裁决不服的或对相关劳动争议事项劳动争议仲裁委员会不予受理或者逾期未作出决定的，除《劳动争议调解仲裁法》另有规定的，当事人可以向人民法院提起诉讼。

2. 就业歧视纠纷

在自闭症人士未被录用的择业自由侵害纠纷中，虽然应聘者和用人单位尚未建立正式的雇佣关系，但遭受歧视的残障人士应聘者或其监护人仍可依据《就业促进法》第六十二条的规定成为民事诉讼的适格原告，向人民法院提起诉讼。同时，受害者亦可选择向劳动监察部门举报招聘单位的歧视行为，劳动监察部门经查证属实后，将对该用人单位作出责令改正、罚款的行政处罚。

3. 工作过程中遭受人身伤害

若自闭症人士和用人单位存在劳动关系，则其在工作过程中，因工作环境、工作内容或其他符合《工伤保险条例》第十四条、第十五条认定情形而遭受伤害的，可按《工伤保险条例》项下的工伤保险待遇项目和标准，向工伤保险机构申请获得赔付，具体申请材料和认定程序依照《工伤保险条例》第十七条、第十八条及各地细化规定执行。

而若用人单位未依《工伤保险条例》规定参加工伤保险，受害者也可按《工伤保险条例》标准，向用人单位索赔或直接向人民法院起诉请求获得赔偿。当用人单位本身存在过错且该种错误与受害者所遭受的人身损害有因果关系时，受害者能否在获得工伤保险待遇之后，再依据《侵权责任法》要求人身损害赔偿，学界和实务界尚有争议。

尽管《最高人民法院关于审理人身损害赔偿案件适用法律若干问题的解释》第十二条规定，若劳动者因“因工伤事故遭受人身损害，劳动者或者近亲属向人民法院起诉请求用人单位承担民事责任的，告知其按《工伤保险条例》的规定处理”。但这一条款因其对民事侵权责任人制裁不够等原因而受到质疑，同时亦与《中华人民共和国安全生产法》第五十三条中“因生产安全事故受到损害的从业人员，除依法享有工伤保险外，依照有关民事法律尚有获得赔偿的权利的，有权向本单位提出赔偿要求”的立法原则不甚一致。

在司法实践中，部分地区如广东省已通过司法解释和个案裁判，支持受害者在扣除已享受的工伤社会保险利益之后，获得损害赔偿，且该种损害赔偿并不当然局限于物质损失范围内，还包括精神损害。但总体来看，当事人在此种情形下获得双倍赔偿的可能性有限。

而当自闭症人士在工作过程中因用人单位以外的第三人遭受侵权损害时，可依照《最高人民法院关于审理人身损害赔偿案件适用法律若干问题的解释》第十一条的规定，要求第三人或者用人单位承担赔偿责任。同时，根据《最高人民法院关于因第三人造成工伤的职工或其亲属在获得民事赔偿后是否还可以获得工伤保险补偿问题的答复》《最高人民法院关于审理工伤保险行政案件若干问题的规定》第八条第三款之精神，在当事人或其近亲属从第三人处获得民事赔偿之后，除医疗费用以外，劳动者仍可以按照《工伤保险条例》第三十七条的规定，向工伤保险机构申请工伤保险待遇补偿。但目前，立法中对于具体赔付形式是补足差额还是全部兼得并未有明晰规定。

此外，现实中也不排除存在用人单位负责人恶意伤害自闭症雇员人身权益的情形。对于该种行为，受害者除可依照《侵权责任法》向人民法院提起侵权之诉要求损害赔偿之外，在该种侵害程度已经严重至触犯刑法的程度时，受害者也可向公安机关报案，若经刑事程序确认其确实构成刑事犯罪的，将追究施暴者的刑事责任。

第五章 社 会 保 障

第一节 社会保障体系分析

本节导读

社会保障的本质是追求公平，由于自闭症人士在社会中处于相对弱势的地位，国家根据自闭症人士的需求给予特别扶助。本节将主要介绍自闭症人士的社会保障体系，既包括普世意义上的社会救助和社会保障，也包括残障人士专享的社会保障。本节阐释这些制度如何为自闭症人士的基本生活提供保障，更好地帮助自闭症人士参与社会。

一、自闭症人士的社会保障体系

(一)社会保障概述

1. 狭义和广义的社会保障概念

社会保障有狭义和广义之分。狭义的社会保障指由国家或社会作为责任主体，旨在防范疾病、贫困、丧失工作能力等风险而设立的、旨在增加收入安全的制度安排，主要包括社会救助、社会保险、社会福利。广义的社会保障指国家和社会为消除居民面临的各种风险，提高居民生活质量所作的各种制度安排，除了狭义的社会保障，还包括促进就业、教育等。[1]

就针对自闭症人士而言，狭义的社会保障制度既包括针对所有民众普

〔1〕 杨立雄、兰花：《中国残疾人社会保障制度》，人民出版社2011年版，第1页。

遍适用的社会救助、社会保险制度,也包括专门针对残障人士的特别适用的社会保障制度;广义的社会保障制度,则包括了康复、教育、就业等一系列保障。

鉴于其他章节已经对于康复、教育、就业等一系列保障进行了讨论,在本章节仅讨论狭义的社会保障。

2. 对生存权的保障

社会保障主要是为了保障民众的基本生活需求,也就是保障民众的生存权。自闭症人士由于自闭症带来的高额康复费用以及其他支出,造成自闭症人士相较于其他社会民众而言更需要对其生存权的保障。社会保障正是来源于对生存权的保障,国际公约以及国内法对于生存权的保障均有所规定。

《残疾人权利公约》从两个层面对于生存权的内涵进行了界定。

一是固有生命安全权利享有的宣示,从国家消极保障的角度强调公民的生命和为维持生存所必需的生活条件不受非法侵害和剥夺。《残疾人权利公约》第十条重申,"人人享有固有的生命权,并应当采取一切必要措施,确保残疾人在与其他人平等的基础上切实享有这一权利"。

二是各缔约国承担的保障公民享有合乎尊严、具相当水准的生活之义务,以国家积极保障角度要求各缔约国主动积极地维护公民的生存权。《残疾人权利公约》第二十八条明确,缔约国应保障残疾人在"不受基于残疾的歧视"的情况下,获得"适足的生活水平"和"社会保护",具体措施涵盖衣食、住房、出行、教育、医疗等方面,包括确保残疾人平等获得洁净供水和价格适当的服务;确保残疾人被纳入社会保护方案和减贫方案;确保残疾人在培训、辅导、经济援助和临时护理方面得到国家援助;确保残疾人纳入公共住房方案;确保残疾人平等享受退休福利和方案等。

我国《宪法》中明确规定了对"生存权"的保护。根据《宪法》的规定:"中华人民共和国公民在年老、疾病或者丧失劳动能力的情况下,有从国家和社会获得物质帮助的权利。"这一条款明确设立了政府主动为公民提供社会保障的义务，为公民生存权的实现提供了事实上的可行路径，也为之后给自闭症人士提供社会保障时提供了法律依据。

（二）相关的法律法规

1. 法律法规

《残疾人保障法》专设“社会保障”一章，规定了残障人士享受社会保险、社会救助、无障碍环境保障、康复保障、劳动就业保障、托养供养及其他帮扶照顾措施的权利，体现了在社会模式的残障人士发展观视角下，这一群体社会保障的一般需要。[1]

2. 政策

（1）《中共中央、国务院关于促进残疾人事业发展的意见》（中发〔2008〕7号）。

《中共中央、国务院关于促进残疾人事业发展的意见》（中发〔2008〕7号）中明确要求，健全残疾人社会保障制度，加强残疾人服务体系建设，缩小残疾人生活状况与社会平均水平的差距，实现残疾人事业与经济社会协调发展。该政策体现了残障人士社会保障从救助安养逐步走向康复、就业、医疗等全方位制度建设的发展方向。

（2）《关于加快推进残疾人社会保障体系和服务体系建设的指导意见》（国办发〔2010〕19号）。

2010年的《关于加快推进残疾人社会保障体系和服务体系建设的指导意见》（国办发〔2010〕19号）中提出，把残疾人“两个体系”（即残疾人社会保障体系和残疾人服务体系建设）作为全面建设小康社会和构建社会主义和谐社会的一项重要而紧迫的任务，纳入经济和社会发展全局。

其中，就如何完善残疾人社会保障体系，国办发〔2010〕19号文强调了以下具体措施和目标，包括将残疾人纳入覆盖城乡居民的社会保障体系并予以重点保障和特殊扶助，研究制定针对残疾人特殊困难和需求的社会保障政策

---

〔1〕 黎建飞编著：《残障人法教程》，中国人民大学出版社2016年版，第124页。

措施,扩大残疾人社会保障覆盖面,提高残疾人社会保障待遇。就此我国的残疾人社会保障制度初步形成了包括社会救助、社会保险、社会福利、托养服务和特别扶助五个方面较为完善的体系,建立了多层次的、满足不同类型残疾人保障需求的社会保障体系,残疾人社会保障水平逐步提升。[1]

(3)《"十三五"残疾人纲要》。

2016年,国务院发布《"十三五"残疾人纲要》。作为国家对于残障人士事业发展的顶层设计部署,《"十三五"残疾人纲要》对于残障人士社会保障制度的内容和发展目标作了总括性的规定,提出将在社会救助、残障人士基本福利制度、基本养老保险和基本医疗保险、基本住房有限保障、托养照料等领域,逐步健全现有的政策体系,并就以下残障人士民生兜底保障的重点政策制定了具体的完善方向:

一是最低生活保障制度。将符合条件的残疾人家庭及时纳入最低生活保障范围。生活困难、靠家庭供养且无法单独立户的成年无业重度残疾人,经个人申请,可按照单人户纳入最低生活保障范围。

二是困难残疾人生活补贴制度和重度残疾人护理补贴制度。为低保家庭中的残疾人提供生活补贴,有条件的地方可逐步扩大到低收入残疾人及其他困难残疾人。为一级、二级且需要长期照护的各类重度残疾人提供护理补贴,有条件的地方可扩大到非重度智力、精神残疾人或其他残疾人。

三是残疾儿童康复救助制度。逐步实现0~6岁视力、听力、言语、智力、肢体残疾儿童和自闭症儿童免费得到手术、辅助器具适配和康复训练等服务。

四是残疾人基本型辅助器具补贴。有条件的地方对残疾人适配基本型辅助器具给予补贴。

五是贫困残疾人家庭无障碍改造补贴。有条件的地方对贫困残疾人家

---

〔1〕 参见凌亢、白先春:《中国残疾人事业发展报告2006-2015》,中国统计出版社2017年版。

庭无障碍改造给予补贴。

六是困难残疾人社会保险个人缴费资助。对符合条件的贫困和重度残疾人参加城乡居民基本养老保险、基本医疗保险个人缴费予以资助。

七是重度残疾人医疗报销制度。积极做好符合条件的重度残疾人医疗救助工作，鼓励地方探索提高重度残疾人大病保障水平，完善残疾人医保结算、救助流程。

八是阳光家园计划。支持日间照料机构和专业托养服务机构为100万人次就业年龄段智力、精神、重度肢体残疾人提供护理照料、生活自理能力和社会适应能力训练、职业康复、劳动技能培训、辅助性就业等服务。

（三）社会保障内容

我国的针对残障人士的社会保障制度建设从中华人民共和国成立之后开始起步，经历了70多年的不断发展和完善，初步形成了现在的社会保障体系。根据社会保障是否针对残障人士，我们将自闭症人士的社会保障内容分为普惠性社会保障和特惠性社会保障。

普惠性保障制度是指针对所有全体民众的，为了社会民众实现基本的生活要求的制度，这些普惠性保障制度是自闭症人士社会保障制度的基础。同时由于自闭症人士属于残障人士中的精神障碍人士，其处于特殊的状态、面临特殊的障碍、具有特殊的需求，在普遍性制度安排的同时还需要给予个性化的特别保障，即特惠性社会保障。

1. 普惠性社会保障

（1）社会救助。

社会救助又称社会救济，是指国家和社会对由于各种原因而陷入生存困境的公民，给予财物接济和生活扶助，以保障其最低生活需要的制度。社会保险的目标是防劳动风险，而社会救助的目标则是缓解生活困难。[1]

---

〔1〕 侯丽艳编著：《经济法概论》，中国政法大学出版社2012年版，第65页。

目前,我国残障人士社会救助的方式主要有纳入最低生活保障、临时救济和定期补助。对于城镇残障人士,还可以采取集中供养的方式;对于农村残障人士,则可以采取农村五保供养的方式。这几种方式中,最低生活保障所覆盖的残障人士比例最大,集中供养和农村五保供养的比例最小。

(2)社会保险。

社会保险是社会保障制度的核心内容,是一种为丧失劳动能力、暂时失去劳动岗位或因健康原因造成损失的人口提供收入或补偿的一种社会和经济制度。目前,我国社会保险包括养老保险、失业保险、医疗保险、工伤保险和生育保险5个险种。但是劳动者只有履行了法定的缴费义务,并在符合法定条件的情况下,才能享受相应的社会保险待遇。[1] 我国立法和政策均承诺了残障人士依法参与养老保险、医疗保险、工伤保险、失业保险、生育保险等,享有与其他人同等的权益。[2]

(3)社会福利。

我国社会保障是指由国家出资、为社会大众谋利益的各种福利性事业以及国家为社会成员提供的各种福利性补贴,包括一般社会福利、职工福利和特殊社会福利。其中特殊社会福利是国家和社会为残障人士和无劳动能力的人举办的,包括残障人士福利、儿童福利、老人福利等。

2. 特惠性保障制度

特惠性保障制度是专门面向残障人士的保障制度,其中包括专项补贴、专项服务。

首先,专项补贴是指针对残障人士的专项津贴,主要包括残障人士"两项补贴"即困难残疾人生活补贴、重度残疾人护理补贴、残疾人机动轮椅车燃油补贴等。具体介绍见本节第四部分。

---

〔1〕 鲁娜编著:《中华人民共和国社会保险法》(实用问题版),法律出版社2016年版,第34页。

〔2〕 郑功成:《发展中的中国残疾人社会保障》,载 http://www.humanrights.cn/html/llyj/1/5/2017/0725/30474.html,2017年7月25日最后访问。

其次,专项服务是指康复服务、教育、就业保障等一系列保障服务。这部分内容在本书第二章至第四章。

二、社会救助

(一)最低生活保障

1. 制度简介

中国残联发布的《2017年中国残疾人事业发展统计公报》显示:截至2017年年底,城乡残障居民参加城乡社会养老保险人数2614.7万;547.2万60岁以下参保的重度残障人士中,有529.5万得到政府的参保扶助,代缴养老保险费比例96.8%。有282.9万非重度残障人士享受了全额或部分代缴养老保险费的优惠政策,1042.3万人领取养老金。[1]

根据我们的问卷调查,我们得知296人中有221人(约74.66%)认为家庭需要最低生活保障,但是只有大概24.5%已经获得最低生活保障。

最低生活保障制度,是指国家对家庭人均收入低于当地政府公告的最低生活标准的人口给予一定现金资助,以保证该家庭成员基本生活所需的社会保障制度,是我国最传统、最经典的社会政策项目。最低生活保障的资源主要来自政府财政开支,政策对象为绝对贫困人口。这是一项纯粹公共物品供给政策,一般由政府单一管理。

2. 申请程序

国务院2014年出台的《社会救助暂行办法》第二章就最低生活保障的申请程序作出规定,要求欲申请最低生活保障的公民,按照下列程序办理:(1)由共同生活的家庭成员向户籍所在地的乡镇人民政府、街道办事处提出书面申请;家庭成员申请有困难的,可以委托村民委员会、居民委员会代为提出申请;(2)乡镇人民政府、街道办事处应当通过入户调查、邻里访问、

---

[1] 《2017年中国残疾人事业发展统计公报》,载 http://www.gov.cn/shuju/2018-04/26/content_5286047.htm,2019年5月15日最后访问。

信函索证、群众评议、信息核查等方式，对申请人的家庭收入状况、财产状况进行调查核实，提出初审意见，在申请人所在村、社区公示后报县级人民政府民政部门审批；(3)县级人民政府民政部门经审查，对符合条件的申请予以批准，并在申请人所在村、社区公布；对不符合条件的申请不予批准，并书面向申请人说明理由。同时，各地还就最低生活保障申请的材料和流程结合地方实际，作出了进一步的细化规定，具体情况可向街道、乡镇社会救助事务管理机构咨询。

3. 审批和救助标准

《社会救助暂行办法》第十条将最低生活保障标准和最低生活保障家庭收入状况、财产状况的认定办法授权给各省、自治区、直辖市或者设区的市级人民政府，当地政府将按照当地居民生活必需的费用和国家有关规定制定具体评价标准，并将根据经济社会发展水平、居民人均可支配收入增长、物价变动等综合因素，适时调整城乡居民最低生活保障标准，更好地保障低收入群体的基本生活。同时，对于生活困难、靠家人供养且无法单独立户的成年无业重度残障人士，国务院制定的《"十三五"残疾人纲要》也强调，应同意其通过个人申请，按照单人户纳入最低生活保障范围。

(二)特困人员供养制度

1. 制度介绍

根据《社会救助暂行办法》和《国务院关于进一步健全特困人员救助供养制度的意见》(国发〔2016〕14 号)的相关规定，特困人员供养制度是指国家对无劳动能力、无生活来源且无法定赡养、抚养、扶养义务人，或者其法定赡养、抚养、扶养义务人无赡养、抚养、扶养能力的老年人、残障人士以及未满 16 周岁的未成年人，给予特困人员供养。具体内容包括提供基本生活条件；对生活不能自理的给予照料；提供疾病治疗；办理丧葬事宜。国发〔2016〕14 号文对救助供养标准的分类和救助供养的具体形式作了界定。

就救助供养标准而言，目前，我国特困人员救助供养标准包括基本生活标准和照料护理标准。基本生活标准应当满足特困人员基本生活所需。照料护理标准应当根据特困人员生活自理能力和服务需求分类制定，体现差异性。特困人员救助供养标准将在民政部和财政部的指导下，由省、自治区、直辖市或者设区的市级人民政府综合考虑地区、城乡差异等因素确定、公布，并根据当地经济社会发展水平和物价变化情况适时调整；就救助供养模式而言，我国将其分为在家分散供养和在当地的供养服务机构集中供养。具备生活自理能力的，鼓励其在家分散供养；完全或者部分丧失生活自理能力的，优先为其提供集中供养服务。这一制度对于大龄自闭症人士在法定监护人客观履行监护义务不能的情况下，维持基本生活水准，提供了兜底性的保护。

2. 申请程序

根据《社会救助暂行办法》第十六条的规定，申请特困人员供养，由本人向户籍所在地的乡镇人民政府、街道办事处提出书面申请；本人申请有困难的，如自闭症人士监护人无法履行监护义务且其无相当的行为能力，则可以委托村民委员会、居民委员会代为提出申请。审批程序同最低生活保障的审批程序，各地对申请程序和相应审批程序亦出台相应的实施细则。

3. 审批和救助标准

《社会救助暂行办法》第十五条将特困人员供养的标准授权各省、自治区、直辖市或者设区的市级人民政府确定、公布。值得注意的是，在2016年2月23日民政部召开的新闻发布会上，社会救助司司长刘喜堂强调，作为相同性质的社会救助政策，纳入了特困人员救助供养范围的公民，不得再享受最低生活保障。

（三）其他社会救助

《社会救助暂行办法》还规定了其他社会救助，包括“受灾救助”“医疗救助”“教育救助”“就业救助”“临时救助”等内容。但值得注意的是，其中的救助主要针对的都是最低生活保障家庭成员、特困供养人员而非自闭症人士或残障人士。

1. 医疗救助

(1)医疗救助制度简介。

国家建立了健全的医疗救助制度,保障医疗救助对象获得基本的医疗卫生服务。依照《社会救助暂行办法》第二十八条的规定,医疗救助将采取如下方式:①对救助对象参加城镇居民基本医疗保险或者其他新型农村合作医疗的个人缴费部分,给予补贴;②对救助对象经基本医疗保险、大病保险和其他补充医疗保险支付后,个人及其家庭难以承担的符合规定的基本医疗自负费用,给予补助。此外,符合相关条件的重度残障人士也可按照《国务院关于全面建立困难残疾人生活补贴和重度残疾人护理补贴制度的意见》和地方的相关政策,申领护理补贴。此外,包括自闭症儿童在内的残障儿童,在符合相关条件的情况下,还将根据《残疾儿童康复救助"七彩梦行动计划"实施方案》(残联厅发〔2011〕25 号)的相关规定,获得康复训练的相关补助。

(2)申请程序。

就一般性医疗救助,根据《社会救助暂行办法》的规定,申请者应当向乡镇人民政府、街道办事处提出,经审核、公示后,由县级人民政府民政部门审批。最低生活保障家庭成员和特困供养人员的医疗救助,由县级人民政府民政部门直接办理。

就自闭症儿童国家层面的康复训练补助,根据《贫困自闭症儿童康复救助项目实施办法》的相关规定,在该年度 9 月 1 日前,家长(监护人)可填写《贫困自闭症儿童康复救助申请审批表》(此表一式三份,由省残联、项目地区残联和定点康复机构留存),居(村)委会将视条件进行推荐,最后由项目地区残联审批。

(3)审批和救助标准。

《社会救助暂行办法》对于申请相关医疗救助的人员范围作了如下界定:最低生活保障家庭成员;特困供养人员;县级以上人民政府规定的其他特殊困难人员。具体认定标准由各地方政府出台相应的细化标准。

就自闭症儿童国家层面的康复训练补助而言,《贫困自闭症儿童康复救助项目实施办法》对资助对象和资助原则作了界定,要求资助对象应符合以下条件:经卫生部门认定的诊断机构确诊的自闭症儿童;年龄3~6岁;符合条件的城乡有康复需求的贫困自闭症儿童,优先资助城乡低保家庭的贫困自闭症儿童。具体标准和项目实施落地方案由各地政府结合地方实际进行细化。

2. 教育救助

(1)制度简介。

《社会救助暂行办法》规定,国家对在义务教育阶段就学的最低生活保障家庭成员、特困供养人员,给予教育救助;对在高中教育(含中等职业教育)、普通高等教育阶段就学的最低生活保障家庭成员、特困供养人员,以及不能入学接受义务教育的残障儿童,根据实际情况给予适当教育救助。

同时,《关于加强残疾人社会救助工作的意见》对于残障人士接受教育救助作了进一步的特别规定,要求"各地要加大对残疾学生就学的支持力度,积极推进高中阶段残疾人免费教育;对家庭经济困难的残疾学生及残疾人家庭子女就学,通过采取减免费用、发放助学金、给予生活补助、安排勤工助学等措施实施教育救助。各地要建立完善残疾学生特殊学习用品、教育训练、交通费等补助政策;对残疾儿童接受普惠性学前教育优先给予资助,为确实不能到校就读的重度残疾儿童提供送教上门或远程教育等服务。家庭经济困难的普通高校全日制本、专科残疾学生和中等职业学校、特教学校职业高中班残疾学生及在校生中家庭经济困难的残疾人家庭子女应全部享有助学金"。

(2)申请程序。

对于申请教育资助的具体流程,《社会救助暂行办法》仅作了总括性的规定,要求申请者按照国家有关规定向就读学校提出,按规定程序审核、确认后,由学校按照国家有关规定实施。各地方政府对于申请材料和程序亦有相应的实施办法,具体要求可向户籍所在地街道办事处民政相关科室或各地方民政部门网站查询。

(3)审批和救助标准。

《社会救助暂行办法》规定,根据不同的教育阶段,教育救助的对象和相应费用标准均有不同,详细标准授权地方根据具体实际进行制定。部分地区如广州,也出台了针对残障人士的教育扶助办法,对具有该地区户籍的学生申领生活补助和教育奖励的金额、申请程序、申请材料作了详细规定,详情可咨询户籍所在地街道民政相关部门,也可在各地区的民政部门官方网站进行查询。

3. 住房救助

(1) 制度简介。

《社会救助暂行办法》明确了最低生活保障家庭、分散供养的特困人员有享受住房救助的权利,具体将通过配租公共租赁住房、发放住房租赁补贴、农村危房改造等方式落实。同时,《关于加强残疾人社会救助工作的意见》中也指出,各地政府应优先保障残障人士的基本住房,在配租公共租赁住房、发放低收入住房家庭租赁补贴、楼型户型选择等方面给予特殊照顾。农村危房改造也应在同等条件下优先安排残障人士,采取分类补助标准,并对无自筹资金的残障人士家庭给予倾斜照顾。

(2)申请程序。

《社会救助暂行办法》第四十条规定,城镇家庭申请住房救助的,应当经由乡镇人民政府、街道办事处或者直接向县级人民政府住房保障部门提出,经县级人民政府民政部门审核家庭收入、财产状况和县级人民政府住房保障部门审核家庭住房状况并公示后,对符合申请条件的申请人,由县级人民政府住房保障部门优先给予保障。农村家庭申请住房救助的,按照县级以上人民政府有关规定执行。各地方政府就具体申请补助程序制定了相应细则,可向当地民政部门咨询。

(3)审批和救助标准。

审批和救助标准由《社会救助暂行办法》第四十条授权给各地方根据

其实际情况进行制定，总体上要求申领补助者符合最低生活保障、分散供养特困人员的标准。县级以上地方政府将根据本行政区域经济社会发展水平、住房价格水平等因素确定具体细则，详情可向相关民政部门、住房保障部门或其官方信息公开栏网站进行查询。自闭症人士符合上述条件且申领过残疾人证的，可在住房救助申领中享受优先照顾。

4. 就业救助

（1）制度简介。

《社会救助暂行办法》将就业救助的适用对象限制在“最低生活保障家庭中有劳动能力并处于失业状态的成员”，救助的具体方式包括贷款贴息、社会保险补贴、岗位补贴、培训补贴、费用减免、公益性岗位安置等。同时，针对残障人士，国家层面亦有相应的专项救助政策。《关于加强残疾人社会救助工作的意见》明确，各地政府要承担扩大就业形式，“确保城市有就业需求的残疾人家庭至少有一人实现就业”；各级党政机关、事业单位及国有企业应当为全社会作出表率，率先招录（聘）和安置残疾人，并“通过税收优惠、社会保险补贴等政策，鼓励企业更多吸纳就业困难的残疾人”。

（2）申请程序。

《社会救助暂行办法》中对于申请就业救助的流程作了原则性的规定，要求申请者应当向住所地街道、社区公共就业服务机构提出，公共就业服务机构核实后予以登记，并免费提供就业岗位信息、职业介绍、职业指导等就业服务。各地对申请的材料和流程亦有具体的实施办法规定，详情可向户籍所在地街道进行咨询。同时，已申领残疾人证的自闭症人士家庭，亦可向所在地区残疾人劳动就业服务机构或户口所在地的地方残疾人联合会申请就业岗位安排、创业扶持、职业培训等多项救助措施。具体流程和救助措施内容可参照各地出台的扶持残障人士就业相关办法和细则的规定。

（3）审批和救助标准。

《社会救助暂行办法》将就业救助的对象范围界定在满足最低生活保障申请条件且无人就业的家庭内，具体审批标准依照各地对于最低生活保障申请者的财产和收入情况认定执行。除该种一般性保障制度之外，自闭症人士家庭亦可选择向户籍所在地残联或相关民政部门申请享受针对残障人士专项的扶持政策，大多数地方政府部门要求申请人申请时提供《中华人民共和国残疾人证》的原件及复印件，具体救助方式和审核标准视残障人士身心条件和本人意愿而定。

5. 临时救助

（1）制度简介。

针对因火灾、交通事故等意外事件，家庭成员突发重大疾病等原因，导致基本生活暂时出现严重困难的家庭，或者因生活必需支出突然增加超出家庭承受能力，导致基本生活暂时出现严重困难的最低生活保障家庭，以及遭遇其他特殊困难的家庭，《社会救助暂行办法》等法律法规设立了国家给予临时救助的义务。《关于加强残疾人社会救助工作的意见》中又明确，在残障人士家庭或个人遭遇上述意外事件导致基本生活陷入困境后，当地人民政府应当给予应急和过渡的救助。

（2）申请程序。

《社会救助暂行办法》中规定，此类临时救助，应由申请人向乡镇人民政府、街道办事处提出，经审核、公示后，由县级人民政府民政部门审批；救助金额较小的，县级人民政府民政部门可以委托乡镇人民政府、街道办事处审批。情况紧急的，可以按照规定简化审批手续。同时，《社会救助暂行办法》第五十一条规定，各地公安机关和其他有关行政机构人员在发现有流浪、乞讨的残障人士时，亦有义务主动将其引导、护送到救助管理机构，进行妥善安置。

同时，部分地区亦出台了针对残障人士特殊困难临时救助的实施办法。办法对于申请程序和补助金额的规定因地方实际情况的个性化而有所不同，但多数要求残障人士向户籍所在地街道办事处提出申请，由本人或其监护人填写特殊困难救助申请表，并根据临时救助内容的具体类型提供相应材料，包括身份证、残疾人证、重病住院治疗或长期治疗的相关凭证、意外事件的发生证明等。详细程序要求可咨询户籍所在地街道办事处或相关的残障人士权益保障部门。

(3)审批和救助标准。

《社会救助暂行办法》第四十七条对于临时救助的适用对象界定为“最低保障家庭”和“遭遇其他特殊困难的家庭”,具体审批标准参见各地出台的最低生活保障家庭认定条件及对该条“遭遇其他特殊困难”的细化定义。而对包括自闭症人士在内的残障群体,部分地区如深圳、长沙等,出台了专项的特殊困难临时救助办法,结合地方实际,设立了分层多元的残障人士临时救助审核标准和救助措施,范围涵盖突发重病住院或罕见病住院治疗,遭遇重大意外事故等多种情形。因此,持有残疾人证的自闭症人士或其监护人,可向户籍所在地街道办事处咨询临时救助的申请资格和救助费用,并按各地方的细化规定完成申请流程。

三、社会保险

社会保险制度在我国的社会保障体系中占重要地位,项下主要包含养老保险、生育保险、工伤保险、医疗保险、失业保险和护理保险等。我国《残疾人保障法》和《“十三五”残疾人纲要》均宣示了残障人士平等享有社会保险的权利,并设立了各级人民政府鼓励帮助残障人士参加社会保险、按国家有关规定给予社会保险补贴的义务。

根据本书问卷调查的结果,被调查的监护人中,有 172 位为监护对象申请了社会保险;126 位监护人尚未为监护对象申请。未申请社会保险的可能和监护对象的年龄有关。调查还显示,相较商业保险,社会保险仍然是我国自闭症家庭缓解经济负担、分散风险的主流社会保障模式。

(一)养老保险

我国目前并未设立针对残障人士的专门养老保险,残障人士仍被纳入普惠型的养老保险体系之中。针对自闭症等残障人士长期以来存在的缴费难的困境,《“十三五”残疾人纲要》中明确提出,应确保城乡残障人士普遍享有养老保险。在这一宏观政策导向之下，各地也陆续出台了代缴重度残障人士社会保险费用、为相关用人单位提供社会保险补贴等扶助措施。

1. 重度残障人士社会保险费代缴

上海、北京、太原等地区对于同时满足持有第二代《中华人民共和国残疾人证》且残疾等级为一二级的视力残疾、听力残疾、言语残疾、肢体残疾、精神残疾、多重残疾人以及残疾等级为一级、二级、三级的智力残疾人，提供城乡居民养老保险代缴的扶持。重度残障人士或其委托人应到街道（乡镇）社区事务受理中心办理参加城乡居民养老保险登记手续。具体申请流程可咨询户籍在所在地民政部门。

2. 用人单位社会保险补贴

在《"十三五"残疾人纲要》提出可将社会保险补贴作为促进残障人士就业的途径之一之后，各地出台相应的社会保险补贴细则，对于安置一定比例残障职工且工资支付、劳动合同签订均合法合规的用人单位，提供社会保险补贴。对此，符合要求的残障人士集中企业可向其所在地民政部门提出申请。细化的程序、审核标准、补贴发放方式等相见各地出台的相关通知文件，或直接咨询当地民政部门。

（二）医疗保险

对于自闭症这类需要持续性康复和救治的精神障碍，完善的医疗保障制度将最大限度缓解家庭的经济负担。目前，我国各地区对于残障人士医疗保险制度的探索，主要集中于资助残障人士参保、扩大基本医疗保险支付项目，完善重度残障人士医疗报销制度等方面。以上海为例，对自愿参加城乡居民医保、持有第二代《中华人民共和国残疾人证》且残疾等级为一级、二级的视力残疾、听力残疾、言语残疾、肢体残疾、精神残疾、多重残疾及残疾等级为一级、二级、三级的智力残疾人，政府出台了具体的帮扶补助办法。符合上述标准的重残人员可到户籍所在地社区事务受理服务中心提出申请，依照相关规定准备并提交材料。其他地区申领补贴的程序类似，但具体文书要求和补贴覆盖范围应根据户籍所在地相关法规政策而定。

在《关于新增部分医疗康复项目纳入基本医疗保障支付范围的通知》（人社部发〔2016〕23号）中，为进一步提高包括残障人士在内的广大参保人员医疗康复保障水平，将自闭症诊断访谈量表（ADI）测评纳入了医疗保障支付范畴。但未将自闭症人士的医疗康复纳入医疗保障的范畴；对于自闭症人士而言，近年来普遍呼吁将自闭症人士的康复费用纳入医保范围。

（三）工伤保险

工伤保险为劳动者在工作中或在某些特定环境下所遭受的身体损害，提供了相应的救济。对于自闭症人士而言，工伤保险制度最大的优势在于无须考究雇主和企业者是否存在过错，只要在本人非故意的情况下，便可依照法律相关规定获得社会保险的赔付，同时工伤保险的参保费用均由雇主来承担。根据《工伤保险条例》，一旦发生赔付事宜，当事人或其监护人可向各地工商保险经办机构申请工伤认定并向社会保障行政部门提交下列材料：（1）工伤认定申请表；（2）与用人单位存在劳动关系（包括事实劳动关系）的证明材料；（3）医院诊断证明或职业病诊断证明书等，需要劳动能力鉴定的，可再由社会保险行政部门上报市劳动能力鉴定委员会鉴定伤残等级。值得注意的是，工伤保险仅适用于劳动关系而不适用于雇佣关系之中。若在此类关系中，自闭症人士等残障群体遭受精神或身体等伤害，可依据一般民事诉讼程序或相关商业保险获得补偿。

（四）护理保险

2016年，人力资源社会保障部办公厅发布了《关于开展长期护理保险制度试点的指导意见》，在上海、江苏等15个省市区内，尝试建立长期护理保险制度，并在近两年逐渐将这一模式推广至其他地区。

我国目前主流的长期护理保险模式采取了政府主导、商业经办的模式，长期护理保险基金由个人缴费、政府补助和职工基本医疗保险、城乡居民基本医疗保险统筹基金结余划转组成。

目前，试点地区对于长期护理保险参保人员范围尚有一定限制，如上海要求参保人员同时满足年满60周岁、按规定申领基本养老金或按规定完成居民医保缴费享受居民医保待遇、有效期内通过老年照护统一评估的资格条件；江苏则要求参保人员参加职工基本医疗保险或城乡居民基本医疗保险，且通过相应的失能等级评估。长期护理保险的服务范围涵盖社区居家照护和住院医疗护理等方面，由定点护理机构持有相关执照或上岗证的专业人员提供服务。

尽管目前长期护理保险制度尚未形成全覆盖、多层级的体系，但这一制度对于大龄自闭症人士无疑具有重要的意义，不仅有效缓解了这一人群终身照料的经济负担，同时，定点护理机构提供的服务在专业性和质量上亦有相应的监管保障，照护服务逐步走向公开透明。试点地区符合要求的自闭症家庭可前往户籍所在地社区事务受理中心或社保经办机构进行评估和政策咨询。

四、残障人士的专项社会保障

（一）残障人士两项补贴

根据《国务院关于全面建立困难残疾人生活补贴和重度残疾人护理补贴制度的意见》（国发〔2015〕52 号）、《民政部、中国残联关于贯彻落实〈国务院关于全面建立困难残疾人生活补贴和重度残疾人护理补贴制度的意见〉的通知》（民函〔2015〕274 号）的规定，符合条件的持证残疾人可以申请困难残障人士生活补贴和重度残疾人护理补贴。国发〔2015〕52 号文在充分总结地方经验的基础上，对全面建立困难残疾人生活补贴和重度残疾人护理补贴（以下简称残障人士两项补贴）制度进行了顶层设计和统筹指导；民函〔2015〕274 号文对残障人士两项补贴的执行细节进行了规定。残障人士两项补贴制度是国家层面首次建立的残障人士专项福利补贴制度。

残障人士两项补贴标准由省级人民政府根据经济社会发展水平、残障人士生活保障需求和长期照护需求统筹确定，并适时调整。各地可以确定统一的起始标准，也可以按照残障人士的不同困难程度制定分档补贴标准，避免标准过低、惠及程度过低的现象。

其中,《上海市人民政府关于全面建立本市困难残疾人生活补贴和重度残疾人护理补贴制度的实施意见》(沪府发〔2015〕76 号)规定了上海市的残障人士两项补贴的补贴标准。

(1)困难残疾人生活补贴:具有本市户籍、持本市颁发的第二代《中华人民共和国残疾人证》的残疾人,符合以下条件的,可以申请困难残疾人生活补贴:①纳入最低生活保障范围的本市重残无业人员,补贴标准统一调整为每人每月 330 元;②本市低保家庭中的残疾人,补贴标准为每人每月 300 元;③本市低收入家庭中的残疾人,补贴标准为每人每月 200 元。低保、低收入家庭残疾人申请困难残疾人生活补贴,应当符合本市社会救助有关认定标准。同时符合上述补贴条件的残疾人,可择高申领其中一类补贴。

(2)重度残疾人护理补贴:主要补助残疾人因残疾产生的额外长期照护支出。长期照护是指因残疾产生的特殊护理消费品和照护服务支出持续 6 个月以上时间。具有本市户籍、持本市颁发的第二代《中华人民共和国残疾人证》且残疾等级被评定为一级、二级的残疾人和三级智力残疾人可以申请重度残疾人护理补贴。①残疾等级被评定为一级的残疾人,补贴标准为每人每月 300 元;②残疾等级被评定为二级的残疾人和三级智力残疾人,补贴标准为每人每月 150 元。享受护理补贴的残疾人符合条件的,可以申请机构养护、居家养护等服务。[1]

(二)阳光家园计划

《"十三五"残疾人纲要》针对残障人士所享的专项社会救助措施的内容和发展方向作了顶层的设计和部署。其中与自闭症人士最为相关的是"阳光家园计划"。

2012 年,中国残联与财政部共同组织实施了"阳关家园计划",并发布了《阳光家园计划——智力、精神和重度残疾人托养服务项目(2012 - 2015

---

〔1〕 具体内容参见《上海市人民政府关于全面建立本市困难残疾人生活补贴和重度残疾人护理补贴制度的实施意见》(沪府发〔2015〕76 号)。

年)实施方案》,提出将要为享受低保且无业的智力、精神和重度残障人士居家托养和各类残障人士托养服务寄宿制机构和日间照料机构提供资助,使自闭症人士等残障人士群体可以在托养服务机构接受职业康复训练、技能培训、享受无障碍环境,在家庭内部接受居家生活照料、家政服务、康复护理等全方位照护服务。

2016年,《"十三五"残疾人托养服务工作计划》中,明确将继续实施"阳光家园计划",各地政府将通过购买服务的方式对95万符合条件的智力、精神和重度残障人士(次)接受托养服务给予补助,打造残障人士基本公共服务的"阳光"品牌。该计划不仅对残障人士托养服务机构及个人家庭提供经济、资金、场地、税收等各类优惠扶持,同时,也探索建立了残障人士托养服务的基本规范和人才培养机制,为这一行业可持续性的发展奠定了政策基础。

阳光家园的具体内容见第六章第三节中的"托养"。

第二节 社会保障管理体制

本节导读

实践中,许多自闭症人士家长对于自闭症人士如何寻求社会保障并没有全面的了解。本节将介绍政府部门、群团组织、社会组织共同构建的社会保障管理体制,通过了解不同机构(组织)的性质与工作内容,以期促进更好地维护自闭症人士的应有社会保障权益。

一、政府部门

(一)国务院残疾人工作委员会

国务院残疾人工作委员会是国务院的议事协调机构,具体工作由中共残疾人联合会担任。机构负责协调国务院有关残疾人事业方针、政策、法规、规划的制定与实施工作；协调解决残疾人工作中的重大问题；组织协调联合国有关残疾人事务在中国的重要活动。

国务院的议事协调机构不同于民政部、教育部等国务院组成部门，国务院议事协调机构承担跨国务院行政机构的重要业务工作的组织协调任务。国务院议事协调机构议定的事项，经国务院同意，由有关的行政机构按照各自的职责负责办理。目前我国并没有专门负责管理残障人士社会保障事业的统一政府部门，部分政府部门在本部门的职责范围内分管相应的残障人士事业管理。

正因如此，在没有专门性的残障人士管理行政部门的情况下，国务院残疾人工作委员会负责组织协调有关部门，综合有序地发展残障人士社会保障事业。

（二）残障人士社会保障相关政府部门

国务院办公厅曾在2010年3月10日，转发了中国残联等部门和单位《关于加快推进残疾人社会保障体系和服务体系建设的指导意见》（国办发〔2010〕19号）。在国办发〔2010〕19号文中重申了残障人士社会保障体系和服务体系的重要性，起草部门和单位（中国残联、民政部、教育部、人力资源和社会保障部、卫生部、中央宣传部、发展改革委、科技部、司法部、财政部、住房城乡建设部、交通运输部、工业和信息化部、文化部、人民银行、扶贫办）对残障人士社会保障建设承担着相应的职责。

同时根据《“十三五”残疾人纲要》中的内容，对于“重点任务分工”也是主要提到了以上部门。除中国残联并非官方行政部门外，其他部门均为国务院的行政机构。

在《关于印发〈国务院残疾人工作协调委员会工作规则〉和〈国务院残疾人工作协调委员会成员单位职责分工〉的通知》（残工委〔2003〕5号）中，明确了国务院残疾人工作协调委员成员与相关职责分工，上述的各个行政部门的职能介绍也来自该文件规定，因为国务院机构有相应改革，上述行政机构的名称发生了相应变化，但不影响其职责范围。但是在该文件中，有相关成员并没有作为此次国办发〔2010〕19 号文的起草单位，比如外交部、国家民族事务委员会、新闻出版总署等，在此笔者不一一介绍，但是值得注意的是，扶贫办和交通运输部作为国办发〔2010〕19 号文的起草单位却不在议事协调机构的成员范围中，笔者认为，这两个机构作为国办发〔2010〕19 号文的起草单位，必定也承担着相应的残障人士社会保障的职责，在此作简单介绍。

具体职责如下：

(1)民政部在残障人士社会保障中的工作职责：负责残障人士的社会福利救助工作，指导残障人士的权益保障工作，拟定有关方针、政策、法规、规章并指导实施；研究提出福利企业认定标准和扶持保护政策，规划和发展福利企业，促进残障人士集中就业；参与全国精神病防治康复工作，负责特殊困难群体的精神病人的治疗康复与救济；指导社区残障人士工作；负责组织各类社会福利机构和社区服务机构中的残障儿童学前教育、残障人士文化教育和职业技术教育；负责假肢行业的管理工作和矫形器技术标准的制定与实施；管理并指导残障人士社团；通过中国福利彩票发行工作，为残障人士等福利事业发展募集资金。

(2)教育部在残障人士社会保障中的工作职责：主要负责残障人士教育保障的相关内容。起草制定有关残障人士教育的法律法规和政策性文件，保障残障人士受教育的权利。将残障人士教育纳入全国教育发展规划；贯彻执行《残疾人教育条例》；督促地方各级人民政府将残障儿童少年实施义务教育纳入当地义务教育发展规划并统筹安排实施；逐步提高学前残障儿童接受教育的比例；积极扫除残障青壮年文盲；将残障人士职业技术教育、成人教育纳入教育体系；逐步发展高级中等以上特殊教育；保证达到录取标准的残障考生进入中等职业学校和普通高等院校，指导做好盲文、手语的研究和推广工作。

(3)人力资源和社会保障部在残障人士社会保障中的工作职责：把残障人士就业纳入劳动就业发展的总体规划，促进适合残障人士就业岗位的开发及就业服务体系的发展，提高残障人士就业率。保障残障职工稳定就业，尽量避免残障职工下岗；规划下岗残障职工的分流安置、基本生活保障和再就业工作；组织开展劳动监察，依法维护残障人士劳动就业权益；负责残障人士职业技能鉴定，指导残障人士职业培训工作及残障人士就业服务工作，推动残障人士按比例就业；指导和支持对残障职工的社会保障工作。

（4）卫生部在残障人士社会保障中的工作职责：负责组织有关部门制定残障人士医疗服务政策；制定康复医疗规划并组织实施；指导基层卫生网络开展精神病防治、社区康复和碘缺乏病防治工作；负责新生儿疾病筛查、残障儿童的检查诊断工作，配合特殊教育学校（班）做好检查鉴定工作，对特殊教育学校（班）的残障儿童的康复医疗进行指导；从卫生角度，同有关部门一道开展残障预防工作。

（5）中央宣传部在残障人士社会保障中的工作职责：组织协调新闻、文艺、出版部门认真做好残障人士事业的宣传。大力宣传残障人士自强不息精神，倡导扶残助残社会风尚，营造有益于残障人士事业发展和文明进步的社会氛围。

（6）发展改革委在残障人士社会保障中的工作职责：把残障人士事业发展计划纳入国民经济和社会发展中长期规划和年度发展计划，做好残障人士事业与国民经济和社会发展的衔接平衡和协调发展。按规定程序统筹安排用于残障人士基本建设的投资、国外贷款计划。

（7）科技部在残障人士社会保障中的工作职责：将残障人士事业领域科学技术研究、开发、应用等项目纳入科技发展总体规划，通过相关科技计划对残障人士事业领域的科技发展给予支持。

（8）司法部在残障人士社会保障中的工作职责：将有关保护残障人士合法权益的法律、法规纳入法制宣传和普法教育，加强宣传教育。指导监督律师事务所、公证处、基层司法所、法律服务所、法律援助中心、人民调解组织等为维护残障人士合法权益提供法律服务和法律援助。

（9）财政部在残障人士社会保障中的工作职责：参与研究制定有关残

障人士事业的政策、法规,制定残障人士福利性企业事业组织和残障人士个体劳动者的税收优惠政策。根据残障人士事业发展的需要和国家财力可能,为残障人士事业提供必要的财力保障,加强对残障人士事业各项经费使用的管理和监督。

(10)住房和城乡建设部在残障人士社会保障中的工作职责:制定、实施方便残障人士使用的无障碍设计国家标准。

(11)工业和信息化部在残障人士社会保障中的工作职责:指导残疾人事业信息化建设,推动信息技术在残障人士事业领域的应用,指导并推动残疾人信息无障碍建设。

(12)文化部在残障人士社会保障中的工作职责:丰富残障人士文化生活,为残障人士参加公共文化活动提供便利,并予以特别辅助;开展"文化助残";指导、扶持、推动残障人士特殊艺术的发展及对外交流。

(13)人民银行在残障人士社会保障中的工作职责:负责将残障人士扶贫贴息贷款列入国家扶贫贴息贷款计划,并协调有关金融机构予以落实。

(14)扶贫办在残障人士社会保障中的工作职责:扶贫办也属于国务院的议事机构,主要负责组织调查研究;拟订贫困地区经济开发的方针、政策和规划;协调解决开发建设中的重要问题;督促、检查和总结交流经验。

(15)交通运输部在残障人士社会保障中的工作职责:主要负责国家的交通运输,在此主要承担残障人士的无障碍通行等相关职责。

二、群团组织:残联

上文已经介绍了相关国家机构的职能,但是说到残障人士,公众与其联系最为密切的组织是残联。对于残联的性质和组织形式,下文将详细介绍。

(一)残联的组织架构

残联全称为残疾人联合会。残联包括中国残联与地方残联组织。

中国残联是经国务院批准和国家法律确认的将残疾人自身代表组织、社会福利团体和事业管理机构融为一体的残障人士事业团体。地方残联组织包括两部分,一部分是按照国家行政区划设立中国残联各级地方组织,另一部分是社区居民委员会、村民委员会、残障人士集中的企业事业单位,建立残疾人协会或残疾人小组。大中型企业事业单位、开发区,经省(自治区、直辖市)残疾人联合会同意、本单位批准,可建立残疾人协会或残疾人联合会,受当地残联的业务指导。中国残联与地方残联没有直接领导关系,各级残联依据相关规定,一般受同级政府领导,但是残联并不是国家机关,而是具有"半官半民"性质的人民团体。

中国残疾人联合会成立于 1988 年 3 月,是国家法律确认、国务院批准的由残障人士及其亲友和残障人士工作者组成的人民团体,是全国各类残障人士的统一组织。中国残联的宗旨是:弘扬人道主义思想,发展残障人士事业,促进残障人士平等、充分参与社会生活,共享社会物质文化成果。中国残联具有代表、服务、管理三种职能:代表残障人士共同利益,维护残障人士合法权益;团结帮助残障人士,为残障人士服务;履行法律赋予的职责,承担政府委托的任务,管理和发展残障人士事业。

残疾人协会或残疾人小组被称为基层组织,其主要任务是:代表残障人士利益,反映残障人士需求,维护残障人士权益,开展有益活动,为残障人士办实事。

(二)精协与孤独症(工作)委员会

县(市、区、旗)及县以上残联下设盲人协会、聋人协会、肢残人协会和智力残疾人及亲友协会、精神残疾人及亲友协会 5 个专门协会。专门协会委员会由残联代表大会代表中同类别的残障人士、残障人士亲友选举产生。专门协会的主要任务是:代表、联系、团结、服务本类别残障人士,反映特殊愿望及需求,维护合法权益,争取社会帮助,开展适宜活动,参与国际交往。专门协会设主席、副主席,由专门协会委员会选举产生。

精协为精神残疾人及亲友协会的简称,为残联的五大主体协会之一。孤独症(工作)委员会是精协三个专业委员会之一,主要使命是在中国境内或所属行政区域内,履行自闭症人群的"代表、维权、服务"职责,成为"上情下达”和“下情上达”的快捷管道和工作平台。

三、社会组织

（一）福利多元主义与社会组织的发展

20 世纪 70 年代以来，西方学者提出了“福利多元主义”（welfare pluralism）的理论范式，主张福利主体与福利来源的多元化，倡导社会共同责任本位；主张市场力量不可或缺以及建立起国家、市场和家庭之间相互补充、共同提供福利的福利多元组合（welfare mix）体系，认为国家、市场和家庭之间与其说是相互竞争的关系，不如说是相互补充的关系，三者此消彼长，一方的增长对其他方的贡献具有替代性。福利多元主义在西方国家的社会政策中得到广泛体现，促进了志愿者组织和社会组织的快速发展，也促进了公民社会的成熟和法团主义的成形。[1] 同样，福利多元主义也给中国的社会组织发展提供了理论依据。

党的十九大报告明确提出要“全面建成覆盖全民、城乡统筹、权责清晰、保障适度、可持续的多层次社会保障体系”，其中多层次就意味着不仅仅要依靠政府的力量完善社会保障，还要善于借助社会乃至家庭与个人的力量，不断壮大整个社会保障体系的物质基础。[2]

社会组织在我国法律中并没有明确的定义。在《民法总则》中明确了非营利法人的概念，即为公益目的或者其他非营利目的成立，不向出资人、设立人或者会员分配所取得利润的法人，为非营利法人。非营利法人包括事业单位、社会团体、基金会、社会服务机构等。而目前的社会组织通常被认为包括社会团体、基金会以及社会服务机构。

（二）社会组织在自闭症群体社会保障中的作用

政府逐渐认识到，公共产品的供给可以来自多个方面：政府、家庭、商业

---

〔1〕 杨立雄、兰花：《中国残疾人社会保障制度》，人民出版社 2011 年版，第 28 页。

〔2〕 郑功成：《多层次社会保障体系建设：现状评估与政策思路》，载《社会保障评论》2019 年第 1 期。

部门、志愿机构；公共服务不一定要由政府包揽，社会力量应当广泛参与。[1] 但是社会组织的出现不仅仅是政府职能的良性转变，也因为社会组织在这些特殊领域有其特有的专业性等优势。

1. 筹资

社会组织筹资的渠道主要有两种：第一种方式是利用基金会、慈善组织等非营利部门筹集残障人士社会保障资金。第二种方式是通过服务收费获取资金。通过引入市场机制，让社会组织走上自我发展的道路。[2] 比如，上海宋庆龄基金会、中国社会福利基金会都有针对自闭症人士的专项公益基金，团结社会力量帮助有自闭症的孩子及其家庭，在经济上给予救济、在精神上给予温暖关怀。

2. 专业化服务

社会组织的服务提供目前主要是政府通过购买社会组织服务的方式，由社会组织承担原本政府角色的社会保障功能。比如，某地区政府通过购买某自闭症志愿者协会的“自闭症家长心理咨询服务”，通过该协会到社区开展免费的心理咨询，这也是社会福利的一种表现。但是除了政府购买服务，社会组织也会自主提供补充性保障服务。比如，会有一些自闭症康复机构定期为自闭症家长科普如何与自闭症人士相处，甚至会在特定时间，如世界自闭症日时，与医疗机构合作，免费为社区人进行体检，民间的社会组织较好地完善了多层次的社会保障体系。但是当前我国社会组织对政府部门的依赖性较高，规模与结构仍然处于失衡状态，法律法规体系尚不健全，亟待加强引导与监督管理。[3]

---

〔1〕 田凯：《我国公共服务领域政府与社会组织合作关系的发展》，载《国家行政学院学报》2018 年第 5 期。

〔2〕 杨立雄、兰花：《中国残疾人社会保障制度》，人民出版社 2011 年版，第 29 页。

〔3〕 李光：《促进社会组织与政府购买服务互动发展》，载《宏观经济管理》2018 年第 10 期。

第三节 法律援助

本节导读

法律援助作为权利救济最重要的一环，是关乎自身合法权益是否实现的“最后一公里”。本节将介绍我国自闭症人士法律援助的现状，分析得出法律援助的现实需求，并梳理我国现行法律援助的保障体系，结合制度和现实需求，提出完善我国法律援助体系的建议，为读者提供一个参考。

一、自闭症人士的法律援助现状

（一）问卷调查结果

根据我们向自闭症人士的监护人发放的调查问卷，仅3.36%的受访者确认因监护对象的事宜求助并得到过法律援助。关于未得到过法律援助的原因，40.28%的受访者称不觉得遇到了需要法律援助的事情；40.28%的受访者表示不知道可以申请法律援助；0.69%的受访者称曾申请法律援助但未获得通过；其他原因还包括不知道申请法律援助的途径等。

在确认得到过法律援助的受访者中，就法律援助机构的行政人员，仅20%的受访者表示对其感到满意或很满意；就提供法律援助的律师，仅30%的受访者表示对其感到满意或很满意；就法律援助的结果，仅30%的受访者表示对其感到满意或很满意。

基于前述问卷调查结果，实践中目前我国对自闭症人士的法律援助仍处于较为初级的阶段，存在自闭症人士及其监护人群体的相关法律需求无法通过法律援助手段得到有效满足的问题。究其原因，一方面，从相关自闭症人士及其监护人的角度而言，由于缺乏相关信息获取途径及平台，大部分自闭症人士及其监护人无法完整、及时地获知其可以获得的法律援助内容及相应获得途径，导致这一群体无法有效地利用现有的法律援助资源。另一方面,从法律援助服务提供者的角度而言,可能受限于人员、经费、缺乏专业化等因素,存在法律援助覆盖范围不广、服务水平参差不齐等问题。

(二)法律援助保障的必要性

1. 获得司法保护的权利

根据《社区康复指南》中的定义,获得司法保护是一个广泛的概念,是指人们有能力获得司法行政的系统、程序、信息和机构的服务。人类在尊严和权利方面生而自由和平等,因此当自闭症人士的权利和尊严受到侵害时,都应该平等地得到司法保护。自闭症人士由于其交流障碍,在获得司法保护中存在一定障碍,因此国家应当提供相应的途径提供司法保护。

对于获得司法保护的权利保障,在《残疾人权利公约》、《社区康复指南》以及《宪法》中均有规定。

(1)《残疾人权利公约》。

《残疾人权利公约》第十三条中明确提出残障人士应当获得司法保护,其中应当确保残疾人在与其他人平等的基础上有效获得司法保护,包括通过提供程序便利和适龄措施,以便利他们在所有法律诉讼程序中,包括在调查和其他初步阶段中,切实发挥其作为直接和间接参与方,包括其作为证人的作用。

(2)《社区康复指南》。

在《社区康复指南》的“社会编”中,专设了一篇“司法”,里面提供了残障人士获得司法保护的一些观念,及关于社区康复项目如何帮助残障人士克服在获得司法保护中可能遇到的障碍的建议。

(3)《宪法》。

目前,我国宪法中尚无对于公民诉权的直接明文规定,但有相关条款涉及了司法权利的保障。《宪法》第三十三条第二款规定:“中华人民共和国公民在法律面前一律平等。”第三款又述:“国家尊重和保障一切人权。”该条设立了所有公民法律地位平等的原则和国家保障公民人权实现的义务,诉权作为一项被国际人权文件普遍确认的基本人权,亦被涵盖于本条“一切人权”的概括性定义之中。同时,《宪法》第一百三十一条和第一百三十六条从诉讼制度角度分别确立了人民法院和人民检察院的独立审判地位,从机制设计角度为公民获得公平的司法救济路径奠定了基础。

2. 其他人权保障的基础

自闭症人士在其教育、康复、劳动就业等权益遭受侵害时,需要有一定的救济途径,而这一救济途径即司法救济。例如,自闭症人士的受教育权受到侵害,则需要以向法院提起诉讼或其他方式来解决。因此,保障自闭症人士能够平等参与司法也是对自闭症人士其他人权的保障。

3. 现实需要

自闭症人士由于存在交流障碍和刻板、重复行为,以及社会未提供足够支持的情况,其参与司法存在一定的障碍。而自闭症人士相较于其他社会公众,更容易遭受他人的侵害;同时,由于我国的监护制度在一定程度上缺乏对被监护人的权益保障,自闭症人士还容易遭受来自监护人的侵害。

(三)自闭症人士的法律援助需求

根据问卷调查及访谈,就对于自闭症人士在法律援助方面还需要什么支持的问题,受访者主要关注以下几个方面。

1. 法律咨询及法律知识普及

为自闭症人士及其监护人群体提供与自闭症人士相关的法律咨询及法律知识普及是受访者普遍希望获得的法律援助形式之一。在对问卷的回答中,有很大一部分受访者提及希望进一步了解与自闭症人士相关的法律规定和知识,如自闭症人士应享有什么样的法律权利及权益,以及自闭症人士在就学、就业、医疗、保险、托养和监护等方面可以获得何种法律保障等。

2. 维护自闭症人士的法律权益

部分受访者提及其被监护人曾在就学、就业及生活方面受到歧视,或未获得其根据现有法律法规应获得的生活保障及补助等,在此种情形下,如何协助自闭症人士通过法律手段妥善维护其合法权利和权益也成为相关法律援助服务提供者需重点关注的问题。

3. 为自闭症人士的监护及保障措施提供法律支持

部分受访者也希望法律援助机构可以在自闭症人士的监护、生活保障、教育、就业等环节提供法律支持，并协助监护人为自闭症人士制定完善的遗嘱、保险及信托方案，以应对因监护人过世而导致自闭症人士无法受到妥善照顾的问题。

二、法律援助的保障体系

（一）获得司法保护的保障体系

根据以上的内容，为保障自闭症人士在与其他人平等的基础上获得司法保护，确保充分享有人权。根据《残疾人权利公约》《社区康复指南》的规定，主要获得司法保护的内容包括以下几个方面。

1. 权益受到立法保障

自闭症人士的权利需要在法律、政策中被确认，这是自闭症人士获得司法保护的前提和基础。只有这样，在自闭症人士的权益被侵犯时，他们才可以通过行政机关、司法机关等维护自身权利。例如，只有自闭症人士的受教育权被法律保护，在义务教育阶段学校拒绝自闭症人士入学，自闭症人士才可以通过行政主管部门责令的方式，或采取诉讼的程序维护自己的权益。

2. 法律意识

法律意识是挑战不公正对待的基础。当自闭症人士不了解自己享有的权益和法律保护，在他们的权益被侵犯时，他们就无法使用法律的武器保护自己。这也是本书撰写的目的之一，希望所有的自闭症人士能够知悉和了解自己的权益，只有这样，在自身权益被侵犯时才可以捍卫自己的权益。

《社区康复指南》针对提高残障人士的权利意识，提供了以下建议：

（1）和残疾人组织合作确保残障人士及其家人能够认识到他们的权利；

（2）以无障碍形式传播关于残障人士权利以及怎样获得这些权利；

(3)与残障人士组织、人权组织和自助团体共同参与提高认识的活动;

(4)在社区和街道层面,与关键部门和决策者合作,如执法和法院官员、司法和卫生专业人员、教师、宗教和商界领袖,支持残疾人组织和人权组织开展残障人士培训工作。

3. 法律援助

由于法律程序繁杂以及花费时间、金钱成本较高,因此对于自闭症人士而言,其参与法律程序的难度很高。同时需要法律援助帮助自闭症人士能够启动和寻求司法保护。法律援助的内容应当包括提供法律问题的咨询以及作为代理人出庭。同时,在国家提供相应的法律援助之外也包括民间组织提供的法律援助。

国务院于 2003 年 7 月 21 日发布了《法律援助条例》,并于 2003 年 9 月 1 日正式施行,我国的法律援助体系正式形成。

(二)我国现有的法律援助制度

1. 主管机关

我国采取了以政府为主导的法律援助体系,公办法律援助机构是主要的法律援助服务提供者。《法律援助条例》规定,法律援助是政府的责任,各级人民政府司法行政部门根据需要确定该行政区域的法律援助机构,以负责受理、审查法律援助申请,指派或者安排人员为符合规定的公民提供法律援助。在这一体系下,各地的公办法律援助机构作为各级政府的职能部门之一,其开展和提供法律援助工作也受限于相关法律法规的授权和限制。

2. 现有法律援助体系适用的对象

我国法律援助体系针对的是经济困难的人群。由于我国目前尚无就包括自闭症在内的特殊人群设置专门的法律援助制度,目前对于自闭症人士的法律援助只能笼统地根据现有的法律援助框架予以适用与执行。

就法律援助适用的对象,《法律援助条例》第十条规定:“公民对下列需要代理的事项,因经济困难没有委托代理人的,可以向法律援助机构申请法律援助……”第十三条规定:“本条例所称公民经济困难的标准,由省、自治区、直辖市人民政府根据本行政区域经济发展状况和法律援助事业的需要规定。”

各省、自治区、直辖市就《法律援助条例》第十条规定的适用范围进行了进一步扩充。例如,《北京市法律援助条例》第十九条规定:“申请人能够证明有下列情形之一的,法律援助机构可以直接认定其经济困难,无需提供第十八条第二款规定的经济困难证明:……(四)重度残疾或者患有重大疾病且无固定生活来源的……”而根据《上海市法律援助若干规定》及《上海市人民政府关于调整法律援助对象经济困难标准和扩大法律援助事项范围的通知》的规定,“法律援助申请人具有下列情形的,可以免予审查家庭经济状况:……3.残疾人且无固定生活来源的”。

此外,从程序的角度,《办理法律援助案件程序规定》也对《法律援助条例》第十条规定的适用范围进行了一定程度的扩充。《办理法律援助案件程序规定》第十条规定:“申请人持有下列证件、证明材料的,无需提交法律援助申请人经济状况证明表:……(六)残疾证及申请人住所地或者经常居住地的村民委员会、居民委员会出具的无固定生活来源的证明材料……”

3.适用的案件范围

根据《法律援助条例》的规定,以下案件可以申请法律援助:(1)依法请求国家赔偿的;(2)请求给予社会保险待遇或者最低生活保障待遇的;(3)请求发给抚恤金、救济金的;(4)请求给付赡养费、抚养费、扶养费的;(5)请求支付劳动报酬的;(6)主张因见义勇为行为产生的民事权益的。

4.申请程序

(1)申请主体。

原则上法律援助的申请主体为当事人,但依照《法律援助条例》第十六条的规定,若申请人为无民事行为能力人或者限制民事行为能力人的,应由其法定代理人代为提出申请;无民事行为能力人或者限制民事行为能力人与其法定代理人之间发生诉讼或者因其他利益纠纷需要法律援助的,由与该争议事项无利害关系的其他法定代理人代为提出申请。

(2)受理机构。

根据《法律援助条例》第十四条的规定,自闭症人士或其监护人可根据具体事项,按下表所列规定向对应机构申请获得司法援助。

事项	受理申请机构
请求国家赔偿	赔偿义务机关所在地的法律援助机构
请求给予社会保险待遇、最低生活保障待遇或者请求发给抚恤金、救济金	提供社会保险待遇、最低生活保障待遇或者发给抚恤金、救济金的义务机关所在地的法律援助机构
请求给付赡养费、抚养费、扶养费	给付赡养费、抚养费、扶养费的义务人住所地的法律援助机构
请求支付劳动报酬	支付劳动报酬的义务人住所地的法律援助机构
主张因见义勇为行为产生的民事权益	被请求人住所地的法律援助机构

(3)申请审核及结果告知。

在申请人依法提出申请之后,法律援助机构应依照以下《法律援助条例》第十八条的相关规定对申请人资格和材料进行审查:

①机构认为申请人提交的证件、证明材料不齐全的,可以要求申请人作出必要的补充或者说明,申请人未按要求作出补充或者说明的,视为撤销申请;

②机构认为申请人提交的证件、证明材料需要查证的,由法律援助机构向有关机关、单位查证。

在完成审查程序后,对符合法律援助条件的,法律援助机构应当及时决定提供法律援助;对不符合法律援助条件的,应当书面告知申请人理由。

(三)民间法律援助机构

较之于公办法律援助机构在现有法律体系下受到的限制,民办法律援助机构基于其在为自闭症人士提供法律援助时相对灵活和具有针对性的特征,正在逐渐成为我国法律援助体系内的另一重要组成部分。

目前,我国已经出现一些针对特定人群提供法律援助服务的民办机构,但暂时未有专门为自闭症人士提供法律援助服务与法律服务的机构，但有专门为残障人士提供法律援助服务的北京风雨同舟残疾人法律援助与研究中心等。[1] 对自闭症人士的法律援助被包括在对残障人士的法律援助服务中。

此外，政府部门也通过提供资金支持等方式协助民办法律援助机构为包括自闭症人士在内的特殊群体提供法律服务。例如，财政部、司法部于2009年12月30日出台了《中央专项彩票公益金法律援助项目实施与管理暂行办法》，就使用中央专项彩票公益金开展针对农民工、残障人士、老年人、妇女家庭权益保障和未成年人法律援助的项目的相关事宜进行了规定。截至2018年9月，中央专项彩票公益金法律援助项目通过资助各法律援助机构、律师事务所、法律援助类民办非企业单位、高等法学院校学生社团组织和妇联等社会团体的法律帮助中心为相关援助对象提供法律援助服务，共投入资金1.176亿元，资助办理法律援助案件66,668件（其中残障人士法律援助案件3462件）。[2]

但仍需要承认的是，由于我国的民办法律援助机构起步较晚，提供该等专业化法律援助服务的民办法律援助机构的数量和规模仍无法满足我国自闭症人士的法律援助需求。

三、自闭症人士法律援助制度的困境与建议

基于自闭症人士较之于一般法律援助对象存在其特殊性，就我国现有的自闭症人士法律援助制度存在的问题，有以下几点建议。

（一）我国法律援助体系中的问题

我国没有专门针对自闭症人士或是残障人士的法律援助，而是将其划

---

〔1〕《北京风雨同舟残疾人法律援助与研究中心简介》，载 http://www.bdpf.org.cn/ywpd/wq/wqzs/c44669/content.html，2018年12月17日最后访问。

〔2〕《中央专项彩票公益金法律援助项目2017年度资金使用情况公示》，载 http://www.claf.com.cn/nd.jsp?id=1067，2018年12月17日最后访问。

入现有法律框架中予以执行。这一立法现状对自闭症人士获得《残疾人保障法》等法律法规规定的法律援助服务带来了一定的问题和障碍,具体包括:

1. 现有法律援助体系适用的援助对象范围较为狭窄

从上述规定可见,在现有立法体系下对是否适用法律援助仍主要以受援助对象的经济水平为主要判断标准,虽然国家及地方政府层面均就残障人士适用法律援助进行了规定,但也仅以无固定生活来源的残障人士为限。

因此,包括自闭症人士在内的残障人士并未在真正意义上被视为需要进行法律援助的特殊对象,其接受法律援助的权利无法得到保障。

2. 缺乏针对性的法律援助程序和服务内容

就申请法律援助的程序,《法律援助条例》《办理法律援助案件程序规定》及各省、自治区、直辖市公布的地方性法规均作出相应的规定,但该等规定并未为特殊的法律援助对象,如自闭症人士,设置特别的援助程序。而自闭症人士作为特殊群体,其在认知、判断、沟通等方面的能力不可避免地较一般的法律援助对象有所区别,部分自闭症人士则需完全依赖其监护人行使、维护其自身权益。因此,为其提供法律援助的程序也应较一般的法律援助程序有所不同。

此外,上述法律法规也未就特殊的法律援助对象设置专业性的法律援助机构或规定专门的法律援助服务内容。而对自闭症人士而言,其所需的法律援助服务内容较一般援助对象往往有所区别(例如,其需求可能更多地集中于与监护、残障人士权利保障相关的法律问题)。相应地,为其提供法律援助服务的人员也需要更为专业化。因此,在现有法律援助体系内进一步根据受援助对象进行划分,设置专门的法律援助机构以提供适应包括自闭症人士在内的特殊人群的法律援助服务是极为必要的。

(二)建议

1. 完善现有立法体系

进一步扩充我国现有法律援助体系的适用范围,解决现有法律援助体系与《残疾人保障法》相关规定脱节的问题。

一方面，应建立将残疾等级等因素考虑在内的多元化评价指标，不再将经济指标作为衡量援助对象能否获得法律援助的唯一标准，以将包括自闭症人士在内的特殊人群纳入我国现有法律援助体系内，更好地获得相应法律援助资源。

另一方面，为特殊人群制定专门的法律援助程序，并相应设置专业化的法律援助部门和人员，以提高对自闭症人士的法律服务质量。以英国为例，其出台的《2012 年法律援助、量刑和处罚法》即明确将与精神病人、残障人士相关的部分案件明确纳入适用法律援助的案件范围之内，[1]而威尔士地区则进一步加强了对智力障碍人士等特殊人群的法律援助，如威尔士律师委员会对从事特殊法律援助的律师推出了专门的认证课程体系，并在每个地区建立律师认证名录，将经过认证、有专业服务资质的社会律师收录其中，以更好地为特殊群体提供法律援助。[2]

2. 促进和发挥民办法律援助机构的作用

通过给予民办法律援助机构资金支持、优惠政策等方式进一步引导民办法律援助机构为包括自闭症人士在内的特殊人群提供法律援助服务。同时，除政府资助这一资金来源外，鼓励提倡社会资金向民办法律援助机构提供资助，促进民办法律援助机构的进一步发展。

民办法律援助机构在向自闭症人士提供法律咨询的同时也在提高自闭症人士的法律意识和权利意识方面能够发挥重要作用。

3. 有针对性地调整法律援助服务内容

在目前总体法律援助资源有限的情况下，有针对性地设置法律援助服务内容和层次，以提高法律援助资源的利用效率。调研结果显示，目前我国

---

〔1〕 http://www.legislation.gov.uk/ukpga/2012/10/enacted, Legal Aid, Sentencing and Punishment of Offenders, Act at May 1, 2012.

〔2〕 司法部法律援助中心：《第三届中欧法律援助研讨会综述》，载《中国司法》2016 年第 12 期。

自闭症人士获得法律服务需求的最大障碍为不了解其可以获得的法律援助内容及获得途径，而这一群体最希望通过法律援助服务解决的法律需求也主要为获得关于自闭症人士法定权利、保障等方面的法律知识介绍和咨询。针对这一现状，同样可以借鉴英国的相关操作经验，英国在全国范围内设置了法律援助热线，并采用了“两线模式”：第一线，由具有法律知识的非律师接线员回答求助者提出的简单的法律问题；第二线，如果所咨询的问题疑难复杂，则通过法律热线转给律师，由执业律师处理该问题。[1] 同样地，就我国目前自闭症人士法律援助制度存在的主要问题，有针对性地加大相关法律知识普及和咨询服务可能比在个案上投入相关法律援助资源更能取得好的效果。

---

〔1〕 司法部法律援助中心：《第三届中欧法律援助研讨会综述》，载《中国司法》2016年第12期。

第六章　监护与托养

第一节　限制民事行为能力人与无民事行为能力人的认定

本节导读

本节是针对自闭症人士民事行为能力的确认，介绍我国民事行为能力宣告制度，包括介绍向法院申请宣告对象为限制民事行为能力人或无民事行为能力人的程序、要求，以及影响。

现在，受关注度高的是自闭症儿童群体，但在现实生活中，成年自闭症人士的数量非常庞大，由于社会认知限制，他们在未成年期间未能接受到好的康复训练，种种原因导致成年自闭症人士的社会融合更为困难。本节将从问卷调查数据入手，提取问卷中关于民事行为能力的问题和调查对象的反馈进行分析；如结合受访对象在访谈中所提及关于民事行为能力的困惑、意见和建议，提炼自闭症人士在民事行为能力领域的法律需求，进而通过释法阐明宣告民事能力制度的意义和作用，说明其与监护的关联。

一、民事行为能力宣告的现状

（一）调查问卷及访谈情况

1. 成年自闭症人士的状态（能否辨别自己的行为）

在我们的调查问卷中，72 位成年自闭症人士监护人在回答“您认为您的监护对象属于以下哪种状况”这一问题时，有 36 位监护人认为监护对象属于“无行为能力人（不能辨别自己的行为）”；34 位监护人认为监护对象属于“限制行为能力人（不能完全辨别自己的行为）”；2 位监护人认为监护对象属于“完全行为能力人(能完全辨别自己的行为)”。从以上数据可以看出,在自闭症人士的监护人看来,成年的自闭症人士大多属于无民事行为能力或限制民事行为能力。

2. 成年自闭症人士的无(或限制)民事行为能力人宣告情况

在回答“您的监护对象是否被法院宣告为无(或限制)民事行为能力人”时,其中21位监护人反馈监护对象被法院宣告为无民事行为能力人/限制民事行为能力人,49位监护人反馈监护对象未被法院宣告为无民事行为能力人/限制民事行为能力人。

就为何没有为监护对象申请宣告无(或限制)民事行为能力人,这在问卷调查中没有反映。在访谈自闭症人士壮壮的母亲的过程中,壮壮的母亲透露,就其个人而言,尚未遭遇“需要认定的情况。在办护照的时候也没有需要进行认定,因为工作人员光凭外表没有意识到孩子的特殊性”因此未申请宣告。

从以上可以看出,大多成年自闭症人士还未经法院的无民事行为能力或限制民事行为能力的宣告。

3. 成年自闭症人士的监护人

在21位已经申请无民事行为能力/限制民事行为能力认定的监护对象中,12位监护对象的行为能力宣告由监护人的近亲属(配偶、父母、子女、祖父母、外祖父母、孙子女、外孙子女及同胞兄弟姐妹)申请;9位监护对象的行为能力宣告由监护人的有关组织,例如居委会、村委会、学校、医疗机构、妇联、残联、依法设立的老年人组织、民政部门申请,没有监护人的无民事行为能力/限制民事行为能力的宣告申请是由监护对象的其他利害关系人提出的。

4. 监护人对民事行为能力宣告制度的了解程度

基于由监护对象的近亲属申请宣告民事行为能力的调查对象比例不足1%(仅0.3%),结合监护人对民事行为能力宣告制度了解程度的反馈(图6-1),在接受调查的对象中,近40%的监护人表示对民事行为能力宣告制度不了解(0～2分),仅仅14%的监护人对民事行为能力宣告制度表示完全了解(9～10分),其他监护人均表示对民事行为能力宣告制度一知半解,可见民事行为能力这一概念及其含义在自闭症监护人群体中尚不普及。

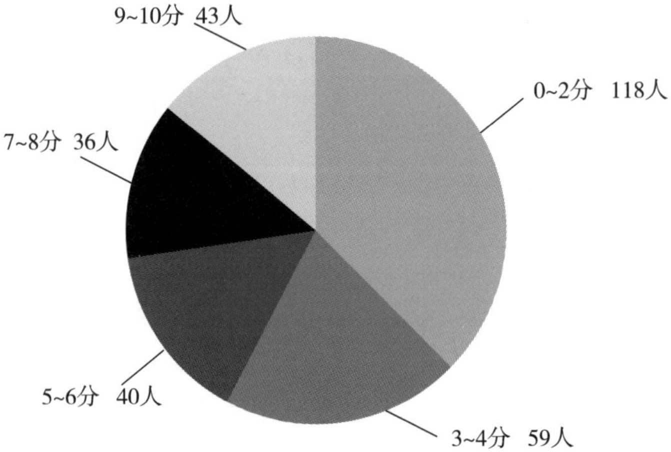

图6－1

(二)民事行为能力宣告制度的重要性

从以上问卷和访谈中,我们可以看出,尽管许多成年自闭症人士的家长认为自闭症人士属于无(或限制)民事行为能力人,但是大多自闭症人士并未经法院进行无(或限制)民事行为能力的宣告;同时,自闭症人士的家长、监护人对于民事行为能力宣告制度的相关法律知识了解较少。

造成这种情况的原因,一是因为自闭症家长对于相关法律了解程度较少;二是自闭症人士的家长会想当然地替自闭症人士进行替代性决定,因此未经法院进行无(或限制)民事行为能力宣告对自闭症人士的日常生活〔1〕未造成重要影响。

---

〔1〕 由于残疾人证中有一栏"监护人"的信息,所以对于成年自闭症人士办理银行卡等多项日常活动,基本不造成重要的影响。自闭症人士若被宣告为无民事行为能力人或限制民事行为能力人,法院将在宣告的同时为其指定一名监护人。

对于成年自闭症人士的许多重大决策（如入住托养机构，给自闭症人士购买保险，给自闭症人士购买重要财产等），自然人的民事行为能力对其履行民事行为有极大的影响，甚至与参与遗嘱继承、做出遗嘱的民事行为有关。

而如果属于无民事行为能力人或限制民事行为能力人的成年自闭症人士未经法院宣告和指定监护人，可能造成自闭症人士的家长和自闭症人士做出的法律行为不具有法律效力，后患无穷。另外，对于众多成年自闭症人士家长而言，他们普遍对自己过世后其自闭症子女的生活充满忧虑；而家长无论对自闭症人士进行监护人安排、信托、保险等继承安排都离不开法院对于自闭症人士的民事行为能力的宣告。

二、民事行为能力宣告

（一）民事权利能力和民事行为能力的含义

理论上，与民事行为能力相关的，有民事权利能力和民事责任能力，但民事行为能力本身并不影响民事权利能力和民事责任能力。《民法总则》第二章第一节规定了自然人的民事权利能力和民事行为能力。

1. 民事权利能力

《民法总则》第十三条、第十四条认为，自然人自出生之日起至死亡之日止具有民事权利能力且所有自然人的民事权利能力一律平等。《民法总则》第十三条特别指出，具有民事权利能力的自然人“依法享有民事权利，承担民事义务”[1]。就自闭症人士而言，即便因为其认知能力而被认为不具备民事行为能力，其民事权利能力与民事责任能力仍然不受影响。

2. 民事责任能力

既然自然人享有民事权利，也就相应地负有民事义务，如果自然人对其所应尽的义务置之不理，则应当承担相应的民事责任。就自闭症人士而言，

---

〔1〕 具体内容参见《民法总则》第十三条、第十四条。

其所享有的民事权利能力与其他自然人完全相同,那么相应地,自闭症人士的民事责任能力也与一般自然人无异。

《侵权责任法》第三十二条表明,无民事行为能力人、限制民事行为能力人造成他人损害的,由监护人承担侵权责任。若该无民事行为能力人、限制民事行为能力人名下有财产,应当从其本人财产中支付赔偿费用,不足部分,由监护人补足。但如果监护人已经尽到监护义务的,可以减轻其责任。其进一步确认了即便是无民事行为能力人或限制民事行为能力人,也有民事责任能力且应当以自有财产就其所负有的民事责任承担赔偿义务。

监护人对于无民事行为能力人和限制民事行为能力人所承当的民事责任,仅承担补充责任,即当无民事行为能力人和限制民事行为能力人的财产不足以履行赔偿责任时,其监护人才应当履行补偿责任。自闭症人士无论是否具有民事行为能力皆具有完全的民事责任能力,对其所作出的侵权行为或其他行为承担法律责任,监护人仅基于监护义务承担补充责任。

3. 民事行为能力

民事行为能力则与民事法律行为息息相关,而民事法律行为与自然人的意思表示紧密相连。民事法律行为是否成立或生效,取决于作出该意思表示的自然人的"意思能力"的有无。所谓"意思能力",是指理解自己行为的含义的能力,即作出民事法律行为的自然人对其所作出的行为是否有完全的认知能力,知道这一行为的性质、目的、后果。[1]

自然人本身对该行为性质、目的和后果的理解程度,决定了自然人基于上述理解而对相对人表达的意愿是不是真实的、准确的,进而决定了该意思表示在法律上是否有效。根据上文的分析,我们理解民事行为能力与民事责任能力不同,它并非与生俱来而是后天取得的,只有在自然人被法律认为能够完全理解其行为的性质、目的、后果时,才被认为具有完全民事行为能力。

---

[1] 参见王泽鉴:《民法总则》,中国政法大学出版社 2001 年版。

（二）我国对于民事行为能力的规定

我国《民法总则》第十八条至第二十二条对自然人的民事行为能力作出规定。根据《民法总则》的规定，一般而言，18 周岁以上或年满 16 周岁并以自身劳动作为主要经济来源的自然人被视为具有完全民事行为能力；18 周岁以下 8 周岁以上的自然人被认为具有限制民事行为能力；不满 8 周岁的自然人被认为无民事行为能力。

我国《民法总则》是以年龄和认识判断能力的综合作为基础来判断行为人的行为能力的。

表 6－1　我国《民法总则》对行为能力的规定

年　龄	认识判断能力	行为能力	法律后果
8 周岁以下		无行为能力	由其法定代理人代理民事活动
8 周岁到 16 周岁	不能辨认自己行为	无行为能力	由其法定代理人代理民事活动
	其他	限制行为能力	实施的纯获利益的民事法律行为或者与其年龄、智力、精神健康状况相适应的民事法律行为有效；实施的其他民事法律行为经法定代理人同意或者追认后有效
16 周岁到 18 周岁并不能以自身劳动作为主要经济来源的自然人	不能辨别自己行为	无行为能力	由其法定代理人代理民事活动
	其他	限制行为能力	实施的纯获利益的民事法律行为或者与其年龄、智力、精神健康状况相适应的民事法律行为有效；实施的其他民事法律行为经法定代理人同意或者追认后有效
16 周岁到 18 周岁并以自身劳动作为主要经济来源的自然人	不能辨别自己行为	无行为能力	由其法定代理人代理民事活动
	不能完全辨认自己行为	限制行为能力	实施的纯获利益的民事法律行为或者与其年龄、智力、精神健康状况相适应的民事法律行为有效；实施的其他民事法律行为经法定代理人同意或者追认后有效
	其他	完全行为能力	

续表

年　龄	认识判断能力	行为能力	法律后果
18 周岁以上	不能辨别自己行为	无行为能力	由其法定代理人代理民事活动
	不能完全辨认自己行为	限制行为能力	实施的纯获利益的民事法律行为或者与其年龄、智力、精神健康状况相适应的民事法律行为有效;实施的其他民事法律行为经法定代理人同意或者追认后有效
	其他	完全行为能力	

(三)我国民事行为能力宣告制度的规定

1. 定义

根据法律规定,不能辨认或者不能完全辨认自己行为的成年人,其利害关系人或者有关组织,可以向人民法院申请认定该成年人为无民事行为能力人或者限制民事行为能力人。

根据以上规定,对于民事行为能力的宣告制度仅限于成年人。因此只有认为成年自闭症人士不能辨认或者不能完全辨认自己行为时,才需要向法院进行民事行为能力的宣告。

2. 法律上的认定标准

如上文所述,从法律条文的角度上来说,判断限制民事行为能力人和无民事行为能力人的标准主要是是否对自己的行为"有判断能力"并知道行为的后果。自然人是否有民事行为能力与其精神状况有关,但自然人的精神状况并不与其民事行为能力画等号。换言之,罹患精神疾病或其他疾病的自然人并不当然地被认为是无民事行为能力人或限制民事行为能力人,只有当其所罹患的疾病导致本人对其行为丧失判断能力和认知能力时,才有可能被认为是无民事行为能力人或限制民事行为能力人。

由于自闭症人士的症状和表现形式有许多不同的表现形式,因此并非所有的自闭症人士均属于限制民事行为能力人或无民事行为能力人,仍然需要根据自闭症人士能否辨别和判断其行为来判断其行为能力。

《最高人民法院印发〈关于贯彻执行《中华人民共和国民法通则》若干问题的意见〉的通知》第一条第五款规定："精神病人（包括痴呆症人）如果没有判断能力和自我保护能力，不知其行为后果的，可以认定为不能辨认自己行为的人；对于比较复杂的事物或者比较重大的行为缺乏判断能力和自我保护能力，并且不能预见其行为后果的，可以认定为不能完全辨认自己行为的人。"这一条款的设立较为完善地从法律角度描述了无民事行为能力人和限制民事行为能力人的法律认定和法律界限，即对自己的行为完全不具有判断能力的人被认为是无民事行为能力人，而仅对较为复杂的事物或者重大行为缺乏判断能力的人被认为是限制民事行为能力人。这也解释了为什么 8 周岁以下的自然人被认为是无民事行为能力人，而随着年龄的增长、社会阅历和知识的丰富以及表达能力的完善，8 周岁以上的自然人被认为是限制民事行为能力人。

3. 司法鉴定

上文所表达的仅为法律上的划分。法律能够制定标准，但无从判断自然人的行为能力。自然人的行为能力由专业机构通过司法鉴定作出。司法鉴定机构通过专业量表鉴定自然人的行为能力。一般情况下，评定自然人的行为能力时，学者一致认为应当考虑如下特定能力：

（1）定向力；

（2）远期记忆和近期记忆；

（3）智力；

（4）注意力；

（5）判断能力。〔1〕

相对而言，二级及以上精神/智力残障被鉴定为无民事行为能力人的可能性较高，二级以下精神/智力残障被鉴定为限制民事行为能力人的可能性

〔1〕 张钦廷、庞艳霞、蔡伟雄、管唯、汤涛、黄富银、王建君：《精神障碍者民事行为能力标准化评定相关问题》，载《证据科学》2008 年第 16 卷第 1 期。

较高。

4. 相关案例

就目前公开的案例而言，自闭症人士被宣告为无民事行为能力人和限制民事行为能力人的案例并不多见。但根据问卷调查的结果，这有可能是基于宣告无民事行为能力或限制民事行为能力法律程序对于自闭症人士家长而言相对陌生。从公开渠道查询，目前全国范围内自闭症人士被宣告为无民事行为能力人或限制民事行为能力人的公开案例有 21 例，案例遍布全国各个省市，包括湖南、上海、陕西、广东、天津、北京、浙江、江苏等地，大部分案例中自闭症人士会被宣告为无民事行为能力人。仅在（2012）市民特字第 19 号和（2014）滨汉民特字第 9 号两例案例中，自闭症人士被宣布为限制民事行为能力人，而上述案例的宣告结果均以司法鉴定中心的鉴定意见为准。

在（2012）市民特字第 19 号案例中，申请人为被申请人的母亲，被申请人出生于 1991 年，宣告时已成年。被申请人 6 岁时被诊断为边缘性自闭症，鉴定中心认为，被申请人有“轻度精神发育迟滞，由于受其轻度智能低下的影响，有时不能完全正确表达自己的意思”，申请人认为被申请人表达能力差、思路不清晰，无法表达和办理今后有关买卖房屋等相关手续，因此向人民法院申请认定被申请人为限制行为能力人，并依法指定申请人为其监护人。法院同意了申请人的请求并作出宣告。

同样地，（2014）滨汉特字第 9 号案例中，被申请人被诊断患有严重精神自闭症，但其最终被宣告为限制民事行为能力人。（2017）粤 0183 民特 72 号案例中的被申请人被诊断患有中度自闭症，被鉴定后宣告为无民事行为能力人。（2016）京 0102 民特 1507 号案例中被申请人仅有自闭症倾向也被宣告为无民事行为能力人。可见，在实际案例中自闭症症状与自然人的民事行为能力并非直接挂钩，准确的判断仍然需要求助于专业鉴定机构以专业量表的方式作出。

5. 制度的意义

(1)保护思虑不周的行为人。

从限制民事行为能力人或无民事行为能力人本人的角度出发,因其意思能力的缺陷,即不能理智地形成意思,从而导致无法凭借理性做出民事法律行为,进而参与到民事活动中。那么为了避免其他完全民事行为能力人利用限制民事行为能力人或者无民事行为能力人所欠缺的意思能力和理智思维参与民事活动,从而损害限制民事行为能力人或无民事行为能力人本人的权益,法律通过民事行为能力的宣告制度为其提供适当保护,要求他们的监护人负担责任,使无民事行为能力人或限制民事行为能力人能够在监护人的照顾和监护下享受权利并承担义务,借助监护人的完全民事行为能力,使无民事行为能力人或限制民事行为能力人在日常民事活动中免受他人损害。[1]

(2)维护交易安全。

在日常交易的过程中,交易人很难对每一个交易对象甚至交易对象的每一个行为加以审查,判断交易对象是否具有意思能力,或者其意思表达是否真实。若真如此,势必有碍交易的快捷和流畅,不利于现代社会的经济发展。因此,从保护交易相对人,维护交易安全、快捷的角度出发,民事行为能力的宣告从法律上建立了划分的标准,将自然人的意思能力作出区分,则交易相对人在大宗交易中无须个案分析。[2]

(四)法律后果

1. 无民事行为能力人的法律后果

根据《民法总则》的规定,无民事行为能力人实施的民事法律行为无效。因此,需要由其法定代理人代理民事活动。

由此可见,一旦被宣告为无民事行为能力人,则该自然人所做出的所有

---

〔1〕 朱广新:《民事行为能力制度的立法完善——以〈中华人民共和国民法总则(草案)〉为分析对象》,载《当代法学》2016年第6期。

〔2〕 郑玉波:《民法总则》,中国政法大学出版社2003年版,第121~122页。

民事行为均无效,包括签订合同、履行债务、赠与或接受赠与等。

2. 限制民事行为能力人的法律后果

根据《民法总则》的规定,限制民事行为能力人实施的纯获利益的民事法律行为或者与其年龄、智力、精神健康状况相适应的民事法律行为有效;实施的其他民事法律行为经法定代理人同意或者追认后有效。

(1)纯获利益的民事法律行为。

所谓纯获利益的民事法律行为,一般是指自闭症人士作为民事法律关系的一方,不承担任何法律责任,只在这一民事法律关系中获得利益。符合上述描述的民事法律关系一般只有赠与民事法律关系,即自闭症人士作为限制民事行为能力人,在赠与关系中处于受赠人的地位,且这一赠与是不附条件的,自闭症人士作为受赠人仅因为赠与人的赠与收获利益,而不向赠与人承担任何法律责任。

(2)与其年龄、智力、精神健康状况相适应的民事法律行为。

何为"与其年龄、智力、精神健康状况相适应的民事法律行为",这一界定相对模糊,也需要个案分析。

在河南省郑州市中级人民法院作出的(2018)豫01民终1537号判决中,当事人于2017年6月15日前往荥阳市高村乡高村街杨贵经营的"荥阳市高村乡郝丽君手机专营店"购买苹果7-128G手机一部,价款为5888元。在此之前,本案当事人已经被宣告为限制民事行为能力人。人民法院认为:"本案的争议焦点在于朱某1购买手机的行为是否与其智力、精神健康状况相适应。因涉案苹果手机价格为5888元,结合本地经济状况,购买此价格手机的行为已不属于一般日常生活消费行为。朱某1购买手机的行为与其精神健康状况不相适应,其监护人朱某2亦未同意或追认,故该行为无效。"

由湖北省荆州市沙市区人民法院作出的(2018)鄂1002民初1892号判决书就限制民事行为能力人是否有签订《解除劳动关系协议书》作出判决。本案当事人彭某于2015年4月28日与其建立劳动关系的单位达成一致,签署了《解除劳动合同协议书》,双方劳动关系解除。2015 年 8 月,彭某的父亲向彭某所在地人民法院提出申请,请求法院宣告本案彭某为无民事行为能力人。经鉴定,人民法院作出彭某在与劳动单位签订《解除劳动合同协议书》时及其后均为限制民事行为能力人的宣告,并指定其父为其监护人。同时,其父作为监护人表示不追认彭某与其工作单位签署的《解除劳动合同协议书》。人民法院认为:"本案中,生效判决已经认定被告彭某在 2015 年4 月 28 日签订《解除劳动合同协议书》时是限制民事行为能力人,故依据上述法律规定,其不具有签订《解除劳动合同协议书》相应的民事行为能力,且未经法定代理人追认,故该《解除劳动合同协议书》无效。"

综上所述,被宣告为限制民事行为能力人的自然人,其所做出的,所谓符合其"智力、精神健康状况"的合同行为仅限于结合本地经济状况的一般日常生活消费行为。其他合同行为,无论是与履行义务有关还是与免除义务、放弃权利有关的合同,均不在其能够独立履行的民事法律行为范围内。

(3)监护人的追认。

但是,限制民事行为能力人所做出的超出其民事行为能力的民事法律行为并非绝对无效。上述行为一旦经过限制民事行为人的监护人追认,其民事法律行为即成立。限制民事行为能力人作出意思表示的相对人也可以要求限制民事行为能力人的监护人作出追认。限制民事行为能力人的监护人应自收到通知之日起一个月内予以追认,监护人未作表示的,视为拒绝追认。

在上海市浦东新区人民法院作出的(2018)沪 0115 民初 7194 号判决中,当事人王某为限制民事行为能力人。2017 年 6 月,王某在其亲属未出资的情况下,将其亲属一并登记为其所有房屋的房屋共有人,人民法院认为,这一行为属于赠与行为,王某是赠与人,"现原告监护人明确表示不予追认原告赠与行为,故原告王某实施的该赠与行为无效"。

三、民事行为能力宣告的程序

(一)民事行为能力宣告制度的重要性

民事行为能力宣告制度是民法上确立的一种民事诉讼特别程序。人民法院通过这一程序宣告自然人为限制民事行为能力人或无民事行为能力人。除非法院通过特别程序宣告,所有年满 18 周岁或 16 周岁并以自己的劳动作为主要生活来源的自然人均为完全民事行为能力人。

相关法律法规和判例也确认了这一观点。最高人民法院在(2013)执监字第 49 号案件中认为:"除了不满十周岁的未成年人外,判断一个自然人是否有行为能力,必须由人民法院经过特别诉讼程序确定,其他任何机构和个人无权认定。因此,任何人都不得仅凭医院的诊断证明来确定某一自然人是否属于无民事行为能力。"广东省高级人民法院在(2012)粤高法民一申字第 1324 号案件作出了同样的陈述:杨某某主张其在神志不清的情况下签订本案《房屋买卖中介合同》的,并提供了诊疗病历、《门诊诊疗证明》等证据,由于该证明材料并非具有司法鉴定资质的相关机构作出的,且杨某某并未经人民法院通过特别程序被认定为无民事行为能力人或者限制民事行为能力人,故二审法院不予认可杨某某为无民事行为能力人或限制民事行为能力人。

根据《民事诉讼法》第一百七十七条的规定,认定自然人无民事行为能力或限制民事行为能力案件为特别程序,不公开审理。申请认定自然人无民事行为能力或者限制民事行为能力的,应由其近亲属或者其他利害关系人向该公民住所地基层人民法院提出。

(二)民事行为能力宣告制度的申请方式

1. 申请前提

相关法律法规对于在什么情况下可以申请民事行为能力的宣告没有限制,申请人可以在任何情况下向人民法院申请宣告。一种申请方式是依申请人主动申请。申请人认为被申请人不能辨认或不能完全辨认自己的行为,因此向法院申请宣告被申请人为无民事行为能力人或限制民事行为能力人。另一种申请方式是在另案审判的过程中,发现参与案件的当事人可能是无民事行为能力人或限制民事行为能力人,因此由涉案当事人的近亲属或与本案有关的人,即涉案另一方提出民事行为能力的鉴定。民事案件普通程序与特别程序系两种不同的独立程序,两者不能合并审理。

2. 申请人

民事诉讼法认为应当由自然人的近亲属或其他利害关系人或有关组织向法院申请宣告自然人为无民事行为能力人或限制民事行为能力人。

(1)近亲属。

根据《最高人民法院关于适用〈中华人民共和国民事诉讼法〉的解释》,当事人有夫妻、直系血亲、三代以内旁系血亲、近姻亲关系以及其他有抚养、赡养关系的亲属,可以当事人近亲属的名义作为诉讼代理人。换言之,当事人的配偶、父母子女、兄弟姐妹、祖父母、祖孙子女等亲属均可以申请民事行为能力鉴定。

(2)其他利害关系人。

在上文提到的另案审判中在民事案件中,一般认为参与案件的另一方是利害关系人,有权向法院申请民事行为能力的鉴定。

(3)有关组织。

根据《民法总则》的要求,居民委员会、村民委员会、学校、医疗机构、妇女联合会、残联、依法设立的老年人组织、民政部门可以作为"有关组织"向法院申请宣告自然人为无民事行为能力人或限制民事行为能力人。

当然,并非上述所有有关组织都可以作为申请人申请自闭症人士为无民事行为能力人或限制民事行为能力人。一般而言,自然人住所地的居民委员会或村民委员会对任何人群的无民事行为能力或限制民事行为能力宣告均为适格主体;自闭症人士如果就学或者就医,学校或相关医疗机构可以作为适格主体提起申请;自闭症人士申请残疾人证的,残联可以作为适格主体提起申请;自闭症人士为妇女儿童的,妇女联合会可以作为适格主体提出申请;自闭症人士是老年人的,老年人组织可以提出申请。

3. 向谁申请

宣告自然人为无民事行为能力人或限制民事行为能力人的,应当向自然人住所地的人民法院申请。

自然人以户籍登记或者其他有效身份登记记载的居所为住所;经常居所与住所不一致的,经常居所视为住所。

4. 申请的程序

(1)由自然人的近亲属或其他利害关系人自发提出申请的情况。

在自然人的近亲属或其他利害关系人自发提出申请的情况下,自然人的近亲属或其他利害关系人应携带本人身份证(原件及复印件)、被申请人身份证(原件及复印件)、申请人与被申请人身份关系证明(户口本或派出所证明、居委会证明或工作单位证明亦可)(原件及复印件)、被申请人病历、诊断证明(原件)和填写完成的申请书,亲自前往自然人住所地人民法院的立案庭提交申请书。

(2)由有关组织申请的情况。

由有关组织申请的,有关组织应当委托员工携带组织登记证书复印件、组织委托作出申请的受托人的身份证件(原件和复印件),受托人的劳动合同,被申请人的身份证件(原件和复印件),被申请人病历、诊断证明(原件),填写完成的申请书,由受托人前往自然人住所地人民法院的立案庭提交申请书。

申请人应当在立案庭内根据人民法院的要求在立案庭填写其他文件,申请宣告自然人为无民事行为能力人或限制民事行为能力人。申请人向法院提交上述文件后,法院不日将向申请人发出立案通知书,并告知申请人开庭时间。

开庭后,法院将通过庭审明确申请人的诉由,安排被申请人进行民事行为能力鉴定。被申请人前往专业的鉴定机构进行民事行为能力鉴定后,鉴定机构将向法院提供民事行为能力鉴定结果。法院将据此作出判决。

在另案审判过程中，由利害关系人或近亲属提出宣告自然人为无民事行为能力人或限制民事行为能力人的申请时，另案审判应当中止，利害关系人或近亲属应当根据上述方式提交申请，等待宣告结果作出后才能继续进行另案审判。

一般而言，宣告自然人为无民事行为能力人或限制民事行为能力人的程序应当在立案之日后30日内审结。

图6－2　民事行为能力宣告制度的程序

5. 恢复民事行为能力

被人民法院认定为无民事行为能力人或者限制民事行为能力人的，经本人、利害关系人或者有关组织申请，人民法院可以根据其智力、精神健康恢复的状况，认定该成年人恢复为限制民事行为能力人或者完全民事行为能力人。

第二节　自闭症人士的监护

本节导读

根据我们的调研结果，大多数家长对于监护对象民事行为能力的认知和监护对象成年后监护人的法律概念相对模糊。有将近亲属直接认定为“监护人”，将未成年情况下法定监护人概念直接沿用至成年之后的现象。

本章第一节中我们介绍了民事行为能力宣告制度。在这一节中，我们将进一步介绍监护制度，主要介绍法定监护、协商指定监护、监护争议解决程序的主要内容，帮助自闭症人士的监护人群体了解监护人与被监护人的权利义务，明确监护权利的确立与丧失情形，指导监护人群体运用监护权保护监护对象权益并妥善安排监护对象今后的生活。

一、未成年自闭症人士的监护制度

（一）监护权

《民法总则》第二十七条第一款规定："父母是未成年子女的监护人。"因此，父母无条件成为未成年自闭症人士的法定监护人。

根据《民法总则》第二十六条的规定："父母对未成年子女负有抚养、教育和保护的义务。"根据上述条款，所谓"监护权"与其说是一种权利，不如说是一种伴随子女的出生给父母（及其近亲属）带来的义务。上述条款就"监护权"至少提及了"抚养"、"教育"和"保护"三项义务。

所谓"抚养"，是指监护人为未成年人提供必要的生活条件和基本生活保障，使得其能够健康、健全成长的义务。根据《中华人民共和国婚姻法》第三十六条第二款的规定，父母离婚后对其子女仍然负有抚养义务。只是抚养义务由父母共同抚养转变为父母各自单独、直接抚养。可见抚养义务并不因婚姻关系的终止而终止，而是无论婚姻关系如何都长期存在，直至子女成年。

所谓"保护"，是指监护人与子女共同生活，应当对子女的身体、心理健康及成长负责。在身体健康方面，监护人应当保证子女生活环境的良好，避免子女从事与其年龄不匹配的活动从而导致其因此罹患疾病或因此发育不良；在心理健康方面，监护人应当引导未成年人接受义务教育，并向未成年人提供符合其年龄心智的家庭教育，引导未成年人精神心理健康发展。另外，监护人还应当从"未成年人利益最大化"这一角度出发，为未成年人处理、处分其应有的财产。

所谓"教育"，是指监护人以法律和社会道德为基础，对未成年人的行为加以引导甚至必要的约束，以帮助其改善不良行为的义务。但监护人对子女的引导和约束不应当超过法律所允许的范围。

（二）监护人

所谓监护人，是指对被监护人负有监护责任的人。在被监护人为未成年人的情况下,《民法总则》认为父母对未成年人有不可推卸的监护责任,因此父母无条件是未成年人的法定监护人。

未成年子女的父母已经死亡或者没有监护能力的,由下列有监护能力的人按顺序担任监护人:

(1)祖父母、外祖父母;

(2)兄、姐;

(3)其他愿意担任监护人的个人或者组织,但是须经未成年人住所地的居民委员会、村民委员会或者民政部门同意。

在父母无法履行监护义务的情况下,《民法总则》第二十七条项下所列明的其他监护人按照顺序取得未成年人的监护权。上述监护人的监护义务也同样是法定的、不可推卸的。其排列顺序主要考虑到监护人与被监护人之间的血缘以及被监护人是否对监护人有抚养、扶养或者赡养的法定义务,例如未成年人对其祖父母、外祖父母也存在一定赡养义务,因此决定对于监护人的指定是否恰如其分。

如果出现多个愿意担任监护人的人选,可以按照法律规定的顺序或者根据法律规定协商确认监护人,如果产生争议的,则可以按照争议解决的程序进行解决。

(三)协商确定监护人

对未成年人进行协商确定监护人的情形只发生在父母死亡或没有监护能力的情况下;在父母具有监护能力的情况下,不能通过协商的方式放弃自己的监护权,推卸监护责任。当父母死亡或没有监护能力时,监护人只能在以下主体中产生:(1)祖父母、外祖父母;(2)兄、姐,(3)其他愿意担任监护人的个人或者组织,但是须经未成年人住所地的居民委员会、村民委员会或者民政部门同意。

被监护人的真实意愿应当被考虑,被监护是自闭症人士的真实意愿应当被尊重。

二、成年自闭症人士的监护

根据《民法总则》第二十八条规定，无民事行为能力人和限制民事行为能力人需有监护能力的人担任监护人。宣告成年人为无民事行为能力人或者限制民事行为能力人时，法院一般会依法为其指定监护人；若被指定的监护人之后丧失监护能力或无法履行监护义务的，可以由对无民事行为能力人或限制民事行为能力人有监护权的其他人向法院申请重新指定监护人。

（一）监护的前提

监护制度，其设定的目的在于对无（限制）民事行为能力人意思能力和认知能力欠缺的补足。若无法确定成年自然人有意思能力和认知能力的欠缺，其他人不能贸然代其行为，代其处分其人身或者财产，否则将是对自然人基本权益的剥夺。正如本章第一节所述，在未经人民法院宣告为无民事行为能力人或限制民事行为能力人之前，无法指定其他人作为“监护人”，代其处分其各项人身权利和财产权利。

同时，应当区分照护和监护。照护仅限于生活上的照顾和安全上的保护，不涉及人身权益保护的安排、财产的管理等事项；监护则是对无（限制）民事行为能力人人身、财产等各方面权益的保护和安排。[1]

因此，如果成年自闭症人士虽然缺乏一定的生活自理能力，但是能够辨别自己的行为，成年自闭症人士需要照护，但并不需要监护。

（二）监护人的确定

若业已成年的自然人经过特殊程序被宣告为限制民事行为能力人或者无民事行为能力人，则法院将同时宣告并确定其法定监护人。根据《民法总则》第二十八条的规定：

“无民事行为能力或者限制民事行为能力的成年人，由下列有监护能

---

〔1〕 石宏主编：《〈中华人民共和国民法总则〉条文说明、立法理由及相关规定》，北京大学出版社2017年版，第63～64页。

力的人按顺序担任监护人：

（一）配偶；

（二）父母、子女；

（三）其他近亲属；

（四）其他愿意担任监护人的个人或者组织，但须经被监护人住所地的居民委员会、村民委员会或者民政部门同意。”

对于成年的无民事行为能力人或限制民事行为能力人，其监护人可以在具有监护资格的人中进行协商确认。与未成年人相同的是，协商确定监护人要充分考虑成年被监护人的意见。

（三）成年自闭症人士的监护现状

在接受调查的296个自闭症家庭中，监护对象在18周岁以上的成年自闭症人士有72人。根据接受调查的自闭症人士父母的反馈，在自闭症人士成年后，大部分也将由父母或者祖父母、外祖父母照顾，少数由其兄弟姐妹照顾。

根据调查问卷，大多数自闭症人士并未结婚，这使得大多数自闭症人士被宣告为无民事行为能力人或限制民事行为能力人时，其指定监护人是其父母。因此在父母过世或父母丧失监护能力后，成年自闭症人士的监护问题成为自闭症家庭非常关注的问题。

三、监护争议解决程序

（一）争议解决程序

《民法总则》第三十一条对监护人的争议解决程序作出如下规定：

“对监护人的确定有争议的，由被监护人住所地的居民委员会、村民委员会或者民政部门指定监护人，有关当事人对指定不服的，可以向人民法院申请指定监护人；有关当事人也可以直接向人民法院申请指定监护人。

居民委员会、村民委员会、民政部门或者人民法院应当尊重被监护人的真实意愿，按照最有利于被监护人的原则在依法具有监护资格的人中指定监护人。

依照本条第一款规定指定监护人前，被监护人的人身权利、财产权利以及其他合法权益处于无人保护状态的，由被监护人住所地的居民委员会、村民委员会、法律规定的有关组织或者民政部门担任临时监护人。

监护人被指定后，不得擅自变更；擅自变更的，不免除被指定的监护人的责任。”

《民法总则》第三十一条指出了两种指定监护的程序——第一种指定方法为“两步走”：第一步，由被监护人住所地居民委员会、村民委员会或者民政部门指定监护人；第二步：有关当事人对居委会、村委会或者民政部门的指定不服的，可以向人民法院申请指定监护人。第二种指定方法是所谓“一步到位”的指定方式，当事人可以直接向人民法院申请指定监护人。

1.“两步走”争议解决程序

有监护权的人就监护人的确定有争议的，无论被监护人是未成年人还是已成年的无民事行为能力人或限制民事行为能力人，对被监护人有监护权的人可以先寻求被监护人住所地居民委员会、村民委员会或者民政部门，要求上述组织指定监护人。

由于居民委员会、村民委员会和当地民政部门是最贴近当地居民的基层组织，为更好地服务当地居民并满足当地居民的基本需求，居民委员会和村民委员会应当对当地居民的民事行为能力、家庭状况有基本了解。基于居民委员会和村民委员会有了解当地居民家庭状况和个人状况的义务，因此法律规定，可以由当地居民委员会、村民委员会和民政部门指定监护人。

如果被指定为监护人的个人对当地居民委员会、村民委员会或民政部门作出的指定不服的，监护人在收到上述组织的书面通知后的30日内可以向人民法院起诉。如果人民法院判决维持上述组织的决定的，人民法院作出维持指定监护的判决；如果人民法院判决撤销原决定的，人民法院作出撤销决定的同时，可以另行指定监护人。

2.“一步到位”争议解决程序

在《民法总则》实施前,有监护权的人必须先经过被监护人住所地居民委员会、村民委员会指定监护后,才能向法院申请指定。但《民法总则》的实施改变了这一程序,认为有监护权的人在监护权有争议的情况下可以直接向人民法院申请指定监护。

随着社会的发展和社会基建的进步,各个居民委员会或村民委员会辖区内的居民不断增加,人员结构不断复杂化,居民委员会、村民委员会以及民政部门人员、经费相对于城市工业和人口发展速度相对落后,导致基层组织无法了解当地居民的基本情况,进而无法承担指定监护的职责。

因此,法律允许有监护权的人在未经指定的情况下直接向人民法院起诉。一方面解决了因上述基层组织对本地居民情况不了解导致的指定监护长期悬而未决而诉讼程序迟迟难以启动,需要监护的被监护人长期无人照管的情况;另一方面简化程序也降低了有监护权的人完成指定监护程序的时间和金钱成本。

根据《中华人民共和国民事诉讼法》第一百七十八条的规定,指定监护这一类特别程序实行一审终审制。也就是说,除非再次提出申请,法院所作出的判决无异议途径,被指定的监护人必须承担监护义务。

(二)临时监护人

《民法总则》第三十一条规定,在监护人尚未被确立,被监护人的人身权利、财产权利以及其他合法权益处于无人保护状态时,由被监护人住所地的居民委员会、村民委员会、法律规定的有关组织或者民政部门担任临时监护人。

也就是说,经过指定确定监护人之前,应当由居民委员会、村民委员会、民政部门或者其他法律规定的有关组织担任监护人,照看被监护人的人身和财产权利。

若被监护人是未成年人的,根据《未成年人保护法》第四十三条规定,县级以上人民法院以及民政部门应当依据当地的需求设立救助场所,对生活无着的未成年人实施救助,承担临时监护责任。但基于我们在上文中提出的当前基层组织所面临的困境,基层组织作为临时监护人的可行性以及其履行监护责任的能力仍不确定。

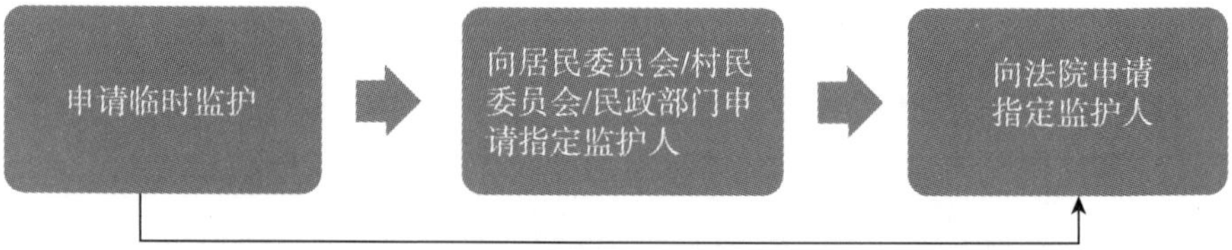

图 6－3　申请指定监护的流程图

(三)指定监护的程序

1. 基层组织指定监护程序

法律法规对于居民委员会、村民委员会、民政部门如何履行指定监护的职责没有规定。各个基层组织对此有不同的规定。

北京市北新桥司法所 2011 年编制的《北新桥街道社区居委会指定监护人工作程序(试行)》是全国第一部确定指定监护程序的基层组织规则。《北新桥街道社区居委会指定监护人工作程序(试行)》是全国首部基层组织的有关指定监护的工作程序,对指定监护程序作出了一定阐述,但在许多关键问题,例如如何发布指定监护文件、基层组织以什么标准判断监护人的指定是否最有利于被监护人等,仍未严格说明。另外,鉴于我国当前的基层组织本就存在人少事多、行政资源不丰富、对辖区内居民了解有限的特点,由基层组织指定监护的权限限制也相当明显。

由于我国许多地区的基层组织尚未建立有效的指定监护工作程序,因此,虽然法律法规对基层组织指定监护作出规定,但在实践上仍有一定困难。有意成为自闭症人士监护人的个人或者组织若无法通过基层组织指定监护取得监护权;而在《民法总则》的法律框架下,个人或组织可以通过直接向法院申请的方式启动指定监护程序,成为自闭症人士的监护人。

2. 法院指定监护程序

法院指定监护的申请程序与向法院申请宣告无民事行为能力人或限制

民事行为能力人的程序基本一致,请参见本章第一节。

无论是通过司法程序指定监护还是通过基层组织指定监护的,指定监护后,不得擅自变更监护人。擅自变更的,不免除指定监护人的责任。

四、监护权丧失

(一)监护权丧失的情形

监护人获得监护权后并非永久享有监护权。无论是对于未成年的自闭症人士还是业已成年的自闭症人士,监护人若侵犯其权益,使得自闭症人士的身心安全受到威胁或遭受实质损害;出于最有利于被监护人原则,人民法院有权根据个人或者组织的申请,撤销原本监护人的监护权,并指定新的监护人。

根据《民法总则》第三十六条,监护人的监护权在下列情况下将被撤销:

(1)实施严重损害被监护人身心健康行为的;

(2)怠于履行监护职责,或者无法履行监护职责并且拒绝将监护职责部分或者全部委托给他人,导致被监护人处于危困状态的;

(3)实施严重侵害被监护人合法权益的其他行为的。

(2015)铜民特字第0001号案件,即徐州市铜山区民政局,邵某某等申请撤销监护人资格案对上述撤销监护权的情形作出生动、具象的阐述。

该案由徐州市铜山区民政局(以下简称铜山区民政局)作为申请人向徐州市铜山区人民法院提出申请,请求撤销被申请人邵某某、王某某对其女邵某的监护权。申请人铜山区民政局提出,被申请人邵某某因强奸、威胁女儿邵某被法院判处有期徒刑11年,其行为严重危害了邵某的身心健康;王某某自邵某不满2周岁时即不履行监护职责,且在邵某某性侵其女被采取刑事强制措施后仍不闻不问,已经构成事实上的遗弃行为。

徐州市铜山区人民法院认为,“当父母不履行监护职责或者侵害被监护人合法权益时,人民法院可以依据有关单位和人员的申请,撤销监护人的监护资格,另行指定监护人”。为避免邵某的权益继续受到侵害,法院撤销邵某某对邵某的监护权;王某某长期怠于履行监护人义务间接导致了邵某被邵某某长期侵害无人知晓,因此撤销王某某的监护权。

(二)申请撤销、变更监护人的程序

1. 谁可以申请

《民法总则》第三十六条规定,能够提出撤销、变更监护人的主体只能是法定的有关个人和组织。

《民法总则》第三十六条规定的“有关个人和组织”包括:其他依法具有监护资格的人,居民委员会、村民委员会、学校、医疗机构、妇女联合会、残联、未成年人保护组织、依法设立的老年人组织、民政部门等。

在(2018)黔0626民特29号案件中,指定监护案件的申请人为德江县社会福利院。值得注意的是,德江县社会福利院在提出申请前,已经与被监护人张某某建立了一定的情感沟通基础,在很长一段时间内担任被监护人的实际监护人角色。

该案中,被监护人张某某的父母张某1、路某为被申请人。张某某属于一级智残,生活不能自理。被监护人张某某的父亲张某1因吸毒被强制戒毒,届满后未再支付抚养费。被申请人路某在张某1强制戒毒期间抚养张某,其后再婚,其间先后4次将张某某带到其爷爷奶奶家中。2017年9月26日晚,路某再次将张某某留在其爷爷奶奶家中后离去。因张某某的爷爷奶奶年事已高,无力照顾小孩,遂将孩子留在当地派出所后强行离开。

自2017年10月起,张某某一直由德江县社会福利院代为照顾,但不具备监护人地位。德江县社会福利院向当地人民法院提出申请,法院判决撤销张某1、路某的监护人资格,指定德江县社会福利院为张某某的监护人。

在《民法总则》第三十六条所规定的组织中,民政部门对向法院申请撤销、变更监护人承担兜底责任。若监护人侵害被监护人权益,有关个人和除民政部门以外的组织未及时申请撤销监护人资格的,民政部门应当向人民法院申请。

比如上文中提及的(2015)铜民特字第01号案件体现了民政部门作为提供社会保障服务的机构，为保护被监护人权益而承担的主动申请撤销、变更监护人的责任。

鉴于邵某的父亲邵某某长期虐待邵某；邵某的母亲王某某长期怠于履行鉴于义务；邵某外祖父母年事已高、经济能力有限，明确表示不愿意抚养邵某，已经年满10周岁的邵某也表示不愿意与其外祖父母居住。至此，对邵某有监护权的人均不愿意或不适于担任其监护人。

徐州市铜山区人民检察院在得知上述情况后，向徐州市铜山区民政局作出书面建议，认为铜山市民政局作为履行社会保障职责的国家机构，应当向人民法院提出申请，代表国家履行监护职责。铜山区民政局依照人民检察院的意见向人民法院提起申请，铜山区人民法院认为，铜山区民政局“不仅能够为邵某今后的生活提供经济保障，还能够协调相关部门解决邵某的教育、医疗、心理疏导等一系列问题”。从最有利于被监护人的角度出发，指定铜山区民政局为邵某监护人。

2. 如何申请

被监护人的变更事实上包括了申请变更被监护人和申请撤销被监护人，取决于申请人是否申请了自己成为新的监护人。

所谓申请变更监护人，是指申请人有意担任被监护人的监护人，因此向人民法院提出两项诉讼请求：(1)撤销当前监护人；(2)指定申请人为新的监护人。在上述情况下，由有意出任新的监护人的有关个人或组织作为申请人，由被申请人当前的监护人为被申请人。例如，在(2015)铜民特字第01号案件中，民政部门为申请人，邵某当前的监护人邵某某、王某某为被申请人。

所谓申请撤销监护人，是指申请人不愿意或无能力担任被监护人的监护人，但认为被监护人当前的监护人不适于担任监护人，因此向人民法院提出下列诉讼请求：(1)撤销当前监护人；(2)指定其他临时监护人或其他新的监护人。

在(2018)湘0302民特16号案件中,申请人熊某泉向湖南省湘潭市雨湖区人民法院提出申请,撤销被申请人熊某、张某对被监护人熊某某的监护义务。法院认为,熊某、张某不适于担任熊某某的监护人,但申请人“熊某泉由于年老体弱,精力有限,无能力履行监护职责”,因此法院不予指定申请人为监护人,转而根据熊某泉的申请,指定湘潭市社会福利院为监护人。

(三)监护权丧失的后果

对于法定监护人和指定监护人,监护权丧失的后果不同。

对于未成年自闭症人士,《民法总则》第二十七条规定其父母负有法定监护责任,对未成年人负有第一顺位的监护义务,若父母无法承担监护义务或已经死亡的,才按照法定顺位确定未成年人的监护人。法定顺位是祖父母、外祖父母、兄、姐或其他愿意担任监护人的个人或组织以此类推。对于业已成年的自闭症人士,其通过法院宣告确定其法定监护人,监护顺位按照配偶、父母、子女、其他近亲属、其他愿意担任监护人的个人或者组织以此类推。未成年人或已成年的自闭症人士,其法定监护人即便丧失监护权,也应当依法负担被监护人抚养费、赡养费、扶养费。

法定监护人对自闭症人士的抚养义务不因监护权的撤销而撤销。但通过自闭症人士的意愿表达、监护人的互相商议等方式确定的指定监护人,在被撤销监护权后,对自闭症人士不再负有任何义务。

(四)监护权的恢复

监护人的监护权被撤销后可以恢复,但恢复监护权有其法定条件和范围。

就法定范围而言,除非自闭症人士结婚并生育,否则自闭症人士的监护人中能够被恢复监护权的只有其父母。同时,若自闭症人士监护人对自闭症人士实施故意犯罪,例如对自闭症人士的人身和财产权利造成伤害以至于触犯刑法的,则按照法律法规的规定不允许被恢复监护权。

若被监护人的父母确有悔改表现,且被监护人也同意与监护人一同生活,对于监护人担任其监护人无异议的,人民法院可根据“最有利于被监护人”的原则恢复监护人的监护权，若人民法院认为不适合恢复监护人的监护权的，人民法院有权不宣告恢复。

根据问卷调查的结果，大多数自闭症人士尚未成年。在未成年阶段，自闭症人士与其他未成年人所享受的关于教育、监护的保护并无不同。未成年自闭症人士的父母应当成为其第一顺位的监护人，抚养、保护、教育未成年自闭症人士，这与调查问卷的结果相似——大部分自闭症人士的监护人均为其父母。但对于已经成年的自闭症人士，其在被宣告为无民事行为能力人或限制民事行为能力人之前，并不存在天然的法定监护人。在被宣告后，法院将依法指定监护人。

监护权与其说是权利，不如说是义务。监护人应当对以“最有利于被监护人”和“尊重被监护人真实意愿”为原则出发，不仅保障自闭症人士的身心健康和人身安全，也应当尽其所能保护自闭症人士的财产安全。同时，被监护人，尤其是具有限制民事行为能力的自闭症人士，在做出与其心智、精神状况符合的行为时候，监护人不应当干涉其独立事务，反而应当尽其所能，为自闭症人士提供帮助，让被监护人在监护和辅导下完成其独立事务。

监护权在特定情况下将被法院撤销。法院撤销监护权后，将指定有意愿担任监护人的个人和组织成为新的监护人。法定监护人对被监护人的义务在被撤销监护后并不解除，但通过意定监护指定的监护人被撤销监护后不再承担任何监护责任。除非监护人对其行为确有悔改，且从未对被监护人实施刑事犯罪，法院可以视情况决定恢复监护人的监护权。

监护人的确认对于自闭症人士而言有重要意义，尤其是对于已经成年的自闭症人士。对于成年自闭症人士的长期监护而言，其父母可以通过遗嘱指定的方式指定自闭症人士的长期监护人，也可以通过管理其账户的方式进行财富传承。但这一切的前提在于自闭症人士的父母被指定为自闭症人士的监护人。

调查问卷显示，只有很少一部分的自闭症人士被宣告为无民事行为能力人或限制民事行为能力人,导致成年自闭症人士的监护人不明确。这一现状可能会引起自闭症人士的长期监护问题,包括自闭症人士父母对其进行的财产管理无法得到正当法律保障。

五、监护权的行使

(一)我国规定的监护权履行制度

《民法总则》第三十五条规定了监护权最核心的原则,即最有利于被监护人原则与尊重被监护人意愿原则。

1. 最有利于被监护人原则

最有利于被监护人原则不仅是指定监护时法院及基层组织衡量拟任监护人的重要指标,也是监护人履行监护权的核心原则。其主要体现在以下方面:

(1)我国法院在为未成年人指定监护人时,将综合判断监护人的情况,以达到对被监护人最有利的状况。

在(2015)铜民特字第 0001 号案件中,未成年人邵某被其父邵某某侵犯、其母王某某遗弃后,由临时照料人张某某照料。张某某对邵某无任何亲属关系和抚养义务,但出于对邵某的关心对其进行抚养并表示愿意担任其监护人。但法院考虑到,张某某家庭经济条件一般,其知识水平也有限,同时另有年幼的女儿要抚养,再担任另一名未成年人的监护人必定加重其负担。最重要的是“未成年人的监护职责不仅仅是吃饱穿暖,生活上的照料,更应注重未成年人的安全、教育、成长、发展等诸多因素”。考虑到邵某遭受长期虐待和遗弃,且未接受正常教育,法院认为“修复、弥补受害女童的身心伤害,使其恢复至正常生活状态尚需社会各界的共同努力”,而铜山区民政局“不仅能够为邵某今后的生活提供经济保障,还能够协调相关部门解决邵某的教育、医疗、心理疏导等一系列问题”。因此,根据最有利于被监护人原则,法院指定民政局作为监护人。

对于已经具有一定民事行为能力的自闭症人士,法院在指定监护人时将首先着重考虑自闭症人士的真实意愿。其次，根据最有利于被监护人的原则，应当考虑到监护人的身体健康状况是否能够长期、周到照料自闭症人士；经济条件是否能够满足自闭症人士的生活需求；与自闭症人士的生活、感情交流的状况是否足以与自闭症人士构建相对牢固的情感纽带，是否能够取得自闭症人士的精神信赖，等等。

（2）监护人在履行监护义务的过程中，也应当贯彻这一原则，一切以自闭症人士的利益出发，监护人所做出的行为和决定应当是在其能力范围内最有利于被监护人的。

何为最有利于被监护人的，在不同情境下，对于经济能力、教育背景，甚至住所地区不同的监护人而言均不同，因此法律法规无法对最有利作出规定，而只能根据普遍的发展背景和公众认知，对监护人行为的底线作出规定。根据《民法总则》等相关法律法规，监护人严重侵害被监护人合法权益的，将被撤销监护人资格，并进一步根据相关法律法规处罚，对于怠于履行监护责任的父母或虐待被监护人的监护人，有关部门可以根据《中华人民共和国刑法》中的遗弃罪或其他条款提起公诉。上述内容将在“监护权丧失”这一节中详细阐述。

在经济社会中，被监护人的人身权益并非法律关注的全部对象，被监护人的财产权益也将由监护人负责维护。而作为监护人，法律规定“除为维护被监护人利益外，不得处分被监护人的财产”。

自闭症人士虽然可能是限制民事行为能力人，对于其受赠、劳动或因其他原因无偿或有偿取得的财产有所有权。监护人对自闭症人士的财产只有管理的权利和有限的使用权。所谓管理权，是指监护人对被监护人的财产应当以最有利于被监护人的方式进行储存、投资和保值增值；所谓使用权，是指监护人可以为被监护人使用其财产。

但应当注意的是，监护人使用被监护人的财产，必须满足两个前提，即①监护人的财产不足以负担相关费用；②财产必须直接用于被监护人。当监护人无法负担自闭症人士的生活费用、教育费用、医疗费用等时，监护人可以使用自闭症人士的财产补足。[1] 这事实上避免了自闭症人士的近亲属为自闭症人士的继承权而争相担任监护人，但对自闭症人士的实体权益并不关切的情况。

2. 被监护人真实意愿

个体的基本权益、个人尊严近年来被广泛重视，这一点也体现在《民法总则》的监护制度中。指定监护，法院与基层组织都应当尊重被监护人的真实意愿。

在司法实践中，被监护人的民事行为能力越完备，法院和基层组织也将越多地参考被监护人的个人意愿。也就是说，对于10周岁以上的未成年人和已经成年的限制民事行为能力人，法院在指定监护时将着重参考他们希望与谁一同生活的个人意愿。同样地，在(2015)铜民特字第0001号案件中，年满10周岁的邵某明确表示不愿意随外祖父母等近亲属共同生活，法院认为邵某"年满10周岁有表达意愿的能力"，因此将邵某的意愿考虑在内，没有指定其外祖父母为监护人。

对于无民事行为能力人或10周岁以下的未成年人，法院也一样将询问他们的个人意愿，并在判决时将此列为参考因素，但考虑到无民事行为能力人意思能力的缺乏，法院指定监护时最终还是将以"最有利于被监护人"的原则为基础进行指定。

在监护人履行监护义务的过程中，除了最有利于被监护人原则之外，也应当尊重自闭症人士的真实意愿，尤其是当自闭症人士实施与其智力、精神健康状况相适应的民事法律行为时。在自闭症人士有能力独立处理相应事务时，监护人不得以"最有利于被监护人"的原则为借口，阻碍自闭症人士实施其真实意志。

尊重被监护人真实意愿这一点在自闭症孩子家庭中应当被着重注意。自闭症人士的监护人应当结合日常与被监护人的相处、被监护人的情绪表

---

〔1〕 夏吟兰：《民法典未成年人监护立法体例辩思》，载《法学家》2018年第4期。

达方式,判断被监护人的内心真实需求和意愿,在被监护人对其行为能力范围内能够决定的事务表达出强烈的意愿和愿望时,不应当以“最有利于被监护人”这一借口搪塞,而是应当尊重自闭症人士的意愿,让他们在适宜的范围内,在监护人的协助下,自行作出决定并承担责任。

(二)协助决定制度

我国作为联合国《残疾人权利公约》的签署国之一,应当响应《残疾人权利公约》的倡导,将公约转化为国内法,构建相关制度。残疾人公约委员会针对《中华人民共和国民法通则》所制定的成年人监护制度曾提出:“该制度……缺乏一套承认残疾人有权自行做出决定,且其自主性、意愿和喜好有权得到尊重的协助决定措施。”并表示希望使用“协助决定制度”取代“替代决定制度”。[1]

《民法总则》第三十五条强调根据被监护人的年龄和智力状况,在作出与被监护人利益有关的决定时,应当尊重被监护人的真实意愿;对被监护人有能力独立处理的事务,监护人不得干涉。这一条款一定程度上响应了《残疾人权利公约》第十二条的要求。

然而,制度层面的转化与实践层面的落实尚有差距。《民法总则》明确将存在精神、智力障碍的残障人士,包括自闭症人士,称为“无民事行为能力人”或“限制民事行为能力人”,从立法层面上就否定了存在一定程度精神障碍和/或智力障碍的自闭症人士的民事行为能力;进一步说,民事权利能力和民事行为能力是不可分割的一体两面,一旦自闭症人士的民事行为能力被否认,其民事权利能力势必受到影响。

例如,当自闭症人士被视为无民事行为能力人时,其无法决定是否捐赠

---

〔1〕 残疾人权利委员会《委员会第八届会议(2012 年)就中国初次报告通过的结论性意见》(中文),载 http://docstore.ohchr.org/SelfServices/FilesHandler.ashx?enc=6QkG1d%2fPPRiCAqhKb7yhsrBkvDLHrFFq8wSOe2z9g3jLWXscOK3cW%2bh6NEqWxDjRLAKgX49CP9xOmOS0nj0fJHNv%2b1SI4%2fKzMuyj25QwQmADAMX0tm9ekwKTnm2meQYw,2019 年 5 月 15 日最后访问。

或处置自身的财产，这就已经影响到了自闭症人士对自有财产的支配权；在否定精神、智力障碍残障人士民事行为能力、民事权利能力的前提下，我国长期以来构建的监护制度是以替代决定制度为基础的，即推定残障人士全部或部分无民事意思能力，进而将其所应当享受的民事行为能力和民事权利能力全部转移给监护人。这一长期以来建立的制度传统和立法逻辑并非《民法总则》第三十五条能够打破的。若被监护人的民事权利能力和民事行为能力被全然否定，被监护人真实意愿是无法确定的，进而“尊重”也无从谈起。

之所以出现这样的情况，是因为《民法总则》的前提与《残疾人权利公约》第十二条背道而驰。《残疾人权利公约》第十二条始终认为心智障碍残障人士，包括自闭症人士，具备民事行为能力和权利能力。一方面，《残疾人权利公约》认为，“心智能力”与法律上的“意思能力”并不完全等同。一个人的意思能力在不同时间和生活中的不同领域、不同环境中有很大区别。这一点对于所谓的“心智健全人士”也同样适用。在医学领域、金融领域、机械领域，一个非专业人士的判断能力与自闭症人士并没有很大区别。在这样的情况下，购买机械的非专业人士被允许退货，接受治疗或者购买金融产品的非专业人士可以接受来自相关顾问的帮助。同样地，对于自闭症人士，帮助其了解实际情况有助于自闭症人士理解并进一步作出决定。

另一方面，替代决定制度有其明显的缺陷，因被监护人所交付的不仅是财产权利，更是人身权利。试想，当自闭症人士罹患疾病但却具备清醒的意识时，监护人能够全权决定是否继续治疗，选择使用何种治疗方案，甚至是否进行器官摘除手术。自闭症人士或许对治疗方案已有倾向，但监护人在替代决定制度下仍有权利为其人生掌舵。无论是对于自闭症人士，还是其监护人而言，这都是生命不能承受之重。

在此基础上，《残疾人权利公约》提出了“协助决定制度”，认为在心智障碍人士无法决定自己事务时候，法律法规应当为其铺设获得咨询和顾问路径，由相关人士协助其作出决定。监护人应当承担的是协助其作出决定或为其聘请顾问、提供咨询的角色。“协助决定制度”相对“替代决定制度”在尊重自闭症人士意愿和选择这一方面有明显的优势。[1]

第三节 自闭症人士的托养

本节导读

托养服务对于自闭症人士生命全程的照护及持续性社会功能的恢复有重要意义。本节将在厘清托养服务概念形式的基础上,对目前我国法律体系下托养服务的类型和相关法律法规、政策性规范文件进行系统梳理,揭示托养服务在推广、合法性地位、资金来源等方面的困境,并结合相似机构的发展经验,为此类机构未来走向专业化、规范化提出意见参考。同时,针对自闭症人士在托养服务中面临的可能风险,总结可行的维权进路。

一、自闭症人士托养服务发展现状

为了更好地介绍针对自闭症人士、残障人士的托养机构与托养服务的政策,以及现有托养机构发展状况,我们对部分自闭症人士的监护人以及相关托养机构进行了调研。根据本次不完全调研结果,我们可以得出以下一些结论:

(1)监护对象义务教育结束后,49%的监护人选择自己照顾,44%的选择自己与机构结合照顾,只有约1%的监护人选择机构托养,原因是认为自己选择的托养方式有益于监护对象的身心发展;

(2)监护人对托养机构对监护对象的照顾以及收费情况的满意程度均为一般;

(3)监护人不选择托养机构进行托养的原因多为:找不到合适的自闭

---

〔1〕 李霞:《协助决定取代成年监护替代决定——兼论民法典婚姻家庭编监护与协助的增设》,载《法学研究》2019年第1期。

症托养机构、难以负担托养机构的费用、不信任自闭症托养机构。

根据以上事实结论，我们可以对自闭症群体以及目前的托养情况有一个基本了解：绝大多数监护人选择以自身为主导照料患者，只有极少数监护人选择完全由托养机构进行监护。这与我们的社会现状，尤其是托养机构与托养服务的政策、现有托养机构发展状况等因素是分不开的。下面，我们来一一介绍上述机构的特点。

（一）托养的概念

1. 含义

根据《残疾人服务机构管理办法》和《残疾人托养服务基本规范（试行）》的规定，残障人士托养服务，是指为符合条件的智力、精神和重度肢体残疾人，提供基本生活照料和护理、生活自理能力训练、社会适应能力辅导、职业康复和劳动技能训练、运动功能训练等方面的社会服务。其中既包括狭义中的托养服务（基本生活照料和护理），也包括其他职业康复、劳动技能训练等广义上的托养服务。

2. 托养与供养

《残疾人保障法》第四十九条明确了符合政府供养的残疾人类型。其中规定地方各级人民政府供养“无劳动能力、无扶养人或者扶养人不具有扶养能力、无生活来源的残疾人”。而残障人士托养服务的定义则相对宽泛，托养服务的提供方既可为政府，也可为民间力量。同时，托养服务的内容不仅包括经济资源的支持，同时更涵盖了社会训练和照护服务等。因此可以看出在法律中“供养”与“托养”具有明显的不同定义。

3. 托养的形式

在我国，当前残障人士托养方式分为三种形式：第一种为机构托养即寄宿托养，由政府投资开设或由社会力量投资开设，全天候为残障人士提供服务；第二种为社区托养即日间照料，以街道、社区服务为依托，为残障人士提供生活照料和看护，以及提供适当的康复训练、生产劳动、休闲娱乐等服务；第三种为居家托养即以家庭为依托，以政府扶助、社会支持为特点，为生活在家里的残障人士提供日常生活照料及适当的能力训练。

三种托养形式各有长处和不足，自闭症人士及其监护人可根据自身障碍程度和实际需求进行相应选择。机构托养在服务专业性和规范性上有所保障，但相对来说费用较高，且与残障人士本人的家庭长期隔离，在精神和情感上支持不足；社区托养（或称日间照护）基于残障人士所熟悉的生活、社交环境，综合费用和地理位置上来说，性价比较高，但社区托养机构多数并不具备医疗功能，缺少专家的专业支持；居家托养从成本上来说最为低廉，给残障人士营造了私密熟悉的环境，缩短适应的时间，但这种形式对于家庭其他成员施加了较高的时间成本，且缺乏康复训练的专业支持。

（二）我国现有托养服务的法律法规

1. 法律法规

（1）《残疾人保障法》。

《残疾人保障法》的第六章“社会保障”中，规定了针对残障人士的社会保障。其中第四十九条规定了“国家鼓励和扶持社会力量举办残疾人供养、托养机构。残疾人供养、托养机构及其工作人员不得侮辱、虐待、遗弃残疾人”。同时，在“法律责任”章节进一步细化了对于托养机构违法违规行为的处罚规则，明确规定了“违反本法规定，供养、托养机构及其工作人员侮辱、虐待、遗弃残疾人的，对直接负责的主管人员和其他直接责任人员依法给予处分；构成违反治安管理行为的，依法给予行政处罚”。

（2）《残疾人服务机构管理办法》。

残疾人托养机构属于残疾人服务机构，根据《残疾人服务机构管理办法》的规定，残疾人服务机构是指国家、社会和个人举办的，依法登记的专门为残疾人提供供养、托养、照料、康复、辅助性就业等相关服务的机构。属于综合性社会福利机构中内设的残疾人服务机构的管理，参照此办法执行。

因此，残疾人托养机构也应当按照《残疾人服务机构管理办法》的规定执行，其中对于残疾人服务机构的服务提供、内部管理、监督检查以及法律责任均有明确的规定。

(3)《残疾人托养服务机构建设标准》。

《残疾人托养服务机构建设标准》是根据住房和城乡建设部《关于同意组织编制〈残疾人托养中心建设标准〉的函》(建标函〔2006〕244 号)的要求,由中国残联作为主编部门,中国建筑标准设计研究院和中国残联计划财务部组成编制组共同编写的。

编制过程中,编制组进行了深入实地的调查研究及全国性的问卷调查,认真分析了全国既有残疾人托养服务机构的统计资料,在此基础上编制组遵循勤俭节约的方针及实事求是的精神,根据残疾人托养服务机构的功能定位和实际业务需求,进行了反复测算,广泛征求了各有关部门、专家的意见和建议,确定了本标准的建设规模和水平,最后经有关部门会审定稿。

建设标准共分 6 章:总则、建设级别与项目构成、选址用地与规划布局、建设规模与建筑面积指标、建筑标准、建筑设备等。

2. 行业规范:《残疾人托养服务基本规范(试行)》

《残疾人托养服务基本规范(试行)》是中国残联 2013 年 12 月 31 日向各省、自治区、直辖市及计划单列市残联,新疆生产建设兵团残联,黑龙江垦区残联印发的通知,分为总则、术语、机构托养服务规范、居家托养服务规范、服务管理、服务质量考核及评价 6 个部分。

该规范适用于中华人民共和国行政区划内为残障人士提供寄宿托养、日间照料及居家托养等服务的各类机构或组织。

残疾人托养服务工作除应符合该规范外,还应符合国家现行相关管理服务标准及要求。该规范所列各种条款为基本要求。地方残障人士托养服务有关规范中有更高标准规定的,当地应按照本地规范标准执行。

3. 政策

(1)《关于加快发展残疾人托养服务的意见》。

《关于加快发展残疾人托养服务的意见》是由中国残联、发展改革委、民政部、财政部、人力资源社会保障部、国土资源部、人民银行、税务总局研究制定的，并于2012年8月11日发布通知，其明确了加快发展残疾人托养服务的指导思想和基本原则、多元化发展残疾人托养服务、加强残疾人托养服务管理、加大残疾人托养服务扶持力度、加大残障人士服务专业化建设。

（2）《“十三五”残疾人托养服务工作计划》。

2016年6月3日中国残联发布的《“十三五”残疾人托养服务工作计划》指出，在“十二五”期间，各级财政投资新建残疾人托养服务设施744个，中央财政对建成并运营的400多个残疾人托养服务设施提供了设备补助，各级各类托养服务机构达到6352个，接受过机构托养服务和居家服务的残障人士累计达到4235万人（次）。

“十三五”期间，残疾人托养服务工作将按照国家加快推进残障人士小康进程的总体规划，以推动建立健全残障人士托养服务基本制度为核心，不断完善残疾人托养服务补贴、购买服务、评估监管和人才培养等制度，加强残疾人托养服务标准化体系建设，积极培育社会力量发展残疾人托养服务，努力为城乡残障人士提供多层次、多元化的托养服务。

计划内容主要包括全面推动残疾人托养服务基本制度建设、持续实施好“阳光家园计划”、积极探索残疾人托养服务机构良性运行机制、不断加大残疾人托养服务人才培养力度。

（三）托养服务工作及托养机构发展现状概述

改革开放以来，随着国家经济发展和社会进步，我国残障人士事业得到空前发展，残疾人状况明显改善。但他们人数众多、接受有针对性的康复服务少、文盲率高、就业机会缺乏的情况普遍存在；危害自身和他人的极端情况时有发生；家庭在抚养或赡养、长期看护、治疗与康复、精神压力等各方面的付出，已大大超出一般家庭所应承担的义务。

政府及社会公众逐渐意识到，对于智力、精神和重度残障人士而言，托养和护理的需求同温饱需求一样，应被视为这一群体维持基本生活需求的必须。正式的残疾人托养服务概念始于2007年在广州召开的全国残疾人托养服务工作会议。在此次会议上，中国残联首次向全国范围内各地方残联提出，应组织建立主要针对心智障碍者、中重度肢体残障人士的集中托养机构。

2009年11月22日，中国残联和财政部正式启动“阳光家园计划——智力、精神和重度残疾人托养服务项目”，提出将从2009年到2011年安排专项资金以补助各地开展就业年龄段智力、精神和重度残疾人托养服务工作，这一计划在之后中国残联《阳光家园计划——智力、精神和重度残疾人托养服务项目（2012－2015年）实施方案》及《国务院关于加快推进残疾人小康进程的意见》中得以延续，进一步被确定为一项常态化的扶持政策。

自“阳光家园计划”实施以来，我国残疾人托养服务得到长足发展。根据中国残联发布的《2017年中国残疾人事业发展统计公报》（残联发〔2018〕24号）显示，我国残疾人托养服务机构达到7923个，共为23.1万残障人士提供了托养服务。其中寄宿制托养服务机构2560个；日间照料机构3076个；综合性托养服务机构2287个；接收居家服务的残障人士达78万人，全年1.9万名托养服务管理者和服务人员接受了各级各类专业培训。

可见，我国残疾人托养机构已初具规模，相关服务人才的培养逐步走向专业化和体系化，这已能为一部分智力、精神（病情稳定）和重度肢体残障人士提供较为专业的托养服务。

二、阳光家园计划

（一）背景

2009年11月22日，中国残联和财政部在京正式启动实施“阳光家园计划——智力、精神和重度残疾人托养服务项目”，提出从2009年至2011年，中央财政每年安排2亿元，共6亿元专项资金，用于补助各地开展就业年龄段智力、精神和重度残疾人托养服务工作。符合规定条件的智力、精神和重度残疾人托养服务机构，居家照料智力、精神和重度残障人士的家庭，履行相应的申请审批程序后可获得资助。

为确保达到预期效果，“阳光家园计划”对资助范围和标准、申请资助的条件和程序等均作出了明确规定。2012 年，经商财政部同意，中国残联发布了《阳光家园计划——智力、精神和重度残疾人托养服务项目(2012－2015 年)实施方案》(以下简称《实施方案》)，提出 2012 年至 2015 年，中国残联与财政部继续共同组织实施“阳光家园计划——智力、精神和重度残疾人托养服务项目”，中央财政将每年安排 2.5 亿元用于补助各地开展残障人士托养服务工作，为享受低保且无业的智力、精神和重度残疾人居家托养和各类残疾人托养服务寄宿制机构和日间照料机构提供资助，使自闭症人士等残障人士群体可以在托养服务机构接受职业康复训练、技能培训、享受无障碍环境，在家庭内部接受居家生活照料、家政服务、康复护理等全方位照护服务。

2016 年，《“十三五”残疾人托养服务工作计划》明确将继续执行“阳光家园计划”，打造残障人士基本公共服务的“阳光”品牌。该计划不仅对残疾人托养服务机构及个人家庭提供经济、资金、场地、税收等各类常态化、持续性的优惠扶持，同时，也探索建立了残疾人托养服务的基本规范和人才培养机制，为这一行业可持续性的发展奠定了政策基础。

(二)资助审批标准

根据《实施方案》和各地出台的相应细则，申请“阳光家园计划“资助的机构和个人，分别需满足以下条件：

1. 残疾人托养服务机构

(1)依法建立，手续完备，经县级以上残联确认开展残疾人托养服务；

(2)具备基本的托养设施设备，配备满足基本服务的工作人员，规章制度健全，且正常运营 3 个月以上；

(3)与托养服务对象或其家属(监护人)签订了 1 年以上托养服务协议；

(4)符合《方便残疾人使用的城市道路和建筑物设计规范》的建设要求；

(5)托养服务对象持有《中华人民共和国残疾人证》(第二代)。

2. 居家托养残疾人家庭

(1)属于城乡最低生活保障对象,或符合当地政府规定标准的困难残疾人家庭;

(2)家庭成员中的智力、精神和重度残疾人处于就业年龄且无业,长期需要有人照料;

(3)家庭成员中的智力、精神和重度残疾人持有《中华人民共和国残疾人证》(第二代)。

"阳光家园计划"的具体资助标准,将由省级残联会同同级财政部门按照本计划各项要求,参考中央财政专项资金分配因素,结合本地残疾人托养服务工作进展、年度任务分解、资金匹配等实际情况研究确定。《实施方案》对于此类资助制定了金额底线,明确要求,对日间照料机构和居家托养家庭的资助标准应不低于600元/人/年;寄宿制托养服务机构的资助标准应不低于1500元/人/年。

(三)申请程序

目前国家层面对于"阳光家园计划"的工作程序,仍由《实施方案》确定,各地对此亦制定了相应的申请流程规定,总体而言,包含以下几个方面:

(1)符合规定条件的残疾人托养服务机构、居家托养残障人士家庭,按照要求据实填写残疾人托养服务资助申请审批表,提供残疾人证等证明材料;

(2)县级以上地方残联负责受理管辖范围内的残疾人托养服务机构和居家托养残障人士家庭的申请,逐一提出审核意见,汇总形成资助方案报同级财政部门审批。

三、托养机构的规范

(一)我国法律对于托养机构的规定

托养机构属我国法律法规中所定义的残疾人服务机构。目前,我国针对托养机构的专门规范可分为以下两类:第一类是部门规章和地方性规范文件，包括民政部、人力资源社会保障部、国家卫生计生委、中国残联联合制定的《残疾人服务机构管理办法》以及各地民政部门就托养机构制定的管理细则；第二类是行业服务规范和建设标准，包括中国残联制定的《残疾人托养服务基本规范（试行）》及住房和城乡建设部、国家发展和改革委员会制定的《残疾人托养服务机构建设标准》。

除此以外，中央及各地有关部门也出台了包括《关于加快残疾人托养服务的意见》在内的政策方略。上述规范性文件，涵盖残疾人托养机构的登记注册、主管机关、内部管理、监督检查、从业人员资质、服务标准、建筑选址等各个方面，明确了各方相应的权利义务，为托养服务的主要受众提供了初步的法律和政策保障。

1. 行业管理部门

根据《残疾人服务机构管理办法》第四条的规定，残疾人托养机构的全国性行业管理部门有：国务院民政、卫生计生、人力资源社会保障等有关部门。同时，县级以上地方人民政府民政、卫生计生、人力资源社会保障等相关部门，负责对本行政区域内残疾人托养机构进行指导、监督和管理；中国残联及其地方组织依照相关法律法规或者接受政府委托，对残疾人服务机构履行监督职能。

2. 托养机构的登记

根据《残疾人服务机构管理办法》第五条的规定，残疾人托养机构应当根据其法人类型，依照以下规定进行登记：

（1）国家机关、事业单位举办或其他组织利用国有资产举办的非营利性残疾人托养机构，应当按照《事业单位登记管理暂行条例》等事业单位登记管理规定到事业单位登记（管理）机关办理登记；

（2）符合《民办非企业单位登记管理暂行条例》等民办非企业单位（社会服务机构）登记管理有关规定的非营利性残疾人托养机构，应当到民政部门办理登记；

（3）营利性残疾人托养机构，应当依据法律法规规定的管辖权到工商行政管理部门办理登记。

3. 托养机构的场地建设和机构要求

《残疾人服务机构管理办法》第十四条明确，残疾人服务机构可以通过设置康复辅助器具配置室等方式，为残障人士获得和使用康复辅助器具服务提供相应便利。该法第二十二条进一步设立了残疾人托养机构提供无障碍设施的义务。上述两项有关机构场地设计的条款在《残疾人托养服务基本规范（试行）》中得到进一步细化，具体规定主要如下：

（1）托养服务机构一般要求相对独立，设置在交通便利的区域；

（2）服务场所应为自有用房或协议承租 5 年以上；

（3）依法设立，申请审批、注册登记手续齐全，合法运营；

（4）在显著位置公开服务项目、服务指南和工作流程；

（5）应有稳定的运营资金保障，确保能够持续运营发展；

（6）配置与其服务范围相适应的服务场地，包括住养居室、食堂、护理保健室、文体活动室、康复室、心理咨询室、劳动（生产）工作间等；

（7）具备基本的无障碍设施设备，寄宿制集中托养机构的建筑设计应符合国家标准《无障碍设计规范》的规定；

（8）房屋建筑质量安全和消防设施符合国家相关标准的要求；

（9）政府兴办的寄宿制托养服务机构应具备《残疾人托养服务机构建设标准》中规定的基本设施设备、功能场所；

（10）接受中央财政“阳光家园计划”项目资助的机构，应在显著位置使用“阳光家园计划”专用标识。

此外，住房和城乡建设部和国家发展和改革委员会共同制定的《残疾人托养服务机构建设标准》，从建设级别与项目构成、选址与规划布局、建设规模和建筑面积指标等角度详细规范了残疾人托养机构的建设工程，同时明确各方要严格执行建设标准，坚决控制工程造价。

4. 托养机构的从业人员

《残疾人服务机构管理办法》第十三条和第十五条明确，残疾人托养机构中从事诊疗服务的，应当依法取得《医疗机构执业许可证》，同时机构还应为智力、精神残障的人员配备专门的训练人员。《残疾人托养服务基本规范（试行）》中进一步明确，托养服务机构应配备与其服务范围相适应的管理人员、专业人员和护理人员，具体人员资质规定如下：

（1）管理人员。

①应从事过管理工作，具有社会工作类、社会福利类或康复类等相关学习或培训经历；

②熟悉残疾人相关法律法规与政策，熟练掌握残疾人托养的基本知识、主要政策和专业知识；

③托养服务机构中的财务等专业岗位上的管理人员应当持有有效的从业资格和职业资格证书；

④主要管理人员平均年龄不宜超过55岁；

⑤每年至少参加1次以上管理培训活动。

（2）专业人员。

①内设医疗部门的机构应配备专业医务人员；

②应配备康复专业技术人员，其数量能以满足需要并能提供本规范所规定的运动功能训练服务为原则；

③有精神残疾服务对象的，应配备精神卫生医师、专业心理治疗师或经过相应专业卫生医疗机构上岗培训并考核合格的专业人员；

④应配备至少1名残疾人就业服务指导员和1名能够从事心理咨询和疏导的专业人员；寄宿制托养服务机构原则上应配备全职的专业人员，日间照料机构可根据实际需求整合利用资源；

⑤可根据实际需要招募一定数量的社会工作者和志愿者；

⑥应具有本人身份证明、健康证明。对需持证上岗的职业，应按有关法律法规规定持有效的从业资格和职业资格证书。

（3）服务人员。

①根据服务对象需求配备适宜的护理员，护理人员与服务对象的比例

最低不低于1∶5,护理员中男女比例应根据实际情况配备;

②至少配备1名经公安部门认可的安保人员;

③应熟练掌握相应的业务知识和岗位技能,并接受过残疾人特殊生理与心理知识培训;

④应具有本人身份证明、健康证明,并接受过托养服务与专业培训;

⑤提供服务时应统一着装、挂胸牌;

⑥每年至少参加12学时以上的业务培训活动;

⑦遵纪守法,遵守职业道德,尊重和善待残疾人,对待服务对象应文明友善、耐心细致。

5. 其他

除此以外,《残疾人服务机构管理办法》等规范性文件还就托养机构提供的具体服务,包括生活照料和护理、生活自理能力训练、社会适应能力辅导、执业康复与劳动技能训练、运动功能训练等,制定相关的细化要求。

(二)现有托养机构的发展问题及监管

1. 现状问题

在采访了相关机构负责人和自闭症家庭之后,我们将现有自闭症人士托养机构服务现实困境,总结为以下几个方面:

(1)提供社区居住支持的非官方机构在部分地区的合法性未得到承认。

面向成年智力障碍人士提供社区居住支持的相关服务机负责人表示,目前政府主管部门对于残疾人托养机构的认定仅有集中托养这一种模式,而对于提供去机构化社区居住支持的机构之合法性地位认定始终趋于保守。“残疾人托养”因此也无法被纳入该类机构营业执照的经营范围之中。

此外,根据《物权法》及各地方土地规划管理的规定,直接在社区内设立托养机构并提供居住支持服务可能存在住宅商用的违规风险。若将机构地点设在远离居民区的地方,这与社区居住的本意(即让残障人士在居民区得到支持服务)相悖。这些因素都使社区居住在现行的政策框架下,合法性处境暧昧。

（2）自闭症人士长期地被污名化使得针对自闭症人士的托养服务在社区推广艰难。

成年自闭症托养机构的相关负责人表示，自闭症群体在中国的社区居住面临着相较肢体障碍者更多的挑战。有政府部门人员担心自闭症人士的“安全隐患”而不支持社区居住；而社区民众固有的“精神病杀人不偿命”的认知也进一步强化了对这一群体的偏见和恐惧，对于自闭症人士入驻普通居民区较为排斥。如何创设对自闭症人士更为包容融合的社会环境，尚待探索。

（3）自闭症托养机构资质鱼龙混杂。

目前，我国并无成立专门针对残疾人托养的官方社会人力保障机制，多数相关的托养照料机构来自个人或者民间组织自发的、散放式的服务。相关机构场地简陋，设施未达无障碍设施标准，同时缺乏专业的康复训练、护理、医疗人员的支持。

（4）自闭症托养机构的资金短缺。

自闭症托养机构的盈利能力无法与传统的企业相提并论，但其在人员训练、场地、专业人才培养上仍然需要较大的资金体量，单单依靠自筹资金难以维持长期常态化的托养服务，这一领域尚待政府部门更有针对性的财政支持。

2. 监管及建议

（1）监管法律及机制的完善。

就残疾人的托养问题，我国目前未有法律层级较高的专门立法，因此，笔者建议国务院可参考《预防和康复条例》的相关立法经验，出台位阶较高的行政法规乃至更具法律强制力的单行部门法进行规制，建立针对托养机构的资质认证制度和以专门托养事业管理部门为中心，卫生、民政等相关部门为辅助的多元执法监管机制。

（2）相关民政部门资金、宣传等扶持职责的落实。

从社会意识层面消除公众对于某一群体的广泛偏见并非易事。因此，托养服务，尤其是去机构化社区居住机制的发展，更加需要在整合资源、文化宣传上具有较高优势地位的政府部门承担责任。在现行的宏观政策框架之下，政府层面可尝试进一步细化政策，通过专项财政资金预算安排等形式，落实各地方政府机关对于托养机构的扶持责任，并可探索街道与相关自闭症机构合作，开展“融合周”等志愿者宣传活动，主动创造居民与自闭症人士群体接触沟通的机会，协助打造更利于自闭症人士生活的融合社区环境。

(3)社区居住支持机构的合法性问题解决可能进路。

托养机构合法性地位解决，在某种程度上可以参考社区嵌入式小型养老护理机构的推行方案。目前，浙江等地已开展“现有闲置房产改建一批、规划用地新建一批、出让(安置)地块配建一批”等模式，[1] 从一定程度上解决了此类机构“住宅商用”用地合法性暧昧的尴尬，托养机构的建设亦可以对此进行借鉴。

同时，在社区计划建设相关托养机构时，可以由街道民政部门牵头，开展居委会、业委会、托养机构、自闭症家庭、其他居民代表等各方主体共同参与的征询会议，各方就日后托养机构运营如何避免扰民、治安等问题进行事前的协商，并以自治公约的形式明确各方权利义务。

当然，以上的解决进路仅仅是一个方向性的建议，这一问题的彻底解决仍然需要实践经验的积累探索。

(三)维权途径

1. 谨慎选择托养机构

(1)查资质。

目前自闭症人士托养机构鱼龙混杂，家长需要尤其关注自闭症人士托养机构的资质认定问题。

---

[1] 参见浙江省丽水市政府发布的《推进全市社区嵌入式小型养老护理机构建设和运营的实施意见》。

就机构资质而言，家长应优先选择在当地民政局有备案、通过残联评估的机构。在有条件的情况下，可前往该机构实地探查，查看该机构是否具备与其收治人数相符合的工作场地无障碍标准、人员师资，并要求该机构出示相关资质证书、文件等。

就机构工作人员的资质而言，家长及监护人可以参照《残疾人托养服务基本规范（试行）》，一一考察该机构管理、专业、服务人员的资质、人员配比、工作规范情况，并要求该机构出具人员健康、身份、资格证等相关证明文件。

（2）签订合同。

家长选择托养机构后应及时与该托养机构签订合同，明确托养机构和自闭症人士的权利与义务以及自闭症人士权益被侵犯后的赔偿金额和纠纷解决途径。根据《残疾人服务机构管理办法》的相关规定，完整的服务协议内容一般应载明以下事项：

①残疾人服务机构的名称、住所、法定代表人或者主要负责人、联系方式；

②残疾人或者其代理人指定的经常联系人的姓名、住址、身份证明、联系方式；

③服务内容和服务方式；

④收费标准以及费用支付方式；

⑤服务期限和地点；

⑥当事人的权利和义务；

⑦协议变更、解除与终止的条件；

⑧违约责任；

⑨争议解决方式；

⑩当事人协商一致的其他内容。

在签订合同前，家长应当事先了解自闭症人士所拥有的相关权利，并在签订合同时确保相关权益全部写入合同，对合同相关条款，尤其是免责条款等严格审查,为将来有可能发生的争端提供可靠的解决依据。

2. 托养机构发生侵权行为时,多渠道救济

针对自闭症人士的侵权行为往往发生在熟人之间,在托养机构亦有相当的发生概率。当自闭症人士的权益被侵犯,自闭症人士的家长/监护人首先应当做到的是固定证据,在固定证据的前提下才有维权的事实基础和法律基础。

(1)固定证据。

关于"固定证据"的相关定义可参见本书第二章第二节的"向康复机构的维权"的内容。而托养机构相关案件取证的及时性尤为重要,家长应经常关注孩子的生理、心理变化,一旦发现有相应的人身侵权事件,应当立即向公安机关报案。若公安机关未提示家长作伤情鉴定,自闭症人士家长应当主动要求验伤。若自闭症人士受到性侵犯,自闭症人士家长应当立即陪同自闭症人士前往公安机关报案、验伤并采集体液以固定证据,避免日后无法确定侵权人。

在固定证据的前提下,家长可以选择以下多种渠道救济其权益,此类救济措施可以同时使用,也可以分别使用。

(2)与托养机构直接交涉。

自闭症人士在托养机构接受照护服务的全程适用《侵权责任法》第三十八条至第四十条的规定。自闭症人士在托养机构学习、生活期间,若托养机构未尽教育、管理责任且自闭症人士在此期间受到人身损害,则该康复机构应当在一定程度上对该自闭症人士所受到的人身损害承担责任。

在此情况下,同康复机构侵权相似,家长也可与该托养机构直接交涉,向该托养机构提供所固定的证据之副本,告知该托养机构客观事实并指出该托养机构可能存在的管理不善、监管不力之问题。进一步要求该托养机构加强监管,并依法对该自闭症人士之人身损害承担赔偿责任。

在要求该托养机构承担赔偿责任时,家长应当提供该自闭症人士所受损失之相应证据。可以包括医疗费用、鉴定费用、营养费,若有住院也

应当包括看护费等费用。上述费用均应当保留发票或转账凭证,以备举证。

(3)向托养机构主管部门举报。

一般而言,托养机构的主管部门包括业务主管单位和登记管理机关。自闭症托养机构的业务主管单位应当为民政部门,登记管理机关可能是残联、街道、卫生部门、工商管理部门等相关部门,具体应当以该托养机构登记证书所记载或其公示信息为准。

具体举报途径与康复机构侵权事由下家长举报的途径类似,包括:第一,通过拨打有关部门监督电话,直接电话举报;第二,通过向有关部门对外接收书面材料的业务窗口提交书面举报材料进行举报;第三,通过有关部门的网络平台进行网上举报。若家长向有关部门举报的,有关部门应对该托养机构进行调查,并就举报人所举报之事项向举报人作出答复。

(4)通过诉讼方式进行维权。

在三项争议解决方式中,诉讼是争议解决耗时最长但也最彻底的维权途径。

若家长及监护人前期已经与托养机构签订合同,则视合同约定,通过诉讼方式维权的家长面临两条路径的选择——第一,家长可以自闭症人士受到人身损害为由,向该托养机构提起侵权之诉;第二,若自闭症机构在与家长签订的合同中就其保障自闭症患者人身不受损害存在约定,则家长可以该自闭症机构违反合同约定为由,发起违约之诉。

但无论提起上述哪一个诉由,家长都应向法院提供两个方面的证据:第一,自闭症人士人身权益受到侵害的证据,即在上文中提及的照片、视频及证据效力更强的伤势鉴定报告,医院出具的伤情报告、症断书等书面证据;第二,自闭症人士为治疗人身损害和维权所支出的经济成本证据,包括医院开具的发票,律师费发票(如有),营养费、看护费发票,交通费用,等等。证据的充分与否与庭审的效率息息相关,完整扎实的证据链条对于诉讼向诉讼外争议解决途径转化,尽早解决争端具有重要意义。

第七章　婚姻与继承

第一节　自闭症人士的婚姻与家庭

本节导读

婚姻与家庭是每个人生命中的重要部分，本节主要介绍我国自闭症人士婚姻关系方面的相关问题，包括婚姻的缔结、婚姻存续期间的反家暴保护、婚姻关系的结束以及婚姻纠纷中如何保障自闭症儿童权益等。本节旨在阐明我国自闭症人士婚姻权利的行使形式与保障方式。

一、自闭症人士的婚姻

（一）自闭症人士能否进入婚姻

1. 对婚姻权的保障

婚姻权在我国的法律中更多以“婚姻自主权”加以明确。《中华人民共和国民法通则》第一百零三条规定：“公民享有婚姻自主权，禁止买卖、包办婚姻和其他干涉婚姻自由的行为。”而《民法总则》也再次强调了，自然人享有婚姻自主权。婚姻权是人类的一项基本人权，人人都有进入婚姻的自由，因此当自闭症人士的婚姻权受到侵害时，应该平等地得到司法保护。自闭症人士由于其交流障碍，与他人建立亲密关系较为困难，同时，因为其在民事权利能力和民事行为能力上的特殊性，在获得婚姻的司法保护中也存在一定困难，因此国家应当提供相应的途径提供司法保护。

对于婚姻权的保障，在《残疾人权利公约》《残疾人行动纲领》《社区康复指南》中均有规定。

(1)《残疾人权利公约》。

《残疾人权利公约》第二十三条“尊重家居和家庭”中的第一款明确表明“缔约国应当采取有效和适当的措施,在涉及婚姻、家庭、生育和个人关系的一切事项中,在与其他人平等的基础上,消除对残疾人的歧视,以确保:(一)所有适婚年龄的残疾人根据未婚配偶双方自由表示的充分同意结婚和建立家庭的权利获得承认……”

(2)《残疾人行动纲领》。

《残疾人行动纲领》在第二章“当前情况”中写明“充分参与社会的基本单位——家庭、社会群体和社区——的各种活动是人生的基本要求。《世界人权宣言》中规定了这种参与的机会是平等的权利,因而人人都应能享有这种权利,包括残疾人在内”。明确了正常家庭生活对于残障人士的重要性。但同时也明确指出婚姻对于残障人士而言的不易:“由于这些障碍,残疾人往往很难或无法与他人建立密切的和亲密的关系,即使没有功能方面的限制,也往往无法结婚。”

(3)《社区康复指南》。

《社区康复指南》的“社会篇”中提出“要意识到残疾人有权建立属于他们自己的家庭”,“社区成员认识并接纳残疾人具有有意义的人际关系,可以结婚和有子女”。

2. 自闭症人士是否属于婚姻法中规定的禁止结婚情形

我国婚姻法实行男女婚姻自由的婚姻制度,而自闭症人士是否享有婚姻的权利认定主要在于:自闭症人士是否属于婚姻法中规定的禁止结婚情形。

根据《中华人民共和国婚姻法》(以下简称《婚姻法》)第五条的规定,精神失常未经治愈,或其他在医学上认为不应结婚之疾病者,禁止结婚。其中,“医学上认为不应当结婚之疾病”的认定依据主要为《中华人民共和国母婴保健法》(以下简称《母婴保健法》)和《中华人民共和国传染病治疗法》(以下简称《传染病防治法》)。《母婴保健法》指出,婚前医学检查包括对精神病和严重遗传性疾病的检查。经婚前医学检查,对精神病在发病期内的,准备结婚的男女双方应暂缓结婚;对有医学上认为不宜生育的严重遗传性疾病的,男女双方采取避孕措施后,可以结婚。

换句话说,我国相关法律对禁止结婚的疾病没有作具体的列举性规定,而是以"医学上认为不应当结婚的疾病"进行了概括性的规定,若自闭症人士属于精神病发病人群或患有严重遗传性疾病的人群,那么,他们将因带有"医学上认为不应当结婚的疾病"而被认为不适于结婚或生育。

而对于自闭症是否属于精神病发病人群或者严重遗传性疾病的人群,目前的研究现状是,自闭症(ASD)是因为神经系统失调导致发育障碍而形成的疾病,主要症状为社会交往障碍、交流障碍以及兴趣狭窄和刻板重复的行为方式,其本身并非精神疾病(心理疾病)。自闭症涵盖的范围很广,每一位自闭症人士会表现出不同的行为组合,分布从轻微到严重,包括雷特氏症、儿童期崩解症、亚斯伯格症及未明示之自闭症。现有的研究还没有发现自闭症的具体成因,也不可治愈,不能简单地认定自闭症人士是基于遗传性的疾病。因此,自闭症(ASD)不属于精神疾病或严重遗传性疾病,因此不能从法律上限制自闭症人士进入婚姻,也就是说,自闭症人士有权利进入婚姻。

3. 限制民事行为能力人或无民事行为能力人能否结婚

由于自闭症人士可能被认为限制民事行为能力人或无民事行为能力人,需要其监护人代理表达意思并作出适当的选择。根据本书第六章第一节对于"限制民事行为与无民事行为能力"的论述,限制民事行为能力人可以进行与他的年龄、智力、精神健康状况相适应的民事活动。

《民法总则》第一百六十一条规定:"民事主体可以通过代理人实施民事法律行为。依照法律规定、当事人约定或者民事法律行为的性质,应当由本人亲自实施的民事法律行为,不得代理。"《婚姻法》第八条规定:"要求结婚的男女双方必须亲自到婚姻登记机关进行结婚登记……"婚姻属于人身权利,进入婚姻关系是一种涉及人身关系的民事行为,需要当事人自愿作出意思表示,因而不能被代理。因此,无民事行为能力人由于其所有的民事活动需由其法定代理人进行,因此无法结婚。

值得注意的是,成年自闭症人士的民事行为能力宣告的唯一机关为人民法院。不得以残疾人证上的残疾等级或者医院的诊断而认为自闭症人士不具有法律行为能力,从而不能进入婚姻关系。

(二)自闭症人士的婚姻关系结束问题

1. 婚姻关系的结束路径

从婚姻关系中解脱出来有两条路径:一是宣告婚姻无效;二是经协议或诉讼的方式解除婚姻关系。

【婚姻无效】我国婚姻法中有四种情形会导致婚姻无效,包括重婚、有禁止结婚的亲属关系的、婚前患有医学上认为不应当结婚的疾病婚后尚未治愈的、不满法定婚龄的。在上文中已经论述过,自闭症很可能不属于医学上认为不应当结婚的疾病,因此自闭症人士的配偶难以用宣告婚姻无效的方式与自闭症人士脱离婚姻关系。

【解除婚姻关系】除协议离婚(包括由监护人代理限制民事行为能力人进行协议离婚)外,通过诉讼离婚的,基于自闭症病症特点,法院在审理阶段可能会审查自闭症是否属于精神疾病。根据《最高人民法院关于人民法院审理离婚案件如何认定夫妻感情确已破裂的若干具体意见》规定,婚前隐瞒了精神病,婚后经治不愈,或者婚前知道对方患有精神病而与其结婚,或一方在夫妻共同生活期间患精神病,久治不愈的,视为夫妻感情确已破裂。一方坚决要求离婚,经调解无效,可依法判决准予离婚。若法院审查确认自闭症并非属于精神疾病的一种,则自闭症人士与配偶的离婚程序将与非患者群体一样,即法院在审理离婚案件时的标准是双方感情是否破裂,法院并不会因患者患有自闭症,直接适用有关精神疾病相关条款,来认定夫妻双方的感情是破裂的。

2. 婚姻关系结束时对自闭症人士的权益保障

【保障自闭症人士的权益】我国保障因离婚分割夫妻共同财产时自闭

症人士一方的利益。根据我国现行《婚姻法》，自闭症人士可适用《婚姻法》对残障人士利益保障的内容，包括夫妻共同财产的分割、住房的处理、离婚时的经济帮扶等。分割夫妻共同财产总的原则是双方协商解决，协商不了的，法院会根据双方的健康状况、谋生能力、共同生活时间的长短等因素，对残疾人适当照顾。双方共有的房屋，残障人士一方有权要求多分；双方共同承租房屋的，残障人士一方有优先承租权；残障人士婚后居住在非残障人士一方的房屋中，因离婚而无房屋居住的，非残障人士一方有条件的应当给予解决。若夫妻双方均为残障人士，法院会首先照顾残障程度较重或条件较差一方的利益。

（三）在家庭纠纷中如何保证自闭症儿童的权益

保障自闭症儿童的一方家长在离婚后的抚养费和探视权。抚育自闭症人士的家庭是不易的，需要极大的耐心和爱心。不幸的是，自闭症儿童可能是引起家庭纷争、导致家庭破裂的原因。当自闭症人士的父母离婚，如何保障自闭症人士抚养方获得抚养费的权利、另一方家长的探视权往往是家庭纠纷的焦点。

1. 在离婚纠纷中如何保证自闭症儿童的权益

离婚后，父母对于子女仍有抚养和教育的权利和义务，父母因子女有自闭症的原因不履行抚养义务时，不能独立生活的子女有以自己的名义、由监护人代理，要求父母一方给付抚养费的权利。离婚后，父母双方可以协议负担费用的多少和期限的长短。若父母已通过离婚协议约定抚养义务的分配，但因子女有自闭症，实际数额已超过原定数额，子女要求增加抚育费的，法院会予以支持。若协议不成的，法院将考虑子女居住地生活水平、子女的年龄、身体状况、治疗及生活情况、父母双方的收入等因素，决定抚养义务的分担。在离婚纠纷中，要注意自闭症儿童的经济权利，表现为离婚时父母双方协议负担费用的多少和期限的长短，自闭症儿童需要接受医疗帮助，后续治疗的实际数额很可能超过原定数额，法院应该予以支持并合理分配抚养义务。

2. 在家庭纠纷中如何保证自闭症儿童的权益

离婚后，当自闭症儿童的父母继续产生纠纷时，很可能会影响某一方探视权的行使。对孩子的探视常成为父母之前斗争的筹码，或者由于双方的失和而忽视一方对子女的探视。其实，关于探视权的行使，不仅是满足父母一方对子女的关心、抚养和教育的情感需要，而且通过父母与子女的沟通和交流，可以减轻子女的家庭破碎感，这有利于孩子的健康成长。因此，父母在离婚后都有探视子女的权利，而具体的时间和方式可由双方另行协商；协商不成的，法院可以结合孩子的实际学习、生活情况，将探视的方式和时间予以明确。

家庭纠纷还包括了家长对自闭症儿童的家庭暴力，本部分内容将在下文中一起讨论。

二、自闭症人士的反家暴问题

（一）反家暴法

为了预防和制止家庭暴力，保护家庭成员的合法权益，维护平等、和睦、文明的家庭关系，促进家庭和谐、社会稳定，于 2015 年 12 月 27 日，第十二届全国人民代表大会常务委员会第十八次会议通过《中华人民共和国反家庭暴力法》（以下简称《反家庭暴力法》），并于 2016 年 3 月 1 日起施行。该法包括总则、家庭暴力的预防、家庭暴力的处置、人身安全保护令、法律责任等章节，按照预防为主、教育与惩处相结合原则，规定根据情节轻重对加害人出具告诫书、给予治安管理处罚或追究刑事责任等，明确了政府、社会组织、学校、医院等各方职责，切实保障家庭成员特别是妇女儿童权益。

（二）家暴行为

《反家庭暴力法》首次对家庭暴力的范畴予以法律形式明确，“家庭成员之间以殴打、捆绑、残害、限制人身自由以及经常性谩骂、恐吓等方式实施的身体、精神等侵害行为”均属家暴。人们普遍有一种观念，家庭暴力就是丈夫打老婆。但事实上，据全国妇联调查，在暴力形式上，尽管殴打等对身体的侵害行为仍然是家庭暴力的主流，但辱骂、恐吓等精神暴力的严重性也在不断凸显。家庭暴力的形式主要包括行为暴力、言语暴力、冷暴力、性暴力、经济暴力等。

1. 行为暴力

行为暴力也称“身体暴力”，是施暴人以殴打和捆绑等形式对待受暴人或限制受暴人人身自由的行为，是家庭暴力的主要形式。对自闭症人士而言，其身体防御能力、反抗能力较弱，容易成为行为暴力的受暴方，遭受家庭成员对其身体的伤害。

2. 言语暴力

言语暴力也称“语言暴力”，施暴人以语言侮辱、谩骂、威胁恐吓、恶意诽谤、使用伤害自尊的言语，从而影响受暴人的心理情绪。言语暴力是对自闭症人士情绪虐待的一种，由于自闭症人士的特殊情况，其家人有时不重视用语、用词甚至在发泄情绪时无所顾忌，这都带给自闭症人士很恶劣的精神影响。

3. 冷暴力

冷暴力也称“精神暴力”，是指施暴人以不予理睬、不给治病、不肯离婚等手段对受暴人进行精神折磨，使受害人产生屈辱、恐惧、无价值感等作为或不作为的行为。有些施暴人采取常年不理睬或经常性恶意贬低辱骂的手段来伤害受暴人。冷暴力与行为暴力等不同，通常是在较长时间内对受暴者进行精神折磨，因此，对于遭受到冷暴力的自闭症人士而言，冷暴力具有更强的隐蔽性，危害后果虽然严重，却也不能直接显露，容易受到忽视，有苦难言。

4. 性暴力

性暴力，是指加害人强迫受害人以其感到屈辱、恐惧、抵触的方式接受性行为，或残害受害人性器官等性侵犯行为。[1] 根据《中国家暴现状》调

---

〔1〕 参见《涉及家庭暴力婚姻案件审理指南》第三条。

查显示，性暴力在家庭暴力中占 13.9%。同时《社区康复指南》特别指出，残障妇女可能被强迫绝育和遭受性暴力。在施暴者的观念里性暴力仅仅是夫妻之间的性义务而已，当自闭症人士遭遇性暴力时，首先难以自己辨别出暴力的发生，其次在暴力的发生过程中自闭症人士通过言语、肢体来明确表达反抗情绪较为困难，同时由于性暴力所涉及的极强私密性，认定也更为困难。性暴力不仅会侵犯自闭症人士的性自主权，同时也严重侵害了人格尊严权。

5. 经济暴力

经济暴力也称"经济控制"，是施暴方通过对家庭共同财产的严格控制来约束受暴方的经济生活，伤害其自尊心，从经济上达到控制目的。自闭症人士面临就业困难问题，独自获得经济收入的能力较差，在经济上很大程度的依赖家庭其他成员，这就容易导致其遭受经济暴力，忽视和被剥夺经济权利。

（三）救济途径

1. 撤销监护人资格方式

根据我国法律规定，近亲属，包括父母、配偶可以成为限制民事行为能力人或无民事行为能力人的监护人，对其人身、财产和其他合法权益负有监督和保护责任。在现实中遇到过无民事行为能力人或限制民事行为能力人的配偶一方，出于继承或占用财产的目的，不离婚、不履行法定的夫妻抚养义务、擅自变卖夫妻共同财产、对限制民事行为能力人实施家庭暴力或虐待。这样的案例中，自闭症人士虽然并非直接的受害者，但却是自闭症人士进入婚姻关系后可能面临的现实问题。

《反家庭暴力法》第二十一条规定："监护人实施家庭暴力严重侵害被监护人合法权益的，人民法院可以根据被监护人的近亲属、居民委员会、村民委员会、县级人民政府民政部门等有关人员或者单位的申请，依法撤销其监护人资格，另行指定监护人。被撤销监护人资格的加害人，应当继续负担相应的赡养、扶养、抚养费用。"

对于自闭症人士而言，若家庭暴力的施暴人正是其监护人，由监护人代为采取措施保护自闭症人士免受家庭暴力的折磨变得不可能，此时需要自闭症人士的近亲属、居民委员会、村民委员会、县级人民政府民政部门等有关人员或者单位采取司法措施，来撤销施暴方的监护人资格，履行法定义务，保护自闭症人士的合法人身权益与财产权益。

2. 离婚方式

《婚姻登记条例》第十二条规定，办理离婚登记的当事人属于无民事行为能力人或限制民事行为能力人的，婚姻登记机关不予受理。但出现在合法婚姻的幌子下侵害无民事行为能力人或限制民事行为能力人权益的情况，如配偶虐待、遗弃限制民事行为能力人，其他有监护资格的人可以向人民法院起诉，要求作为配偶的监护人承担民事责任，同时，要求变更监护关系。变更后的监护人有权代理限制民事行为能力一方提起离婚诉讼，同时要求实施虐待的配偶一方给予损害赔偿。

若施暴方是自闭症人士的配偶，自闭症人士的其他有监护资格的人可以采取诉讼的方式变更监护关系，后代理自闭症人士一方提起离婚诉讼，使自闭症人士脱离家庭暴力的阴霾，并获得应有的经济赔偿。

3. 寻求第三方干预方式

《婚姻法》第四十三条规定："实施家庭暴力或虐待家庭成员的，受害人有权提出请求，居民委员会、村民委员会以及所在单位应当予以劝阻、调解。对正在实施的家庭暴力，受害人有权提出请求，居民委员会、村民委员会应当予以劝阻；公安机关应当予以制止。实施家庭暴力或虐待家庭成员，受害人提出请求的，公安机关应当依照治安管理处罚的法律规定予以行政处罚。"无论进入婚姻关系的自闭症人士是否属于限制民事行为能力人，当配偶一方实施虐待或家庭暴力时，自闭症人士及其亲属有权要求当地居民委员会和所在单位干预调解，甚至在遭受伤害时，报警求助。

《反家庭暴力法》第十四条规定："学校、幼儿园、医疗机构、居民委员会、村民委员会、社会工作服务机构、救助管理机构、福利机构及其工作人员在工作中发现无民事行为能力人、限制民事行为能力人遭受或者疑似遭受家庭暴力的,应当及时向公安机关报案。公安机关应当对报案人的信息予以保密。”自闭症人士由于难以分辨暴力行为或受到胁迫恐吓而不敢采取报警手段寻求警方帮助时,学校、幼儿园、医疗机构、居民委员会等在法条中列明的、能够在工作中发现自闭症人士正在遭受、已遭受、面临遭家暴危险的组织或机构,有法定义务采取报警措施对自闭症人士进行帮助。

4. 司法方式

对于已构成犯罪的家庭暴力行为,可由遭受暴力的自闭症人士本人(若其行为能力符合诉讼主体要求)或其代理人依刑事诉讼法的有关规定,向人民法院提起自诉;对此公安机关应当依法侦查,人民检察院应当依法提起公诉。在提出刑事控告的同时,可以同时提起附带民事诉讼,要求施暴方进行相应的经济补偿。

《反家庭暴力法》第十九条规定:“法律援助机构应当依法为家庭暴力受害人提供法律援助。人民法院应当依法对家庭暴力受害人缓收、减收或者免收诉讼费用。”自闭症人士若选择采用司法方式,其本人或代理人可以向法律援助机构寻求免费的法律援助,诉讼费用上也有政策支持,以期减缓采用司法方式可能对其造成的经济压力。

5. 人身安全保护令方式

在《反家庭暴力法》中特意列出第四章来规定了以“人身安全保护令”的形式对家庭暴力的救济。《反家庭暴力法》第二十三条第一款规定:“当事人因遭受家庭暴力或者面临家庭暴力的现实危险,向人民法院申请人身安全保护令的,人民法院应当受理。”人身安全保护令措施主要包括禁止被申请人实施家庭暴力,禁止被申请人骚扰、跟踪、接触申请人及其相关近亲属,责令被申请人迁出申请人住所等,有效期不超过6个月,由人民法院执行,公安机关以及居民委员会、村民委员会等应当协助执行。

与此同时,“当事人是无民事行为能力人、限制民事行为能力人,或者因受到强制、威吓等原因无法申请人身安全保护令的,其近亲属、公安机关、妇女联合会、居民委员会、村民委员会、救助管理机构可以代为申请。”自闭症人士遭受家庭暴力或者面临家暴危险时，其本人可能无法及时辨别，或无法申请人身安全保护令，应由其近亲属和其他法律列明的政府机关、社会机构来代为申请。

6. 庇护所方式

《反家庭暴力法》第十五条第二款规定：“无民事行为能力人、限制民事行为能力人因家庭暴力身体受到严重伤害、面临人身安全威胁或者处于无人照料等危险状态的，公安机关应当通知并协助民政部门将其安置到临时庇护场所、救助管理机构或者福利机构。”《反家庭暴力法》第十八条规定：“县级或者设区的市级人民政府可以单独或者依托救助管理机构设立临时庇护场所，为家庭暴力受害人提供临时生活帮助。”临时庇护所旨在为遭受家庭暴力的受暴人，提供临时的居住场所，当自闭症人士遭遇家庭暴力，出现身体遭受严重伤害、面临人身安全威胁或者处于无人照料等危险状态的，由公安机关与民政部门将其安置到临时庇护所，来为自闭症人士提供短期的安全、舒适的生活环境，尽量减少其反抗家庭暴力时的后顾之忧。

第二节　自闭症人士的财产继承

本节导读

对于自闭症人士家人而言，最大的担忧来自于其过世后，自闭症人士是否仍能像以往一样的生活，毕竟，自闭症人士往往没有金钱管理意识和自主生活的能力。因此，自闭症人士的继承权是父母所关心，也希望能真正落实的一件事。父母希望通过法定的继承权或者设立遗嘱这样具有法律效力的文书来保障孩子未来的生活。

一、继承权

与非自闭症人士群体一样，自闭症人士同样享有(1)按照法律的规定，或者(2)依据遗嘱的指定而接受被继承人遗产的资格。换句话说,自闭症人士适用我国法律在广泛意义上所作的关于继承权的规定。

(一)法定继承

根据《中华人民共和国继承法》(以下简称《继承法》)的规定,继承权主体可以通过法律的直接规定,明确其享有的继承权。法定继承人包括被继承人的配偶、子女、父母、兄弟姐妹、祖父母、外祖父母等。子女位于法定继承人的第一顺位。根据继承权的原则,非婚生子女与婚生子女继承权平等,因此,即使自闭症人士的父母离异,当父母其中一方另外组建家庭又去世后,该自闭症人士同样享有法定的继承权。

此外,法定继承包含继父母子女间的继承关系和养父母子女间的继承关系。

1. 继父母子女间的继承

我国将继父母与继子女的关系分成两类:(1)受继父母抚养教育的继子女与继父母之间的关系是法律拟制直系血亲关系。受继父母抚养教育的继子女与继父母之间的权利义务关系与生父母子女间的权利义务关系相同,因此,继子女可以继承继父母的遗产,且为继父母遗产的第一顺序法定继承人。值得注意的是,继子女在此可能享有双重继承权,因为其与生父母之间的权利义务关系仍然存在,继子女可以在继承继父母遗产的同时,对其生父母享有同样的继承权。(2)未受继父母抚养教育的继子女与继父母之间的关系是直系姻亲关系。在此情形下,继子女与继父母之间没有相应的继承权。此外,若未成年继子女原由继父母抚养,后终止抚养的,原形成的遗产继承权消灭。

2. 养父母子女间的继承

与继父母子女间关系不同的是,养父母与养子女之间的关系虽然视同父母与子女之间的近亲属关系,但自收养关系成立之日起,养子女与生父母之间的关系将不复存在。因此,养子女只有权继承养父母的遗产,而无法继承生父母的遗产。但是,根据《中华人民共和国收养法》的规定,若养子女与养父母之间解除收养关系，养子女与生父母及其他近亲属间的权利义务关系自行恢复，并由此有权作为法定继承人，参与亲生父母的财产继承。

（二）遗嘱继承

遗嘱继承是子女获得父母遗产的法定方式之一。我国公民可以依照《继承法》的规定，设立遗嘱处分个人财产。立遗嘱的形式包括：自书、代书、录音、口头遗嘱、公证遗嘱。遗嘱人可以撤销、变更自己所立的遗嘱，立有数份遗嘱，内容相抵触的，以最后的遗嘱为准。遗嘱人以不同形式立有数份内容相抵触的遗嘱，其中有公证遗嘱的，以最后所立公证遗嘱为准。因此，公证遗嘱是经由国家公证机关按照法定程序证明的，最能体现遗嘱人设立遗嘱的真实意思表示，经公证的遗嘱真实性、合法性能得到最大限度的保障。

通常说的公证遗嘱，是指在国内公证机构设立的遗嘱文件上附有公证书证词，带有公证书编号的遗嘱。公证遗嘱应由遗嘱人经公证机关办理。若遗嘱人已去世的，目前我国公证机关大多采用的做法是让立遗嘱人子女、父母、配偶均到场，核实遗嘱是否为最后一份有效遗嘱。

另外，公证遗嘱的效力并非绝对的优先，比如适用在自闭症人士家庭中可参见《继承法》第十九条的规定，遗嘱应当对缺乏劳动能力又没有生活来源的继承人保留必要的遗产份额。本条规定的意图可指向，遗嘱人尽管可以利用遗嘱改变法定继承人的范围、顺序和应继份额，但是对于无独立生活能力，和/或缺乏劳动能力又没有生活来源的，应当予以特殊的照顾。继承人是否缺乏劳动能力，应按遗嘱生效时该继承人的具体情况确定。现有案例中，法院倾向于将自闭症人士列为残障人士，认定自闭症人士为缺乏劳动能力而没有生活来源的人。

如前所述，自闭症人士可以依其症状的严重程度，被宣告为限制民事行为能力人。作为限制民事行为能力人的，其继承权和受遗赠权，应由他的法定代理人代为行使，或者征得法定代理人同意后行使。

法定代理人代为管理继承人的遗产时，应遵循以下几个原则：(1)法定代理人管理的财产其所有人仍然是限制民事行为能力人，代理人无权处分该遗产;(2)法定代理人只能是为继承人的利益而使用该遗产,因管理该遗产所产生的收益,归继承人所有;(3)法定代理人在管理遗产时,应尽到注意义务,若因故意或过失造成继承人的财产遭受损失的,法定代理人应当承担相应的责任。

二、保险与信托

2006年,人社部等联合印发的《关于新增部分医疗康复项目纳入基本医疗保障支付范围的通知》中,将6岁以下儿童的自闭症诊断费纳入医保支付范畴,而其余的干预康复费用不在医保支付范围内。据访谈家长介绍,为孩子申请残疾人证后,每月将收到国家发放的近2000元的补贴。根据2012年出版的《中国孤独症家庭需求蓝皮书》中的统计,自闭症人士家庭平均每月为孩子康复支出的费用为5000元,而自闭症人士家庭每月的平均收入为3000元,可见,自闭症患儿确实给家庭带来一定的经济负担。为自闭症人士提供持久且实惠的经济保障是他们的家庭一直以来最关心的问题。

电影《雨人》刻画过紧张自私的父子情和从无到有的手足情,这个经典的故事其实也是围绕着自闭症人士而展开。影片中,自闭症人士的父亲将自己价值300多万美元的遗产设立了信托,并指定患有自闭症的儿子作为这一信托的受益人。父亲去世后,除了帮助父亲设立遗产的律师,没有人知道受益者以及信托管理人的身份。信托管理人则基于影片中的父亲对他的信任,竭尽全力照顾受益人。

现代社会衍生出类似信托、保险等家庭财富管理机制,相比传统的法定继承和遗嘱继承而言,信托和保险等财富管理方法在利益分配和受益人的设置上更为灵活,同时,其设立后可以隔离原财产所有人的经济风险,不受原财产所有人破产、资产缩水等因素的影响,更能落实财产设立人的目的。电影《雨人》已经从情感的角度,帮助我们去了解了现代的财富管理方法如何更好地保护家族中自闭症人士的经济利益,保障他们一生的基本生活条件。

（一）保险

1. 保险的本质与功能

一般意义上的保险主要指商业保险，其法律基础是合同关系：投保人向保险人投保，按照保险合同的约定定期向保险人支付保费，当条件成就时，保险人按照保险合同约定的条件，对被保险人给付保险金，该笔保险金将高于投保人缴纳保费的总额。因此，保险的本质在于分散风险，或将一定的风险转移至保险公司，由保险公司共同承担补偿的机制。

2. 针对自闭症人士的保险产品

我国现有的商业保险主要为人身保险（包括人寿保险、健康保险和意外伤害保险）和财产保险。由于自闭症的特点需要终生性的干预和帮助，因此，我国市场上的商业保险普遍不接受承保自闭症人士或这一疾病。根据《中国孤独症家庭需求蓝皮书》调查显示，近70%家长认为办理社会保险有困难，60%家长认为购买商业保险有障碍。在欠缺针对自闭症人士的商业保险下，自闭症人士家庭可以选择以下两种保险：

（1）由益宝计划与平安产险合作推出的心智障碍保障综合险。该保险承保的是心智障碍人群，包括自闭症人群和智力残障人群，每人每年最多可购买1份，保障期限为1年。心智障碍重疾意外综合险包括25种重大疾病、保额为10万元的意外伤害以及保额为1万元的意外医疗保险。由于益宝计划的初衷是为公益人士和低收入群体提供综合的保障服务，益宝计划开发的这一保险保费低廉，是经济型的保险保障。

（2）由政府发动推起的“安心工程保险”。该保险承保1～72周岁持残疾人证的智障人士及其法定监护人。与益宝计划类似，“安心工程”的保险期限为1年，保费低廉，其提供的保险项目包括保额10万元的重疾和保额20万元的身故保障。只要家庭中有持有第二代智力残疾人证的家庭，就可在中国智协官网录入投保信息进行投保。若监护人有投保该保险产品，其身故保险收益金将指定为智障人士。

3. 购买保险时的注意事项

填写投保单时应如实告知。《中华人民共和国保险法》(以下简称《保险法》)第十六条第一款规定:“订立保险合同,保险人就保险标的或者被保险人的有关情况提出询问的,投保人应当如实告知。”因此,如实告知是投保人的重要义务,否则,在发生保险理赔时可能遭遇拒赔。但我国《保险法》同样规定,尽管因未如实告知遭致保险公司拒赔,保险合同本身仍是合法有效的,投保人可以采取退保的方式,获得相应的现金价值。

仔细阅读并理解合同条款的内容。保险合同一般都是由保险公司出具,投保人在签约之前应仔细阅读和研究合同条款,有权要求保险公司对其中条款作出明确解释,并将解释内容形成文字作为合同附件,成为履行合同和解决纠纷的重要依据。另外,保险合同中可能存在格式条款。《保险法》第十七条第二款规定:“对保险合同中免除保险人责任的条款,保险人在订立合同时应当在投保单、保险单或者其他保险凭证上作出足以引起投保人注意的提示,并对该条款的内容以书面或者口头形式向投保人作出明确说明;未作提示或者明确说明的,该条款不产生效力。”因此,投保人应特别注意条款中有关投保人或被保险人义务和特别约定的内容。

(二)信托

1. 信托的经济功能与法律关系

信托也可以作为家庭的一种理财方式,它是以信用为基础的法律行为:委托人基于对受托人的信任,设立一定金额的财产,将财产权委托给受托人,由受托人按委托人的意愿以自己的名义,为受益人的利益或者特定目的,进行管理或者处分。因此,信托涉及三方面的当事人,委托人、受托人和受益人。

委托人是信托关系的创设者,提供信托财产,并指定受益人的身份和其享有的受益权。

受托人按合同约定的条件和范围,占有、管理和使用信托财产,并处理相应的收益。根据《中华人民共和国信托法》(以下简称《信托法》)的规定,受托人管理信托财产，应恪尽职守，履行诚实、信用、谨慎、有效管理的义务。比如，受托人不得将信托财产转为其本人的固有财产，应将信托财产隔离并单独记账，不得使自己的利益与其责任相冲突。

受益人是在信托中享有信托受益权的人，如自闭症人士、亲属或依法成立的其他组织，而我们常见的公益信托的受益人就是社会公众。

在自闭症人士家庭中，委托人是自闭症人士的父母；受益人为自闭症人士本人；受托人可以是信托投资机构，甚至如前述提到的保险机构；信托财产则包括有形财产，如银行存款、房屋等不动产、汽车等动产、股票等，也包括无形财产，如知识产权、信誉等；信托的目的是多元的，我国常见的有委托人为了财产安全或规避投资风险设立信托，有公益类信托，以及家人为保障下一代基本生活而设立信托。由于信托财产可以不受委托人和受益人的债务人追索，信托财产一经合法设立，即使委托人或受托人出现任何意外，信托财产仍可以交由其他受托人管理，并由受益人享受财产利益，因此，信托财产的独立与安全可以从法律上得到最大的保护。

2. 中国信托产品的现状

信托业务种类繁多，以信托事项涉及的法律依据划分，信托可以分为商事信托和民事信托。我国的信托产业仍主要集中于商事信托。商事信托是指受托人以营业为目的而接受的信托。市场上的商事信托有共同基金、不动产投资信托、金融资产证券化以及各种储蓄产品等。针对自闭症人士家属的对应信托产品应属于民事信托，民事信托的受托人接受信托并非以营业为目的，其适用的法律依据包括民法、继承法、婚姻法、劳动法等，比如涉及个人财产的管理、抵押、变卖、遗产的继承和管理等事项的信托，都属于民事信托。我国最近几年才刚刚采用民事信托方式，而现有的民事信托针对的人群是高净值人士，对广大的自闭症人士家庭并不友好，但是随着信托思想的普及和公益项目的需要，民事信托在我国有发展的空间，或者正以结合其他法律的形式得以存在。

中野正俊在《中国民事信托发展的法律可能性》中提到这样的案例：根

据中国《继承法》的规定，公民可以通过立遗嘱指定遗产执行人，在其死后，该遗产执行人即可代替自己处分遗产。这里的遗产执行人的行为在性质上既不是委托也不是代理，而是一种信托。在此情形下，以被继承人为委托人，遗嘱执行人为受托人，委托人生前的债权人、受赠人以及继承人为受益人的信托已经成立。

3. 慈善信托的适用

如前所述，信托业务有不同的划分标准，以受益人为标准划分，信托可以分为公益信托和私益信托。私益信托是为了特定受益人的利益而设立的信托，因其投资门槛高，不能广泛适用于自闭症家庭。公益信托的受益对象并非特定，根据《信托法》的规定，公益信托是为了特定公共利益目的而设立的信托。受益人与委托人之间不一定存在情感上或物质上的利益关系。

在 2016 年的《慈善法》颁布前，虽然 2001 年颁布的《信托法》单设“公益信托”一章。但 2001 年至《慈善法》实施前，真正的公益信托案例非常少。造成公益信托并未真正得到应用的原因是主管单位未确认，因此公益信托的登记单位与主管单位一直处于悬而未决的状态。2016 年我国《慈善法》颁布后，不仅明确了信托公司和慈善组织可以担任慈善信托受托人，而且进一步明确了慈善信托的主管机关是民政部门，慈善信托的设立应为备案制。

2018 年 9 月，郑州落地了一项针对自闭症儿童救助慈善信托，其委托人是河南省慈善总会，受托人为百瑞信托，资金保管人为中信银行，信托财产及收益在累积至一定数额后，将专项用于开展自闭症人士的救助慈善活动，包括直接救助、组织活动、资助相关师资培训等。

自闭症人士家属反映，地方自闭症人士托养机构面临场地受限的困境，主要问题在于社区居民不理解自闭症人士表现出的症状，对于自闭症人士异于常人的表现表示排斥，因而也不欢迎自己所在社区设有自闭症人士托养机构。郑州的这一慈善信托案例刺激了另一种可能性，即自闭症人士家长筹集资金，作为公益资金委托人，设立信托财产，由受托人对这笔财产进行管理,约定专项用于自闭症教育康复学校的建设和发展。这样的信托项目可以改善现有地方自闭症托养机构面临的场地困境。

第三节 自闭症人士的监护与继承安排

本节导读

"老有所依,老有所养"是成年自闭症人士的父母必须考虑的问题之一。本节将主要介绍意定监护及遗嘱监护制度,并提出建议;本节也将同时介绍对财产继承及监护人等作规划安排的法律方式,使自闭症人士获得更好的长期照管及生活保障。

一、意定监护制度与遗嘱监护制度

(一)意定监护制度

1. 意定监护制度的概念

意定监护,是指完全民事行为能力人根据自己的意愿来选任监护人,在被选择的监护人自愿的情况下约定监护事项,由其根据约定承担监护责任。意定监护是对法定监护的重要补充。

《民法总则》第三十三条规定:"具有完全民事行为能力的成年人,可以与其近亲属、其他愿意担任监护人的个人或者组织事先协商,以书面形式确定自己的监护人。协商确定的监护人在该成年人丧失或者部分丧失民事行为能力时,履行监护职责。"

《民法总则》对于"成年监护"的规定是来自《中华人民共和国老年人权益保障法》中的规定,其将之前适用于老年人的法律制度适用于所有具有完全民事行为能力的成年人。设定意定监护制度有利于成年人的自我决策。

意定监护制度分为两个阶段:(1)完全民事行为能力的阶段,即个人在具有完全民事行为能力的阶段应对将来自己"失智""失能"时作出安排,并在该阶段与被选择的监护人通过书面协议的方式确定将来的监护人；(2)成年人丧失或者部分丧失民事行为能力时，被监护人按照之前的书面协议履行监护职责。

2. 意定监护的重要性(对于自闭症人士的家长而言)

自闭症人士的家长可以事先以书面形式根据自己的意愿来确定自己的监护人，在自己失去行为能力或部分失去行为能力时照顾自己的生活。因为在很多情况下自闭症人士无法照顾好自己的生活，更不用说照顾其父母。

根据《民法总则》第三十五条的规定，监护人应当尽到赡养和监护责任，可以替被监护人保护其人生身权益，管理其财产，代理其进行民事活动，承担其致人损害的民事法律后果，帮助和辅助其形成意思决定或者实现意思决定。

意定监护制度有力地保障了自闭症人士在家长丧失或者部分丧失民事行为能力后的生活质量、医疗救治，能够老有所养、老有所依。

(二)遗嘱监护制度

1. 遗嘱监护制度介绍

关于上文提及自闭症人士长期监护的困难。问卷调查的结果显示，自闭症人士家庭对自闭症人士的长期照料略显无措。法律法规对无民事行为能力人或限制民事行为能力人的长期监护开辟了一条道路——遗嘱监护。《民法总则》第二十九条规定："被监护人的父母担任监护人的，可以通过遗嘱指定监护人。"

法律法规对遗嘱指定监护的被监护人没有提出任何要求，因此被监护人可以是未成年人，也可以是成年的无民事行为能人或限制民事行为能力人。换言之，无论作为被监护人的自闭症人士是否已经成年，其符合条件的监护人都可以通过遗嘱指定其后续监护人。

2. 遗嘱监护制度的适用条件

遗嘱指定监护的适用情形较为严格，但可以通过最近的一起案件管中窥豹。在(2018)川1622民特6号民事判决书中，被监护人江某出生于2011

年，判决进行时尚未成年，因此其父母为其法定监护人。被监护人的父母江某某、黄某某分别于2012年12月6日与2016年9月12日相继去世，其母黄某某去世前留下亲笔遗书，指定其亲属黄西某为其监护人。被监护人江某的祖父母认为遗嘱中对财产分配的安排不合法，因此请求法院认为其遗嘱无效。但法院在民事判决书中认为："由于遗嘱中涉及的财产分割问题与本案监护权的争议无关，所以本院对遗嘱中遗产分割的合法性不进行审查认定，当事人对于遗产的分配问题可以另案诉讼……遗嘱指定监护人应当满足两个条件，一是立遗嘱人是被监护人的父母，二是立遗嘱人担任被监护人的监护人。本案中，黄某某在去世前指定黄西某作为江某的监护人符合遗嘱指定监护的相关规定，本院予以确认。"

由此可见，只有在下述条件全部具备的情况下，法律才允许进行遗嘱指定监护：

（1）被监护人的监护人为其父母；

（2）监护人已经确立遗嘱；

（3）遗嘱中明确监护权的确定必须合法（其他部分合法与否不影响监护权的确定）。

若作为被监护人的自闭症人士尚未成年，则其父母天然是其第一顺位法定监护人。其父母可以确立遗嘱，指定其监护人。但随着自闭症人士的成长，一旦自闭症人士成年，则其父母将丧失监护权。若自闭症人士在成年后未经过特殊程序宣告为无民事行为能力人或限制民事行为能力人，或其被宣告为无民事行为能力人或限制民事行为能力人，但其父母未被指定为其监护人，那么其父母在其未成年时期作出的遗嘱指定监护将会失效。

因此，若自闭症人士成年，其父母想要通过遗嘱指定监护的方式为其长期照看作出安排，其必须经过下列程序：

（1）其必须被特殊程序宣告为无民事行为能力人或限制民事行为能力人；

（2）其父母必须被法院指定为其监护人；

(3)其父母必须确立遗嘱;

(4)遗嘱中有关监护的部分必须合法。

上述程序的先后不得颠倒,被监护人必须先被宣告为无民事行为能力人或限制民事行为能力人,而监护人应当在立遗嘱前就被法院宣告为被监护人的监护人。在满足上述条件的情况下,成年自闭症人士的父母才能够通过遗嘱为成年自闭症人士指定监护人。

《民法总则》第二十九条尚未解决的问题在于,并未提及在自闭症人士的父母遗嘱指定的监护对象不一致时应当如何处理。结合国外立法例,当父母遗嘱指定监护中对监护人的指定不一致时,一方面应当尊重被监护人的意愿,并根据最有利于被监护人的原则指定监护人;另一方面应当以后死亡的一方所确立的遗嘱内容为准。[1]

二、成年自闭症人士的规划安排

"父母之爱子,则为之计深远。"对于自闭症人士的父母而言,其最为关心的是自闭症人士在父母不在之后的生活。无论是我国的法律法规、政策还是整个社会,对自闭症儿童的关注都非常多,但是对于成年自闭症人士却缺乏应有的关注度。

在本部分,我们将为自闭症家长介绍一套基本的为自闭症人士未来生活安排的规划。

(一)民事行为能力宣告

对于成年自闭症人士而言,首先也是最重要的,是要对成年自闭症人士的民事行为能力到法院进行民事行为能力宣告。

(1)如果成年自闭症人士属于完全民事行为能力人,则该成年自闭症人士可以处理生活以及为自己决策,所以不需要监护人或者法定代理人为

---

〔1〕 沈德咏主编:《〈中华人民共和国民法总则〉条文理解与适用》(上),人民法院出版社2017年版,第281页。

自闭症人士代理民事活动。

(2)如果成年自闭症人士属于限制民事行为能力人或者无民事行为能力人,则该自闭症人士需要由监护人/法定代理人来部分或全部代理民事活动。一般而言,自闭症人士的父母将被指定为监护人。在这种情况下,父母具有法定代理人的身份,父母有权代理自闭症人士进行决策,例如就业、继续接受康复训练等。

民事行为能力的宣告是对成年自闭症人士进行安排的前提和基础,如果不进行民事行为能力的宣告程序,会造成后续的安排无效或者引发纠纷。对于民事行为能力的宣告制度的具体介绍,详见第六章第一节。

(二)意定监护

在安排自闭症人士未来的生活之前,父母应当先安排好自身的监护事宜。在自闭症人士无法承担照料父母、为父母作出合理决策的前提下,自闭症人士的父母应当在自己具有完全民事行为能力(未"失智""失能")时,与信赖且具有监护能力的人签订协议指定其作为自己"将来"的监护人;当发生"失智""失能"的情况时,指定的监护人可以作为其监护人。

为避免因意定监护协议发生纠纷和保证效力,自闭症人士的父母应当及时对意定监护协议进行公证。

(三)自闭症人士的监护、照料安排

自闭症人士的家长应当尽早安排自闭症人士未来的生活,尽早订立遗嘱。许多陈旧的观念会认为订立遗嘱"不吉利",这样的观念是不正确的,早日订立遗嘱可以对自己身后的财产进行安排。

在未订立遗嘱的情况下,虽然自闭症人士作为法定继承人可以继承父母的遗产,但是成年自闭症人士在作为限制民事行为能力人或无民事行为能力人时,其对于财产的处置和使用是由监护人代为处理的,而监护人是否能完全尽到照顾、抚养的义务则存在很大的变数。

在这种情况下,自闭症人士的家长应当尽早订立遗嘱,对自己过世后自闭症人士的监护、照料事宜作一定的安排。对自闭症人士的安排主要分为以下两个方面：

1. 财产安排

财产安排主要是通过遗嘱的方式进行，在遗嘱安排之外可以辅以信托或公证处托管的方式进行整体性的安排。

（1）在自闭症人士具有完全民事行为能力时，自闭症人士可以完全为自己决策。在这种情况下，父母可以通过遗嘱将所有的遗产交由自闭症人士继承，或者通过信托或公证处托管的方式，将遗产分期付给自闭症人士或用于职业训练等。

（2）在自闭症人士不具有完全民事行为能力时，则自闭症人士将需要监护人为其进行决策。在这种情况下，即使父母可以通过遗嘱将所有的遗产交由自闭症人士继承，虽然遗嘱由自闭症人士继承，但是对于遗嘱的使用和处置仍是由自闭症人士的监护人进行决策。为了避免监护人遗弃自闭症人士或私吞自闭症人士的遗产，则需要通过公证处托管或使用信托的方式定期向自闭症人士（或自闭症人士的托养机构）拨付款项。这样的制度安排有利于自闭症人士将遗产用于生活需要或康复训练需要。

2. 监护安排

为避免出现无人监护或者推诿监护的情况，自闭症人士的父母可以通过遗嘱指定监护人的方式，先行为自闭症人士指定将来的监护人。

监护人可以由个人担任也可以由机构担任。在实践中，有的自闭症人士父母将通过遗嘱的方式指定自闭症人士的托养机构作为监护人，同时，将所有的财产托管在公证处。在父母过世后，托养机构将作为监护人照顾自闭症人士，公证处则按照自闭症人士父母的安排，按月向托养机构支付款项。

需要注意的是，监护与照料存在不同，虽然监护人可能同时承担照料被监护人的职责，但监护主要注重的是代理被监护人进行决策，而照料则是对被监护人生活的照顾。

遗嘱指定监护人的制度内容详见本节第一部分。

附件

附件一　联合国残疾人权利公约

附件二　中华人民共和国残疾人保障法

附件三:《自闭症人士监护人员的法律意识与法律需求调查》调查问卷

后　记

2008 年 4 月 2 日是世界上第一个“世界自闭症关注日”。11 年后，2019 年 4 月 2 日，由上海复恩社会组织法律研究与服务中心（以下简称复恩法律）组织编写的中国第一本《自闭症人士法律手册》正式完稿、准备出版。

2017 年 11 月 15 日，我受上海宋庆龄基金会涵公益专项基金秘书长堵蓓妮的邀请，来到南京西路上的广电大厦为百视通 IPTV 的公益专区录制关于自闭症的法律政策的节目。在节目录制前后，在和堵秘书长的交谈中，我了解到了这些年涵公益为自闭症人士所做的一切，深受感动，当即我们达成一致，要为自闭症人士写一本法律手册，为他们服务。

在党和政府的关心之下，经过多年来关注心智障碍群体的人士的努力，中国的社会公众今天对于自闭症不再那么陌生了。我记得，2010 年，薛晓璐导演、著名影星李连杰领衔主演的电影《海洋天堂》上映，电影中父子亲情让人感动，同时社会支持系统的缺失也让人感到万分无奈，电影唤起了人们对自闭症人士的权益与社会环境的关注。

社会新闻中时常出现的“航空公司拒绝自闭症少年乘机”“4 岁自闭症儿童死于康复机构”等内容，在提醒我们每一个人，自闭症人士的权益保护还有很长的路要走。目前，我国针对自闭症人士的研究主要集中在医学的诊断标准研究、社会学领域的自闭症的社会融合研究、教育领域中自闭症人士的教育模式研究等领域，但自闭症人士相关的专门法律研究却几乎没有。但是，自闭症人士的权利意识和法律意识是自闭症人士维护自身权益的基础和前提。只有自闭症人士了解自己所应享有的法律权利，才能更好地捍卫自身合法权益、推动社会环境的改善。

复恩法律的律师团队始终坚持“以法律服务公益”的宗旨,希望通过自身的法律研究来推动自闭症人士的权益保障,为自闭症人士带来帮助与希望。这本手册立足于今天自闭症人士普遍的法律需求,从康复、教育、劳动就业、社会保障、监护与托养、婚姻与继承等方面梳理相关法律政策,并提供切实可行的法律建议,以提高自闭症人士的权利意识与法律意识。我们将本手册定位为为自闭症人士及其监护人所写的“枕边书”,内容上着力于法律实务指导,文字表达力求简单易懂,能真正让自闭症人士受益。

手册项目的正式启动始于2018年6月,编委会随即开展了针对自闭症人士的法律需求的问卷调查和访谈工作,力求全面反映自闭症人士现实中真实的法律需求。在此得感谢填写问卷的近300位家长,你们的关注也是我们写作的动力。编委会在总结了社会调研结果后,进行了本手册的撰写工作,中间几经修改才最终定稿。

感谢上海宋庆龄基金会涵公益专项基金发起人汪雨先生与其夫人王菲菲女士对本项目的参与和大力支持!

同时感谢上海早起鸟康复中心、上海闵行区吴泾慧灵社区助残服务中心、上海瑰心信息科技有限公司、上海宝山区星语心愿公益发展中心、上海艺途无障碍工作室以及上海市闵行区自闭症志愿者协会等服务机构及家长代表在编写本手册中提供的支持,感谢华东政法大学的童潇教授、上海一加一残障人社区发展中心的傅高山老师、上海浦东新区志君公益法律研究中心的傅志军老师、融爱融乐的李红老师、心知持的张巍老师等专家为本书提供的宝贵意见和支持,最后感谢胡婉菲、高天田、乞雨宁、蔡恩博等各位志愿者为书籍编写过程中提供的协助。

受能力和时间所限,内容疏漏之处在所难免,我们欢迎各位自闭症人士及其家长、相关机构、专家学者或其他读者能够向我们提出您宝贵的意见与建议,以便我们在再版时予以完善。

陆　璇

二〇一九年三月二十四日于三学斋